KB201832

우리가 타인을 마주할 때

Über den Umgang mit Menschen

우리가 타인을 마주할 때

각자 다른 삶을 살아가는 타인과 편안하게 공존하는 법

아돌프 크니게 지음 | 박상미 옮김

Adolph Freiherr von Knigge

저녁달

역자의 말

　우리는 모두 사람 때문에 상처받고, 사람 덕분에 살아갑니다. 하루에도 수십 번, 관계 속에서 감정이 흔들리고 또 버려야 합니다. 말하지 않아도 서로를 알아주면 좋겠지만, 세상은 그렇게 따뜻하지 않을 때가 많습니다. 대한민국 사회는 지금, 그 어느 때보다 관계로 인한 고통이 날카롭고, 정서적 고립이 깊은 시대를 지나고 있습니다.

　『우리가 타인을 마주할 때』는 18세기 독일 철학자 아돌프 크니게의 고전이지만, 오늘 우리에게 꼭 필요한 관계의 지침을 건넵니다. 이보다 더 다정하고 실용적인 책도 드뭅니다. 이 책은 타인과 마주하지 않고는 살아갈 수 없는 우리가 그 타인과 어떻게 건강한 거리를 유지하며 살아갈 수 있을지를 이야기합니다. 동시에, 우리가 누군가에게 그런 '마주하고 싶지 않은 타인'이 되지 않기 위해 어떤 태도를 지녀야 할지도 깊이 있게 다룹니다. 그의 문장은 마치 지금 대한민국의 거리와 카페와 사무실, 학교, 집 안에서 들려오는 대화처럼 생생하게 느껴집니다.

제가 이 책을 번역하면서 가장 놀란 점은 시대가 아무리 바뀌어도 인간관계의 본질은 크게 다르지 않다는 사실이었습니다. 수백 년 전 유럽 귀족 사회의 인간관계 속 풍경이, 지금 한국 사회의 골목과 사무실, 가족 식탁 위에서도 고스란히 반복되고 있다는 사실에 말입니다. 크니게는 마치 오늘의 심리상담실을 미리 들여다본 것처럼, 섬세한 언어로 인간의 속성, 감정, 허영, 실수, 무례함, 그리고 그 안에 깃든 연민을 들여다봅니다.

심리상담 현장에서 종종 듣는 말들이 있습니다. "사람이 제일 힘들어요." "관계가 너무 지쳐요." "차라리 혼자가 편해요." 이 책은 그런 말들에 대한 조용한 응답이 됩니다. 사람은 혼자 살 수 없지만, 누구와 어떻게 살아야 할지를 알기란 늘 어렵습니다. 이 책은 그 고민에 대한 실질적인 지혜를 줍니다. "사람을 너무 쉽게 판단하지도 말고, 너무 쉽게 기대하지도 말고, 그러나 너무 무심하지도 말라."는 문장은, 인간관계에서의 '중용'이 무엇인지 곱씹게 합니다.

이 책은 격 수양서이자, 인간학이며, 관계 심리서이고, 깊은 자기 성찰의 거울입니다. 책에는 정말 다양한 인간 군상이 등장합니다. 말 많은 사람, 산만한 사람, 거짓말을 일삼는 사람, 타인의 친절을 악용하는 사람, 무례한 상사, 교묘한 아첨꾼, 악인과 위선자, 변덕쟁이와 고집불통, 자존심이 상처받기 쉬운 사람, 조언을 가장한 간섭꾼, 침묵할 줄 모르는 사람, 그리고 애석하게도, 우리가 그토록 멀리하고 싶지만 결국 언젠가 꼭 마주하게 되는 존재들 말입니다.

하지만 크니게는 이들에 대해 조롱하지 않습니다. 타인을 함부로 재단하지 않으면서도, 스스로는 흔들리지 않는 단단한 중심을 지켜야 한다고 말합니다. 저는 이 책이 그런 우리 사회에 꼭 필요한 '관계 인문학'이라고 생각합니다. 인간관계를 다시 회복하고, 품격 있게 단절하고, 건강하게 연결되는 법을 배우는 지침서입니다.

크니게는 사람을 따뜻한 시선으로 보되, 냉철한 거리감도 잃지 않습니다. 절대 사람을 이상화하지 않습니다. 그저 우리 모두가 서로에게 조금 더 나은 사람이 되기를 바라는 마음으로, 관계 속에서의 바른 태도를 제안합니다. 그것이 때로는 단호함이 될 수도 있고, 때로는 침묵, 인내, 또는 부드러운 거절이기도 합니다.

저는 특히 이 책을 청년들에게 권하고 싶습니다. 스펙보다 인간적인 매력이 더 중요하다는 것을, 인생의 진짜 성장은 인간관계를 통해 온다는 것을, 그리고 좋은 사람이 되는 연습은 결국 자신을 지키면서도 타인을 배려하는 삶이라는 것을 잘 보여주기 때문입니다. 부모님들은 자녀를 어떻게 대해야 할지, 자녀의 친구들과는 어떻게 소통해야 할지, 젊은 세대의 감성과 어떻게 연결될 수 있을지를 이 책을 통해 다시 돌아볼 수 있습니다.

마지막으로, 이 책은 우리 자신을 위한 책입니다. 관계에 지치고, 사람에게 실망하고, 그래서 혼자 있고 싶지만 또 혼자 있고 싶지 않은, 그 복잡한 마음을 안고 살아가는 우리 모두에게 이 책은 따뜻한 거울이 됩니다. 이런 사람이 되어야겠다고 다짐하게 하고, 내가 그런 사람이었는지도 모르겠다고 돌아보게 하며, 이제부터라도 이렇게 살아야겠다고 삶의 태도를 조정하게 합니다.

『우리가 타인을 마주할 때』는 단지 관계를 위한 책이 아니라 인생을 위한 책입니다. 시대를 초월한 이 고전이 오늘의 우리에게 말을 겁니다.

"그대여, 다른 사람에게 존중받고 싶다면 자신을 먼저 존중하라. 또한 당신이 누군가의 하루를 더 따뜻하게 할 수 있다면 그 하루가 당신의 인생도 덜 외롭고 덜 후회스럽게 만들어줄 것이다."

박상미(심리상담가, 문화심리학자)

차례

제3부 세상에서 만나는 다양한 관계

제3판 서문

이 책이 독일은 물론 해외에서도 이렇게 따뜻하고 긍정적인 반응을 얻을 줄은 정말 예상하지 못했다. 초판과 재판이 빠르게 판매된 것, 통찰력 있는 예술 평론가들의 긍정적인 평가, 페스트 목사님을 비롯한 여러 인사들이 내 책의 일부를 발췌해 소개해준 것, 그리고 무엇보다도 이 책의 여러 번역본까지. 이 모든 것이 나에게 용기를 주었으며, 이 책의 결점을 점차 바로잡고, 필요한 내용 추가와 문체 개선을 통해 더욱 완벽에 가깝게 만들기 위해 최선을 다하게 힘을 아끼지 않을 것이다.

세심한 독자라면 이번 제3판이 초판과 재판에 비해 구조와 내용 면에서 크게 달라졌다는 것을 알아챌 수 있을 것이다. 이번 개정 작업은 단지 나 개인의 신념에 따른 것만은 아니며, 의미 있는 지적을 해준 분들의 의견을 반영하기 위한 목적도 있었다. 그중에서도 나는 《독일 일반 도서관 Allgemeine Deutsche Bibliothek》 제87권의 서평자를 특별히 감사의 마음으로 언급하고 싶다. 그는 온화하면서도 지적이고 진지한 논평을 남겼고, 나는 그의 지적을 대부분 유익하게 받아들여 개정에 반영했다. 간혹 경솔하거나 깊이가 부족한 서평도 있었지만, 그런 의견은 따로 고려하지 않았다. 잘츠부르크의 어느 비평가가 나에게 퍼부은 경멸적인 비난은 굳이 언급할 필요조차 느끼지 않는다. 다만《일반 문학 신문Allgemeine Literatur-Zeitung》에, 독일인이 아닌 한 평론가가 나에게 내린, 독일 작가들에게 자주 제기되는 "과도한 완전성을 추구했다."는 비판에 대해서는 짚고 넘어가고 싶다. 나는 앞으로도 그 비판을 받을 만한 작가가 되기 위해 노력할 것이다.

이 책에 어떤 가치가 있다면, 그것은 바로 가능한 한 완전성을 기하려한 시도에서 비롯된 것이다. 만일 내가 인간의 삶과 관련하여 놓친 점이 있다면, 이를 지적해주는 사람은 나에게 진정한 은인이라 할 수 있다.

이 책의 제목에 대해서도 일부에서 이의를 제기한 바 있다[이 책의 원제는 Über den Umgang mit Menschen(사람들과 교류하는 방법에 관하여)이다. ─ 옮긴이 주]. 제목만 보면 단순한 인간관계 처세술을 다룬 책처럼 보일 수 있으나, 실제로는 도덕철학 전반에 걸친 내용을 포괄하고 있기 때문이다. 하지만 공정한 비평가들은 내가 이런 구성을 피하기 어려웠다는 점을 이해해주었다. 처세의 규칙이 단순한 사교 예절에 머무르거나, 더 나아가 위험한 정치적 수단으로 전락하지 않으려면, 그것은 모든 사람에게 마땅히 지켜야 할 도리 위에 세워져야 한다. 동시에 우리가 타인에게 정당하게 요구할 수 있는 기준과도 맞닿아 있어야 한다. 결국 도덕성과 현실적 지혜를 아우르는 체계가 바탕에 자리해야 한다. 만약 이 책이 제목에서 암시한 것보다 더 많은 내용을 담고 있다는 이유로 비판받아야 한다면, 다음과 같은 제목을 붙이는 것으로 그 문제는 즉시 해결될 것이다.

『한 인간이 이 세상에서, 그리고 사회 속에서 행복하고 만족스럽게 살아가며 타인에게도 기쁨과 행복을 선사하기 위해 어떻게 행동해야 하는가에 대한 지침』

그러나 이 제목은 너무 장황하고 너무 거창하다. 그러므로 나는 기존 제목을 유지하는 것에 대해 용서를 구하고자 한다.

또한 어떤 이들은, 젊은이들이 사회에 첫발을 내디딜 때 동년배들과 어떻게 관계를 맺어야 하는지에 대한 구체적인 지침이 부족하다고 지적했다. 하지만 《뷔르츠부르크 학술지Würzburger Gelehrten Anzeigen》의 한 서평자는 이와 관련해 매우 타당한 의견을 내놓았다. 만약 내가 그런 세부적인 내용까지 모두 담으려 했다면, 책을 열 권은 써야 했을 것이고, 같은 내용을 반복해서 설명해야만 했을 것이라는 지적이다.

아직 성격이 뚜렷하게 자리 잡지 않은 젊은이들 사이에서 나타나는 행동은 정말 다양하지만, 실은 그 차이가 아주 미세한 경우가 많다. 그래서 진지하게 사회에 나설 준비를 하는 젊은이라면 그런 사소한 차이에 지나치게 신경 쓸 필요는 없다. 이 책에 담긴 기본적인 지침을 바탕으로, 다양한 상황과 관계 속에서 어떻게 행동해야 할지를 스스로 생각해보고, 또래들과도 신중하고 바르게, 정직하게 어울린다면 그것으로 충분하다.

1790년 1월
하노버에서

초판 및 재판 서문

이 책에서 다루고 있는 주제는 나에게 크고도 중요한 의미를 지닌다. 내 생각이 틀리지 않았다면, 모든 계층의 사람들과의 교제를 위한 지침을 한 권의 독립된 책으로 담아내려는 시도는 아직까지도 신선한 접근일 것이다.* 하지만 바로 이 점, 그리고 내가 아는 한 독일에서는 아직 이런 길을 먼저 걸어간 사람이 없다는 사실이야말로 이 책의 몇몇 부족한 부분에 대해

---

* 참 이상한 일이다. 어떤 비평가들은 때때로 세상을 얼마나 비뚤어진 시선으로 바라보는지 모른다. 내가 책의 마지막에 쓴 몇 줄이 한 학식 있는 이의 마음을 자극했던 모양이다. 그는 책은 많이 읽었을지 모르지만 세상의 일에는 익숙하지 않은 사람일 수 있다. 그의 비판이 순수한 학문적 동기에서 비롯된 것인지, 아니면 단순한 악의에서 비롯된 것인지, 굳이 따지고 싶지는 않다. 하지만 그는 어느 서평에서 이런 말을 남겼다. "그런 자제를 했다고 해서, 정직한 사람에게 굳이 고마워할 필요는 없다." 그 박식한 분께 한 가지 말씀 드리고 싶다. 사람은 누구나 매우 정직할 수 있다. 그러나 아무리 정직하더라도, 잘못된 열정에 휩싸이면 선의로 누군가의 약점을 들추고, 하찮은 실수를 공개적으로 드러내는 어리석은 행동을 할 수도 있다. 나 역시 젊은 시절 그런 잘못을 저질렀다. 하지만 이제는 그 일을 삼간다. 내가 더 정직해졌기 때문이 아니다. 오직 경험을 통해 그런 일이 얼마나 무익하고 해로운지를 알게 되었기 때문이다. 그런 폭로는 누구도 더 나은 사람으로 만들지 않는다. 오히려 분노와 다툼만을 불러온다. 물론 어떤 일화를 세상에 알리는 것이 반드시 큰 죄는 아닐 수 있다. 하지만 그것이 누군가의 선의를 의심하게 만들고, 그의 진심과 노력을 대중 앞에 의심스럽게 내세우려는 의도로 행해졌다면, 그건 더 크고 더 추한 죄다. 나는 단지 내 삶에서 얻은 소중한 경험들을 모아, 이 시대의 사람들에게 보여주고자 했을 뿐이다. 그런데 누군가 그걸 이용해 나를 이웃들에게 의심받게 만들려 한다면, 그것이야말로 진짜 악의라고 나는 믿는다.

변명할 수 있는 근거가 될 것이다. 이 주제는 그만큼 방대하고 복잡해서, 완벽하게 다루기엔 너무 넓은 영역이다. 어쩌면 한 사람의 힘으로는 감당하기 어려운 일일지도 모르고, 적어도 내 능력으로는 더더욱 그렇다.

그럼에도 불구하고 'Magnis voluisse aliquid(라틴어로, 위대한 일을 시도하는 것 자체가 의미가 있다는 뜻. - 옮긴이 주)'라는 말이 가치를 지닌다면, 나 또한 대중의 감사를 받을 자격이 어느 정도는 있다고 생각한다. 언젠가 인간 본성에 대한 더 깊은 통찰을 가진 사람이나 더 정제된 철학자가 이 주제에 대해 더욱 완성도 높은 저서를 써내는 계기가 된다면 더욱 그러할 것이다.

어쩌면 나는 너무 장황하고, 사회적 관계의 규칙과는 직접 닿지 않는 이야기까지 늘어놨다는 비판을 들을지도 모르겠다. 하지만 어디까지를 경계로 삼아야 하는지는 생각보다 분명하지 않다. 이를테면, 친한 친구 사이에 어떤 태도로 관계를 이어가야 할지 이야기하려면, 그 전에 어떤 친구를 선택할 것인지, 또 우정의 경계는 어디까지인지 짚어보는 게 자연스럽다. 마찬가지로, 특정한 계층의 사람들과 어울릴 때 그들의 약점을 어떻게 배려할지 고민하려면, 그 약점이 어디서 비롯된 것인지, 왜 그런지에 대해 잠시 철학적으로 생각해보는 일이 꼭 어울리지 않는다고 말하긴 어렵다.

게다가, 내 다른 글들과는 달리 이 책은 서둘러 쓴 것이 아니다. 오랜 시간 동안 차곡차곡 자료를 모으고, 마음속으로 다듬어온 결과다. 이 책은 다양한 사람들 사이에서 살아온 내 불안정한 삶이 남긴 하나의 결산이기도 하다. 독일 독자들의 변덕스럽고 피상적인 취향, 그리고 하찮은 소설이나 공허한 잡지, 얄팍한 희곡, 의미 없는 일화집 같은 것들에 지나치게 관대한 분위기를 생각해본다면, 적어도 작품을 세상에 내놓기 전에 정제와 선별의 과정을 거치지 않았다는 이유로 비난받을 일은 없을 것이다.

요즘 글을 쓴다는 건 결국 독자와의 대화일 뿐이다. 그런데 편안한 대화 자리에서 나오는 말 한마디 한마디를 일일이 따져보는 사람은 거의 없다. 대중은 한가하고, 늘 새로운 것을 갈망한다. 진지하고 무게 있는 작품일수록 그날그날 쏟아지는 유행 문학에 밀려 출판사들의 관심을 덜 받고, 독자들의 반응도 미지근하다. 그래서 어떤 진실을 좀 더 쉽게, 대중적인 형태로 전달하려 하다 보면 어쩌다 불필요한 말이 하나쯤 들어갈 수도 있다. 나 역시 그런 실수를 했을지도 모른다.

그럼에도 나는, 솔직하게 말해 내 과거의 다작에 대해 또 하나의 변명을 덧붙이고 싶다. 내 첫 저작들이 얼마나 더 다듬어져야 했는지, 그리고 그것들이 완성도 면에서 얼마나 부족했는지에 대해서는 아마 나 자신만큼 잘 아는 사람도 없을 것이다. 그럼에도 불구하고, 그 책들은 당시에도, 지금까지도 내가 기대했던 것 이상으로 널리 읽혔고, 여러 차례 다시 출간되었다.

출판사들은 같은 종류의 책을 더 원했고 유리한 조건을 제안했다. 나는 그 제안을 받아들였고, 금전적 이익을 마다하지 않았다. 이 사실을 부끄럽게 생각하지 않는다. 내 재정 형편이 오랫동안 어떤 방식으로 유지되어 왔는지 아는 사람이라면 (그 상황이 나의 잘못이 아님을 알기에) 기꺼이 이해해줄 것이다. 그리고 내 삶의 방식을 가까이서 지켜본 사람이라면, 내가 그 수익을 부당하게 쓴 적이 없다는 사실에도 동의할 것이다.

나는 언제나 내 이름으로 책을 출판한 것은 아니었다. 어떤 경우에는 내가 읽어보지도 않은 책이 내 이름으로 알려지는 일도 있었다. 하지만 그런 일들이 내게 큰 부담이나 걱정거리가 된 적은 없었다. 낯선 나라에서, 공식적인 지위 없이 살아가는 사람에게는 그런 문제가 그리 중요하게 느껴지지 않을 수도 있다. 하지만 조국에서 살아가는 사람에게는 얘기가 다르다. 비록 평범한 시민일지라도, 같은 조국 사람들로부터 받는 존경은 결코 가볍게 여길 수 없는 일이기 때문이다.

나는 18년 동안 조국을 떠나 있었다. 하지만 이제는 상황이 달라졌다. 만약 내가 여전히 성급하게 글을 쓴다면, 내 조국의 문학적 토양에서 자란 이 잡초 같은 글들이 고향의 흠으로 비칠까 두렵다. 다행히도, 내 조국에는 아직 다른 독일 지역들처럼 불행한 작가 지망생들이 우후죽순처럼 늘어나는 현상이 나타나지 않고 있다. 그렇기에 앞으로는 무엇을 쓰든 더 이상 서둘러 발표하지 않을 것이고, 내 이름 없이 인쇄되는 일도 쉽게 허락하지 않을 생각이다.

이번에 이 책을 프랑크푸르트 암 마인의 잘 알려진 출판사가 아닌, 지역 출판사를 통해 내놓은 것은 그 출판사에 불만이 있어서가 아니다. 나는 안드레아 씨가 늘 나를 공정하고 정직하게, 그리고 따뜻하게 대해주었다는 사실을 분명히 밝히고 싶다. 내 책들 가운데 몇 권은 비엔나와 라이프치히에서 다시 출간되기도 했다. 만약 악명 높은 해적 출판업자 중 누군가가 이 작은 책을 무단으로 복제하려는 무모한 시도를 한다면, 그는 그 도둑질로 인해 결국 손해를 보는 쪽이 자신이라는 걸 곧 깨닫게 될 것이다.

1788년 1월

하노버에서

제1부

인간관계의 원칙

제1부 서문

우리는 세상에서 가장 지혜롭고 총명한 사람들이 일상에서 황당한 선택을 하는 모습을 본다. 그들이 하는 행동에 고개를 절로 젓게 되는 순간도 많다. 인간 본성에 대해 누구보다 날카롭고 깊은 이론적 통찰을 가진 사람들이 가장 단순한 속임수에 쉽게 속아 넘어가는 모습을 보게 된다. 오랜 세월을 거쳐왔고, 풍부한 경험과 뛰어난 능력을 갖춘 이들이, 사소한 문제 하나도 제대로 해결하지 못하거나, 사람들에게 아무런 영향도 끼치지 못하며, 도리어 어리석은 자들의 변덕과 고집, 터무니없는 말에 휘둘리기도 한다.

신중하고 현명한 이들이 시야가 좁고 자기 일도 제대로 챙기지 못하는 사람들에게 휘둘리고 무시당하며, 때로는 학대받는 경우도 있다. 반면에 유약하고 미숙한 이들이, 지혜로운 이들조차 상상 속에서나 가능하다고 여겼던 일들을 아무렇지 않게 해내는 모습도 자주 보인다. 성실하고 정직한 사람들이 오해를 사고, 그들의 진심이 세상에 제대로 전해지지 않는 경우도 흔하다.

또 재치 있고 총명한 이들이 모두의 기대를 한 몸에 받으며 사회의 중심에 서지만, 막상 존재감 없는 역할에 머무르거나, 침묵하거나, 평범하고 하찮은 말만 반복하는 일도 적지 않다. 반대로 깊이 없는 사람이 이곳저곳에서 주워들은 스물세 가지의 얄팍한 개념을 그럴듯하게 버무려 마치 대단한 통찰인 양 뱉기만 하면, 사람들은 귀를 기울이고, 심지어 학식 있는 이들마저 고개를 끄덕이는 모습을 우리는 지켜보게 된다.

우리는 세상에서 가장 아름다운 사람조차 모든 이들의 마음을 사로잡지는 못하는 반면, 외모로는 주목받지 못하는 이가 뜻밖에도 누구에게나 호감과 관심을 불러일으키는 모습을 자주 본다. 이런 사실들은 우리에게 하나의 진실을 암시하는 듯하다. 아무리 학식이 깊은 사람이라 해도 (비록 세상일에 완전히 무능하다고 말할 수는 없겠지만) 적어도 어느 정도의 사교적 감각을 갖추지 못하면 쉽게 뒤처지고 만다는 것이다. 그리고 타고난 지적 능력과 신체적 재능을 모두 지닌 사람조차도, 정작 사람들의 마음을 얻고 빛나는 존재가 되는 방법은 잘 모른다는 사실이, 이 관찰을 더욱 분명히 뒷받침한다.

하지만 여기서 말하고자 하는 바는, 지혜로운 사람이 스스로 대중의 찬탄을 거절하는 태도에 대한 이야기가 아니다. 훌륭한 인격을 지닌 이가 자신을 제대로 이해하지 못하는 자리에서 굳이 목소리를 내지 않고 조용히 침묵하는 것은 너무도 자연스럽다. 재치 있고 총명한 사람이, 둔하고 따분한 사람들 사이에서 그들을 웃기기 위해 억지로 어릿광대 역할을 자청하지 않는 것도 마찬가지다.

품격 있는 사람이라면, 자신이 참석하는 모든 하찮은 모임에 맞춰 억지로 태도를 바꾸거나, 외국을 다녀온 젊은이들이 들여온 유행을 무비판적으로 따라 하거나, 그저 당시의 요염한 여성들이 주도하는 살롱 문화와 대화 방식에 맞춰 자신의 모습을 바꾸는 일을 거부하는 것이 지극히 당연한 일일 것이다.

다른 사람들처럼 행동하기보다는, 조금 조용하고, 신중하고, 겸손하게 자신을 다스리는 게 훨씬 낫다. 깊이 있는 사람이라면, 자신이 얼마나 아는지를 드러낼수록 그만큼 더 조심스럽고, 자신의 판단에도 의문을 품을 줄 알며, 다른 사람의 자리를 넘보지 않으려는 마음을 갖기 마련이다. 내면의 진짜 가치를 지닌 사람은, 자신의 장점을 일부러 포장하거나 드러내려 애쓰지 않는다. 그건 마치 진짜 아름다움이, 굳이 주목받기 위해 천박한 제스처를 흉내 내지 않는 것과도 같다.

이 모든 것은 너무도 당연한 일이다. 그러나 내가 여기서 말하고자 하는 바는 그것이 아니다.

내가 말하고자 하는 건, 끊임없이 찬사와 아첨을 갈구하고, 특별한 대우가 없으면 견딜 수 없어 하는 한 남자의 상처받은 허영심에 대한 이야기가 아니다.* 그는 끊임없이 누군가의 찬사를 갈구하고, 그 기대가 조금만 어

---

* 아마도 내 책의 이 대목이 '퀴담(quidam, 라틴어로 이름을 밝히지 않은 어느 신사라는 뜻 – 옮긴이 주)'을 자극하여, 초판 서평 중에 "저자가 묘사한 내용이 일부 독자들을 모욕할 수 있다"는 평가가 있었는지도 모르겠다. 그럴 수도 있다. 풍속을 다룬 책이라는 건 핵심만 뽑아낸 개론서처럼 무미건조하게 쓰일 수는 없는 법이다. 그런 묘사들이 누군가를 불쾌하게 만들었다면, 그것이야말로 그 사람 속에 자리한 진짜 미적 감각, 건전한 이성, 체계적인 사고방식(혹은 최소한 그런 신념)을 건드렸다는 뜻일 것이다. 하지만 인간의 풍속을 그리는 사람은 그렇게 쉽게 발을 빼면 안 된다. 사람들의 모습을 있는 그대로 그리면서, 그들의 어리석음은 눈감아주는 식이라면, 그건 더 이상 묘사가 아니라 단순한 위장일 뿐이다. 만약 어떤 바보가 내 책 속에서 묘사된 어리석음이 자기 모습과 닮았다는 걸 알아채고 불쾌함을 느꼈다면? 그 순간부터 분노가 시작된다. 이를테면, 내가 어떤 교수의 우스꽝스러운 모습을 그려냈다고 해보자. 그는 아마도 학문적 세계에서는 (혹은 적어도 자기만의 세계에서는) 세상의 지혜를 비추는 등불이라 자처하며 신탁처럼 말하는 존재일 수 있겠다. 그러나 그 바깥에서는, 한없이 초라한 인물이 되어버릴 수도 있다. 마침 그 묘사를 읽은 교수가 있었고, 자신을 떠올렸다면? 그는 분노했을 것이다. 그리고 악의적인 서평을 직접 썼거나, 적어도 그런 글이 나올 수 있도록 교묘히 분위기를 조성했을지도 모른다. 하지만 그런 감정이 내 책의 가치를 조금이라도 깎아내릴 수 있을까? 그럴 리 없다. 다만 내가 그냥 넘길 수 없는 한 문장이 그 서평 속에 있었다. 그 위대한 학자

긋나도 금세 풀이 죽은 얼굴로 좌절해버린다. 하지만 내가 이야기하려는 건 그런 사람이 아니다. 자신을 대단한 사람인 양 포장하며, 세상이 자신을 위대한 지성으로 추켜세워야 마땅하다고 믿는 속물 학자, 하지만 정작 그런 대접을 받지 못하면 힘없이 어깨를 늘어뜨리고, 입만 벌린 채 허공을 바라보며 낙심하는 사람, 나는 그런 모습에 대해 말하려는 게 아니다. 모든 세상 사람들이 달려와서 작은 등불을 들어 올려, 그가 내뿜는 빛에 불을 붙여주지 않는다고 해서 스스로 꺼져버리는 그런 자, 바로 그런 허영 속에 사는 사람을 말하고 있는 게 아니다.

한 교수가 있다. 먼지 쌓인 강단에서 철학서를 손에 든 채 수 시간 동안 강의를 늘어놓는다. 아직 수염도 나지 않은 젊은 학생들은 경이로운 눈빛으로 그를 바라본다. 그 교수는 심지어, 자신이 매 학기마다 같은 타이밍에 던지는 썰렁한 농담까지도 학생들이 꼼꼼히 필기하는 모습을 익숙하게 보고 살아왔다. 그 앞에서는 모든 학생이 공손히 모자를 벗는다. 그중에는 장차 조국을 다스릴 인물이 될 학생들도 있을 것이다. 그런 그가 수도나 다른 대도시를 방문했을 때, 아무도 그의 이름을 모르고, 스무 명 남짓한 세련된 모임에서 완전히 존재감 없이 묻혀버린다면? 어떤 낯선 이가 그를 하인으로 착각하고 '당신'이라고 부르며 무시했을 때, 그가 분노로 얼굴을 굳히고 시무룩해진다 해도, 내가 말하고자 하는 건 그런 이야기가

님은 나에게 죄를 묻고 있었다. "이 책에는 엄격한 도덕성이 도저히 받아들일 수 없는 지침들이 포함돼 있다"고. 그래서 나는 정중하게, 그러나 단호하게 요청한다. 내가 지금까지 써온 모든 글 가운데 단 한 줄이라도 좋다. 그 비난을 뒷받침할 수 있는 문장을 가져와 보시라. 내 글을 공공연히 비방할 수 있는 근거를 단 하나라도 제시해보시라!

아니다.

세상 물정을 전혀 모르는 한 학자가 있다. 그는 제대로 된 교양도, 사람을 상대하는 법도 모른 채, 오로지 책더미 속에서 평생을 보냈다. 오랜만에 책더미에서 빠져나와 세상 속으로 나온다. 그러나 그의 모습은 어색하기 짝이 없고, 복장은 시대에 한참이나 뒤떨어진 데다 지나치게 화려하고 촌스럽기까지 하다. 그가 입고 있는 옷은 30년 전 최신 유행을 따라 맞춘 결혼 예복이다. 그는 주변에서 오가는 대화에 아무런 흥미도 느끼지 못하며, 어떤 이야기든 붙잡아 따라갈 실마리조차 찾지 못한 채, 어정쩡한 자세로 앉아 있다. 그런 모습 역시 내가 지금 이야기하고자 하는 바는 아니다.

나는 세상이 정해놓은 예절과 상호 존중의 규칙을 멸시하며, 오로지 자기 멋대로 살아가는 천박한 냉소주의자에 대해 이야기하려는 것이 아니다. 그는 마치 호텐토트Hottentot 철학이라도 신봉하는 양, 문명사회가 지켜야 할 모든 품위를 하찮게 여긴다. 나는 또, 자신이 특권을 부여받은 존재라도 되는 듯, 도덕과 예절, 이성을 초월할 권리가 있다고 믿는 이른바 '힘의 천재Kraftgenie'에 대해서도 이야기하려는 것이 아니다

그리고 내가 이 세상에서 가장 지혜롭고 총명한 사람들조차도 사교의 장에서는 실패하고, 외적인 존경이나 사회적 이익, 그 밖의 여러 혜택을 얻지 못한 채 결국에는 성공도, 행복도 누리지 못하는 모습을 이야기할 때, 그 이유가 단지 운명의 가혹한 장난 때문이라고 말하려는 건 아니다. 물론 어떤 경우에는, 비극적인 성격이나 과도한 열정, 혹은 타고난 비사교

적인 기질이 그 사람의 가장 고귀하고 빛나는 자질을 흐릿하게 덮어버릴 수도 있다. 하지만 지금 내가 말하고자 하는 건, 그런 드물고 예외적인 이야기들이 아니다.

내가 주목하는 사람은 선의가 깊고, 정직하며, 능력과 자질을 고루 갖춘 이들이다. 그들은 세상에서 자신의 자리를 찾기 위해 애쓰고, 자신뿐 아니라 다른 사람의 행복까지 진심으로 바란다. 하지만 아무리 노력해도 좀처럼 인정받지 못한다. 늘 조용히 밀려나고, 끝내 아무것도 이루지 못한 사람으로 남는다.

왜 그런 걸까? 그들에게는 도대체 무엇이 부족한 걸까? 반대로 진짜로는 아무런 가치도 지니지 않은 사람들은 왜 세상의 성공과 행복을 너무나 쉽게 손에 넣는 걸까?

프랑스인들이 'esprit de conduite(처세의 지혜)'라고 부르는 것, 바로 이것이 이들에게 부족한 것이다. 사람을 다루는 기술, 상황을 읽고 관계를 조율하는 감각. 아이러니하게도, 이 기술은 머리가 둔한 사람들이 본능적으로 더 잘 익히는 경우가 많다. 아무리 총명하고 지혜롭고 재치 넘치는 사람이라도, 이 감각이 없으면 세상 속에서 존재감을 드러내지 못한다. 영향력도, 존경도 그에게는 쉽게 따라오지 않는다.

하지만 이 기술을 가진 사람은 다르다. 시기나 질투를 유발하지 않으면서도 자연스럽게 주목을 끌고, 사람들의 마음을 얻으며, 존중받는다. 그들은 타인의 기질과 관점을 헤아릴 줄 알고, 상황에 맞게 자신을 조율할 줄 안다. 그렇다고 해서 위선을 떨지도, 스스로를 잃지도 않는다. 어떤 사회,

어떤 분위기 속에서도 자연스럽게 녹아들되, 결코 아첨꾼처럼 비굴하게 굴지는 않는다.

만약 이런 기질을 타고나지 못했다면 길러야 한다. 사람을 들여다보고, 유연하게 반응하는 법을 배우고, 사교성과 포용력, 인내심을 익혀야 한다. 때로는 감정을 절제하고, 스스로를 한발 물러나 객관적으로 바라보며, 언제나 흔들림 없는 태도를 유지하려는 노력이 필요하다. 이것이야말로 사람을 다루는 기술, 곧 '처세의 지혜'를 익히는 길이다.

이 기술을 비열함이나 천박한 노예근성과 혼동해선 안 된다. 아무에게나 끌려다니며, 자기 신념 하나 없이 이 사람 저 사람에게 몸을 맡기고, 한 끼 식사에 눈이 멀어 악인을 칭송하고, 지위 하나 얻으려 부당함에 침묵하며, 사기꾼의 거짓말에 힘을 보태고, 어리석음을 진리처럼 떠받드는 것, 이러한 아첨과 굴종은 처세가 아니다. 타락이다.

이제 나는 '처세의 지혜', 즉 사람들과의 관계를 이끌어가는 기술에 대해 말하려 한다. 물론 단순한 예절 지침서를 쓰려는 건 아니다. 이 글은 내가 오랜 시간 직접 겪고, 보고, 듣고, 조용히 관찰해온 경험에서 길어 올린 몇 가지 생각의 조각들이다. 나는 다양한 계층, 다양한 성향을 지닌 사람들 속에서 부유하듯 떠다니며, 세상이 어떻게 작동하는지를 지켜보았다.

이 글은 아직 완성된 체계는 아니고, 단지 몇 가지 단상, 어쩌면 그렇게 쓸모없지만은 않은 조각들일 뿐이지만 누군가 이 글을 읽고, 자신만의 생각을 더 깊이 해보는 계기가 된다면 그것으로 충분하다.

2

유럽 어느 나라를 둘러봐도, 독일처럼 사람들 사이의 관계가 어렵고 복잡한 곳은 드물다. 계층도, 지역도, 사회적 배경도 모두 뒤섞여 있어서, 그 속에서 자연스럽게 어울리고, 거짓 없이 다가가며, 의심받지 않고, 상처받지 않고 살아가기가 쉽지 않다. 서로 대화하는 방식부터 다르고, 배우는 방법도 다르다. 종교적 믿음과 생각의 결도 제각각이다. 사는 지역이나 속한 계층에 따라 관심사도 모두 다르다.

이런 차이는 각 주州들이 가진 이해관계, 주변국가와 맺고 있는 관계, 무엇보다 독일 내내 계층 사이에 생긴 깊은 간극에서 비롯된다. 독일 사회는 오랜 시간 동안 뿌리 깊은 편견을 품어왔다. 교육 방식도 그러했고, 국가 체제 역시 그런 경계를 굳혀왔다. 그래서 다른 나라보다 계층 간 경계가 더 뚜렷하게 드러난다.

독일만큼 '16대조代祖의 귀족 혈통'이 한 사람의 정치적 태도나 도덕적 감각, 그리고 교육 방식에까지 깊이 영향을 미치는 나라가 또 있을까? 독일만큼 상업 계층이 다른 사회 집단과 분리되어 있는 곳도 드물다. 물론 제국 자유도시들은 예외로 둘 수 있겠지만.

독일처럼 궁정 사회가 완전히 별개의 계층으로 존재하고, 오직 특정한 혈통과 신분을 가진 사람만 그 문을 통과할 수 있는 나라도 많지 않다. 군주들의 사교 모임조차 이런 기준을 충족하는 사람만이 초대받는다. 이처럼 다양한 이해관계가 겹겹이 얽혀 있는 사회, 독일만큼 복잡한 곳이 또 있을까?

하지만 독일에서는 이런 요소들이 영국처럼 하나의 뚜렷한 국가적 과제나 애국심, 국민적 관심사로 하나로 모이지 않는다. 반면 영국에서는 헌법을 지키고, 자유와 번영을 유지하며, 나라를 더 나은 방향으로 이끄는 일이 많은 개성 강한 사람들의 생각과 열망, 노력을 하나로 묶는 중심 역할을 한다.

독일은 또 다른 유럽 국가들과도 다르다. 프랑스나 스페인처럼 절대 권력이 모든 것을 하나로 묶는 나라도 아니다. 스위스처럼 온 국민이 공유하는 단 하나의 핵심 이해관계가 있는 것도 아니다. 가톨릭 국가들처럼 하나의 종교가 국민 전체의 사고방식과 태도를 지배하는 것도 아니며, 북유럽 국가들처럼 거친 기후가 사람들의 기질을 결정짓지도 않는다.

독일의 복잡한 국가 체제는 그 자체로 여러 가지 장점을 가지고 있다. 하지만 이 구조가 독일 안의 다양한 지역, 국가, 그리고 고립된 사회 계층들 사이에 존재하는 태도 차이에 뚜렷한 영향을 미치고 있다는 점도 부정할 수 없다. 그래서 독일의 배우, 극작가, 소설가들은 프랑스의 작가들보다 훨씬 더 어려운 과제를 안고 글을 써야 한다. 이처럼 다양한 차이를 정확히 포착하고 표현하면서도, 그 안에 '독일적인 것'을 유지하는 일은 결코 쉬운 작업이 아니다. 프랑스에서는 지역 간·계층 간의 생활 방식이 이렇게까지 극명하게 갈라져 있지 않다.

이런 맥락에서 보면 독일 문학이 국민 전체로부터 폭넓은 공감과 찬사를 받기 어려운 이유도 자연스럽게 드러난다. 후대에까지 '국민적 기념비'

로 남는 작품이 드문 것도 같은 맥락이다. 그만큼 독일에서는 다양한 계층과 지역의 사람들과 골고루 어울리고 두루 호감을 얻는 일이 어렵다. 이를테면 솔직하고 순박하며 다소 투박하고 현실적인 바이에른 사람은 세련된 작센 사람이 쉴 새 없이 던지는 정중하고 우아한 표현 앞에서 당황할 수 있다. 느긋하고 둔한 베스트팔렌 사람은 오스트리아인이 빠르게 내뱉는 낯선 억양의 말을 그저 멍하니 바라볼 수밖에 없다.

또 프랑스에 가까운 라인란트 지역에서 부드러운 말씨와 세련된 예절을 배운 사람이, 하노버 같은 북부 도시에서 그와 같은 방식으로 행동하면 오해를 사기 쉽다. 그곳에서는 지나치게 공손하고 유순한 태도를 보이는 사람이 의심받거나, 무언가 꿍꿍이를 가진 사람으로 여겨지기도 한다. 라인 강 강가에서는 누구에게나 환영받을 법한 친절이, 레네 강변에서는 경멸의 대상이 될 수 있다.

반대로, 라인란트 사람만큼 따뜻하지만 더 진중하고 덜 경박한 니더작센 사람은 낯선 이를 쉽게 믿지 않는다. 외국인들과 자주 어울리며 닳고 닳은 사람도 아니고, 여행을 통해 세련되게 다듬어진 타입도 아니다. 그는 늘 조용하고 진지한 태도를 유지한다.

하지만 그런 그가 처음으로 독일 제국의 궁정에 소개된다면, 단지 활발한 첫인상을 주지 못했다는 이유 하나만으로, 혹은 말 한두 마디를 머뭇거렸다는 이유만으로, 금세 '세련되지 못하고 세상 물정을 모르는 소심한 인간'으로 평가받을 것이다. 이처럼 어느 장소에 있든, 어떤 시대든, 어떤 분위기 속에 있든, 그때그때 자연스럽게 자신을 바꾸고, 익숙한 태도를 잠시

내려놓는 일은 철저한 관찰과 연습, 그리고 세심한 기술을 필요로 한다.

사람들이 국가에 대한 불만이나 게으름, 도덕적 무너짐, 끝없는 야망, 쓸데없는 소문, 남 일에 끼어들고 싶은 참견 욕구 같은 이유로 무리를 지어 떠나지 않는 지역이 있다. 그런 곳에서는 대부분의 사람들이 자기 고향에서 가진 것에 만족하며 살아간다. 자신이 어릴 적부터 봐온 것, 친척들과 친구들이 힘을 모아 쌓아온 것보다 더 크고 더 나은 세계가 있다는 사실조차 받아들이려 하지 않는다. 그들에게 그것이 곧 위대함의 기준이 된다. 매년 열리는 작은 행사나 지역 축제는 언제나 새롭고, 여전히 화려하며 경이롭다.

이 얼마나 복된 무지인가? 세상을 지나치게 많이 경험하고, 너무 많은 것을 보고, 셀 수 없이 많은 것이 세워지고 사라지는 걸 지켜본 사람은 더 이상 아무것도 즐기지 못한다. 감탄하지도 못하고, 매사에 따분한 눈으로, 비판적인 태도로 세상을 바라보게 된다. 그런 무기력한 권태와는 비교할 수 없는, 차라리 소중한 축복이 아닌가?

몇 년 전, 나는 ○○에서 ○○까지 사십 마일을 여행해야 했다. 날씨가 몹시 거셌지만 어쩔 수 없이 길을 떠났다. 도착한 날, 도시 전체가 어딘가 떠들썩했다. 알고 보니 한 장군의 장례식이 예정되어 있었고, 그 도시는 그런 의식을 자주 겪지 못했던 탓인지 아침부터 사람들이 잔뜩 긴장하고 들떠 있었다. 거리에서도, 여관 안에서도, 모든 대화는 그 장례식을 중심으로 흘렀다.

머무르던 여관에서 예전에 알던 장교와 우연히 마주쳤다. 그는 반가운 얼굴로 "어디서 오는 길입니까?" 하고 물었고, 나는 출발지를 말했다. 그 순간 그는, 이런 날씨에 사십 마일을 달려온 이유가 소원했던 사람의 장례식 때문일 리는 없다는 상상을 하지 못했다.

　"오, 당신도 장군의 장례식을 보러 온 거군요! 아마 멋질 겁니다."

　나는 그냥 조용히 웃었다. 사람들이 자기 고향에서 일어나는 일을 가장 크고 중요한 일처럼 여긴다면, 어쩌면 그것도 좋은 일일지 모른다. 하지만 그런 마음이 편협함으로 이어질 때도 있다는 건 부인할 수 없다. 익숙한 방식에만 집착하다 보면, 예절이나 복장, 말투나 억양, 몸짓처럼 사소한 차이들도 쉽게 배척의 대상이 된다. 그리고 그런 태도는 종종 불편하고, 불공정하고, 무례해지곤 한다.

　제국 자유도시들에서는 전통에 대한 집착이 특히 강하다. 그건 단지 생활 방식에 그치지 않고, 정치나 종교적 관용, 그 밖의 중요한 문제들에도 은근히 영향을 미친다.

　예전에 ○○에서 지낼 때, 모든 칼뱅주의자 상인들이 네덜란드식 정원을 조성한다는 이야기를 들은 적이 있다. 그런데 그중 한 사람이 기존 방식과는 조금 다른 식으로 정원을 꾸미자, 같은 신앙을 가진 또 다른 상인이 이렇게 말하는 걸 들었다.

　"저 사람, 정원에서 루터교식 장난을 치고 있군요."

　웃긴 얘기였지만, 지금 하고 싶은 이야기에서 너무 멀리 벗어나진 말자. 내가 말하고자 했던 건 이것이다. 독일에서는 주마다 풍습도, 사고방식도 달라서, 자기 고향을 벗어나면 낯선 땅에서 쉽게 환영받지 못한다는 것. 새로운 지역에서 친구를 사귀고, 사람들과 어울리고, 호감을 얻고, 무언가 영향을 미친다는 게 그만큼 어렵다는 이야기다.

독일에서는 단순히 지역이 다르다는 것보다, 사회적 계층이나 교육 수준의 차이가 있을 때 느껴지는 거리감이 훨씬 크다. 누구나 한 번쯤은 그런 자리에 가본 적 있을 것이다. 낯설고 어색한 분위기 속에서, 어떤 말도 마음에 와닿지 않고, 사람들의 말투와 예절, 행동 하나하나가 마치 다른 세계의 것처럼 느껴지는 자리 말이다. 시간이 좀처럼 흐르지 않고, 자신이 얼마나 불편한 상황에 놓여 있는지가 얼굴에 고스란히 드러나는 그런 자리 말이다.

한 시골 귀족이 오랜 세월이 흐른 뒤, 충성심 하나로 공국의 군주를 찾아왔다고 상상해보자. 그는 아침부터 정성껏 몸을 단장하고, 평소 즐기던 파이프도 피우지 않았다. 담배 냄새를 풍기고 싶지 않았기 때문이다. 도시는 아직 고요하고 한산했지만, 그는 벌써 여관 안을 분주히 오가며 예법에 맞춰 차려입기 위해 사람들을 동원하고 있었다. 그 고단한 치장의 끝에 마침내 준비를 마쳤다.

평소에는 수면용 모자 없이는 좀처럼 드러내지 않던 곱슬머리를 오늘은 바람에 맡겼고, 그 탓에 머리가 지끈지끈 아프다. 평소 신던 튼튼한 부츠 대신 실크 양말을 신었지만 다리는 차갑기만 했다. 맨살을 그대로 드러낸 것처럼 허전하고 낯설었다. 화려한 문양으로 장식된 예복은 평소 입던 두툼한 외투보다 훨씬 불편했고, 허리에 찬 칼은 걸을 때마다 다리를 감싸왔다. 손에 쥔 작고 가벼운 모자 하나조차 어디에 어떻게 둬야 할지 알 수 없었다. 그는 잠시도 편히 서 있을 수 없었다.

그런 불편함을 고스란히 안은 채 대기실로 들어선다. 그러나 그곳은 자신이 평생을 살아온 곳과는 완전히 다른 세상이었다. 주변에는 온갖 분주하게 오갔고, 그들 모두가 마치 이 공간의 주인인 듯 보였다. 그들 중 그래도 누군가는 인간으로서 자신보다 더 나은 이가 아닐지도 모른다 생각했지만 그런 생각은 금세 쓸모없어졌다.

이곳에서 이들 틈에서 그는 낯선 존재일 뿐이었다. 그들은 그를 스쳐 보며 조용히 비웃었고 속내를 숨기지 않았다. 그는 그 시선을 알았지만 모른 척할 수밖에 없었다. 참아야 했다. 누군가는 다가와 말을 걸었지만 그 말들엔 관심도, 따뜻함도 없었다. 질문은 흘러갔고, 대답을 기다리는 사람은 아무도 없었다.

그는 간신히 자신과 대화를 나눠줄 것 같은 사람 하나를 발견했다. 기회를 놓치지 않으려는 듯, 조심스럽게 말을 꺼냈다. 가정사와 고향의 경제, 그리고 조국의 현실 같은 무거운 주제를 열정적으로 이야기했다. 그의 말에는 진심이 담겨 있었고, 그 진심은 정직했다. 하지만 곧 그는 자신이 완전히 착각했다는 걸 알아차렸다. 그 사람은 그의 말을 대충 들으며 고개만 끄덕이다가 의미 없는 말 몇 마디를 툭 던지고는 이내 자리를 떠나버렸다.

그는 또 다른 무리로 다가가 보았지만, 그들이 나누는 말은 하나같이 낯설고 멀기만 했다. 표현 방식도, 말투도 익숙하지 않았다. 독일의 한 군주의 성에서 그는, 독일어와 프랑스어가 뒤섞인 말들이 오가는 걸 들었다.

그들이 이야기하는 주제는, 한 번도 생각해본 적 없는 것들이었고, 그가 알던 독일 사람이라면 과연 그런 문제에 관심을 가질 수 있을지조차 이해되지 않았다. 당혹스러움과 서운함은 시간이 갈수록 더 깊어졌다. 마침내 그는 그 자리를 빠져나와 성 건물이 멀어져 가는 모습을 바라보며, 마음 한구석에서 안도감을 느꼈다.

하지만 이제 상황을 거꾸로 놓고 생각해보자. 성에서 세련된 생활에 익숙했던 사람이, 진솔하고 소박한 지방 관리들과 시골 지주들 사이에 들어간다면 어떤 일이 벌어질까? 사회에서 살아가고자 하는 사람이라면, 타인의 풍습과 대화 방식, 그리고 기질에 맞추는 법을 반드시 배워야 한다.

[3]

나는 지금, 사람들과 어울려 살아가는 데 꼭 필요한 기술에 대해 이야기하려고 한다. 그런데 정말 내가 이런 '지혜로운 처세술'에 대한 책을 쓸 자격이 있을까? 내 삶을 돌아보면 나는 그 기술을 제대로 갖추지 못한 쪽에 가까웠다. 사람을 이해하는 법을 말하는 게 과연 나에게 어울릴까? 나는 언제나 너무 쉽게 사람에게 마음을 주었고, 그마저도 거의 무모하고 맹목적인 방식이었다. 초보자라 해도 쉽게 저지르지 않을 경솔함이었다. 그런 내가, 사람들과 어울려 살아가는 기술을 다른 이들에게 말할 수 있을까? 한평생 세상과 조금 비켜 살아온 사람이 쓴 처세의 기술을 누가 기꺼이 배우려 하겠는가?

좋다, 내 친구들이여! 여기에 대해 이렇게 답해보면 어떨까? 내가 직접 겪은 아픈 경험을 통해 내 서투름을 정확히 깨달았고, 거기서 조금이나마 배우게 되었다면 그것이야말로 더 값진 자격이 되는 건 아닐까? 위험을 직접 겪어본 사람 말고 또 누가 그 감각을 온전히 전할 수 있겠는가?

나의 기질과 감수성, 남에게 기대고 싶어 하는 마음, 사랑과 우정에 대한 갈망, 돕고 싶어 하는 마음, 공감받고자 하는 욕망 등이 나를 자주 무모한 선택으로 몰아넣었고, 냉정한 이성과 판단을 뒤로 밀어낸 적도 있었는데, 그것은 단순히 내가 어리석어서가 아니었다. 세상을 몰랐기 때문도 아니었다. 그저 누군가를 사랑하고 싶었기 때문이고, 사랑받고 싶었기 때문이며, 가만히 있기보다는 무언가를 하고 싶었고, 그 무언가가 선한 것이길 바랐기 때문이었다.

게다가 지난 20년 동안 나만큼 짧은 시간 안에 이렇게나 다양한 사람들과 이렇게 기묘한 관계와 상황 속에 휘말려본 사람이 또 있을까 싶다. 만약 누군가가 타고난 기질과 교육을 통해 최소한의 자질이라도 갖췄다면, 이런 경험들은 분명 세상을 좀 더 날카롭게 바라보게 만든다. 그리고 무엇보다, 자신은 피하지 못했던 위험을 다른 누군가에게 미리 알려줄 수 있는 기회가 되기도 한다.

하지만 지금 내가 고독 속에서, 세상과 약간의 거리를 두고 살아가고 있다는 사실만큼은 오해하지 않았으면 한다. 누군가를 미워해서도 아니고 내가 소심해서 그런 것도 아니다. 나름의 중요한 이유가 있으나 그 이유를 길게 설명하고 싶지는 않다. 나에 대해 너무 많은 말을 하게 되고, 어차피 이 서문을 마무리하고 본론으로 들어가기 전에 내 개인적인 경험에 대해 몇 마디는 하게 될 테니 말이다.

그러니 마지막으로 한 가지만 더 덧붙이겠다.

4

나는 아주 어린 나이에, 세상의 무대와 권력의 세계에 발을 들였다. 내 기질은 늘 들떠 있었고, 마음속에는 막연한 불안과 멈출 줄 모르는 에너지가 함께 흘렀다. 혈관 속엔 뜨거운 피가 돌았고, 안쪽 깊은 곳에는 강한 열정이 숨 쉬고 있었다.

어린 시절 나는 많은 응석을 받으며 자랐고, 자연스럽게 타인이 나를 배려하는 것에 익숙해졌다. 아첨이나 기만, 굽실거림 같은 건 모르는 채로, 자유로운 분위기의 조국에서 자랐다. 그래서였을까. 전제 권력이 지배하는 사회에서 출세하는 데 필요한 유연함은 익히지 못했고, 낯선 사람들 속에 스며드는 법도 알지 못했다.

게다가 사람들과 어울려 살아가는 데 필요한 진짜 감각은 책으로 배운다고 해서 쉽게 몸에 밴다거나 저절로 익혀지는 게 아니다. 젊은이들에게 그걸 가르치려는 시도는 대부분 큰 성과를 내지 못하고, 때로는 혼란이나 불필요한 부담만 안겨주기도 한다. 결국 가장 깊이 남는 교훈은, 스스로 겪은 경험을 통해서만 얻어진다. 만약 그걸 아프게 겪지 않고도 배울 수 있다면, 그 깨달음은 더 오래, 또렷하게 남는다.

나는 C○○에 있는 이탈리아 오페라극장에서 귀족 전용 관람석에 앉아 있었다. 나는 궁정보다 먼저 도착했는데, 이는 점심을 궁전이 아닌 시내의

한 집에서 대접받았기 때문이었다. 그때는 아직 사람이 거의 없었다. 1층 전체 줄에는 단 한 사람, 존경할 만한 노인이자 지방 기사단장인 J 백작만이 앉아 있었다. 그는 아마도 시간을 잘못 계산했던 듯했고, 따분함을 이기지 못한 나머지, 홀로 앉아 있던 나를 발견하고 내 자리로 다가왔다.

그는 내가 이런저런 주제로 이야기를 건네는 걸 즐기는 듯 보였다. 내가 조금은 알고 있는 이야기들을 조심스레 꺼내자, 연로한 백작은 점점 더 편안하고 솔직한 태도를 보이기 시작했다. 나는 그 반응이 무척 기뻤다. 그의 호의가 마치 내 존재를 한층 더 높여주는 것처럼 느껴졌기 때문이다. 기분이 고양되자 말도 점점 길어졌다. 그러다 결국 경솔한 농담이 튀어나왔고, 마침내 지금은 기억조차 나지 않는 부주의한 말 한마디를 내뱉고 말았다. 그 순간, 백작은 내 얼굴을 가만히 바라보았다. 그의 눈빛은 단단하게 굳어 있었고, 아무 말도 하지 않았다. 그러고는 말 없이 자신의 자리로 돌아갔다.

나는 이 침묵이 주는 꾸지람을 온몸으로 느꼈다. 하지만 이 교훈은 오래가지 못했다. 내 성격은 늘 나를 모순 속으로 끌고 갔다. 나는 매사에 조급했고, 뭐든지 지나치거나 부족했다. 항상 너무 이르거나 너무 늦었고, 어리석은 일을 벌이거나, 그 일을 수습하느라 허둥대기 일쑤였다. 그래서 내 행동은 늘 일관성을 잃었고, 그 안에는 어김없이 모순이 따라붙었다. 결국 나는 대부분의 경우, 내가 바라던 결과에 닿지 못했다. 애초에 한 가지 원칙을 따라 꾸준히 움직여 본 적이 없었기 때문이다.

처음에는 내가 너무 무방비했다. 말도 행동도 솔직했고, 나 자신을 너무 쉽게 드러냈다. 그리고 그에 대한 대가를 분명히 치렀다. 그다음엔 달라지기로 마음먹었다. 궁정 사람들처럼 세련된 태도를 갖추려 애썼고, 점점 내 모습은 인위적으로 변해갔다. 그러자 진심을 알아보던 이들이 나를 더는 믿지 않았다. 나는 너무 유순해졌고, 그 결과로 겉으로 보이는 존경도, 내면의 자존감도, 독립적인 태도도, 나름의 권위도 모두 잃었다. 나 자신에게 실망했고, 사람들과도 멀어졌다. 점점 괴팍하고 낯선 사람처럼 보이게 되었다.

그런데 이상하게도 그제야 사람들은 나에게 관심을 가지기 시작했다. 세상은 언제나 조금 특이한 사람을 주목하는 법이니까. 덕분에 나도 다시 사람들 사이로 돌아가고 싶다는 생각이 들었다. 그리고 실제로 다시 그 안으로 들어갔다. 하지만 그 순간, 세상과 거리를 두며 생겨났던 신비롭고 특별한 분위기는 순식간에 사라져버렸다. 어떤 때에는 사람들의 어리석음을 가볍게 놀리기도 했다. 가끔은 재치 있게 들릴 때도 있었지만, 사람들은 나를 두려워했다. 나를 좋아하지 않았다. 그게 아팠다. 그래서 나는 내가 해로운 사람이 아니라는 걸 보여주고 싶었다. 원래 그런 사람이 아니라는 것을 진심으로 알리고 싶었다. 사람들의 마음을 조금이라도 되돌리고 싶었다.

하지만 바로 그 순간부터, 나를 향한 공격이 시작됐다. 예전에 내 농담에 상처받았던 사람들, 내가 한때 가볍게 여겼던 이들이 이제는 나를 마음껏 비웃고 놀리기 시작했다. 그들은 내가 실제로는 누구에게도 해를 끼칠 수 없는 사람이라는 걸 알아챘다. 내가 찬 칼이 진짜 결투용 무기가 아니라, 그냥 장식용이라는 걸 눈치채자마자, 그들은 나를 더 이상 두려워하지 않았다. 반대로 우습게 보기 시작했다.

또 다른 시기에는 풍자를 완전히 멈췄다. 사람들의 실수를 용서하려 했고, 누구의 결점이라도 이해해보려고 노력했다. 그러자 어떤 이들은 나를 바보라고 했고, 또 어떤 이들은 위선자라며 손가락질했다. 나는 지적이고 세련된 사람들과 어울리기도 했지만, 정작 권력을 쥔 바보에게서 보호받기를 기대한 건 헛된 일이었다. 서민들과 너무 가까워지면 나도 그들 중 하나로 여겨졌고, 귀족들과 어울릴 때는 자존심이 상하는 순간 모든 것을 망쳐버렸다. 때로는 어리석은 사람들 앞에서 내 우월함을 지나치게 드러내 박해를 받았고, 또 때로는 지나치게 겸손하게 굴다가 철저히 무시당하기도 했다.

어떤 시기에는 사람들과 거의 만나지 않았다. 그러자 사람들은 내가 오만하다고 했고, 세상을 피해 숨어버린 사람처럼 여겼다. 또 어떤 때는 너무 자주 모습을 드러냈다. 그러자 나는 금세, 어디에나 있는 흔한 존재가 되어버렸다.

젊은 시절 나는, 나에게 조금만 따뜻하게 대해주는 사람에게도 쉽게 마음을 내주곤 했다. 하지만 그럴 때마다 배신을 겪었고, 기대했던 것들이 무너지는 경험을 수없이 반복했다.

나는 사람을 너무 몰랐다. 이제야 조금 알 것 같다.

뒤늦게 경험이 나의 눈을 뜨게 해주었고, 나를 조금 더 신중하게 만들었다. 덕분에 이제는 사람을 다루는 법도 조금은 알 것 같다. 하지만 그것을 지금에서야 익혔다 한들, 실행하기엔 너무 늦었다. 이제 내 몸은 예의를 다하기엔 너무 굳었고, 남은 시간은 그리 넉넉하지 않다. 이 나이에 다시 애써가며 처세를 배워 써먹는 건, 별 의미가 없다.

하지만 내가 이 기술을 익히기엔 늦었을지 몰라도, 그 길을 젊은이들에게 보여주는 일은 아직 늦지 않았다.

이제 본론으로 들어가자.

제1장
인간관계에 관한 기본 원칙

1

세상에서 사람은 자신을 얼마나 가치 있어 보이게 만드느냐에 따라, 그에 걸맞은 대접을 받는다. 이 짧은 말은 금처럼 귀한 의미를 지닌다. 처세의 지혜를 다룬 책 한 권을 채우고도 남을 만큼 중요한 진리다. 사람이 인생에서 원하는 것을 얻는 법을, 이 한 문장이 분명하게 말해준다. 그리고 이 진리는 세월과 시대를 가리지 않고, 수많은 경험을 통해 반복해서 입증되어 왔다.

그래서 모험가나 허풍쟁이는 자신을 더 커 보이게 하기 위해 자신이 중요한 인물인 양 가장하고, 실제로는 자신의 존재조차 모르는 왕족과 친하다거나 고위 관료들과 친분이 있다고 말한다. 그 허풍만으로도 그들은 종종 공짜 식사를 얻고, 명문가 사람들만 출입하는 고급 살롱에 발을 들인다.

나는 한때 황제 요제프와 카우니츠 공작과 가까운 사이인 듯 말하던 사람을 알고 있었다. 하지만 나는 알고 있었다. 황제와 공작은 그의 이름조차 제대로 기억하지 못했을 것이고, 혹 기억하더라도 그를 그냥 말썽 많은 풍자꾼 정도로 여겼을 것이다. 그럼에도 아무도 그의 말을 깊이 캐묻지 않았다. 덕분에 그는, 한때 황제에게 무언가를 청탁하려는 사람들이 먼저 그를 찾아올 만큼 영향력 있는 인물로 보이게 되었다.

그는 빈의 귀족에게 그럴듯한 편지를 보냈다. 편지에는 마치 유력 인사들과 두터운 친분이 있는 것처럼 꾸며진, 뻔한 거짓말들이 가득했다. 결국 그가 진짜 원하는 걸 얻지는 못했지만 정중한 답장은 받아냈다.

그리고 그는 그 답장을 마치 자신의 지위를 증명해주는 증거처럼 사람들에게 내보였다.

이런 경험은 어설프게 배운 사기꾼들에게도 자신감을 준다. 그들은 불과 한두 시간 전에 들은 이야기조차 마치 오래 연구해온 전문가처럼 떠벌린다. 그러면 그 자리에 있던 진짜 학자들이 조심스러워진다. 괜히 나섰다가는 자신이 무례해질까, 분위기를 망칠까 싶어 아무 말도 하지 못하게 된다.

이 경험은 야망만 가득한 어리석은 이들에게도 최고 권력의 자리까지 기어오를 용기를 준다. 진짜 실력 있는 사람들을 짓밟고 올라서도 아무도 그를 막지 않는다. 심지어 아무런 재능도 없고, 학식이라곤 찾아볼 수 없는 사람조차, 말솜씨 하나로 권력자들 곁에 꼭 필요한 존재처럼 보이게 만든다.

이런 원리는 학자나 음악가, 화가들의 명성에도 그대로 적용된다. 그들의 이름이 세상에 어떻게 알려지느냐를 결정짓는 중요한 요소가 되기도 한다.

이 경험을 믿고, 외국에서 온 예술가는 자신의 작품에 100루이(현재가치로 환산하면 한화 약 7천만 원 – 옮긴이 주) 금화를 요구한다. 반면 그보다 열 배는 뛰어난 작품을 만든 현지 예술가는 고작 50탈러(현재가치로 환산하면 한화 약 170만 원 – 옮긴이 주)에 자신의 작품을 내놓는다. 그러나 사람들은 외국인의 작품을 차지하려고 아우성친다. 결국 그 외국인은 현지 예술가를 고용해 작품을 만들게 하고, 그것을 자신의 이름으로 팔아 '이국적인 걸작'으로 둔갑시킨다.

이런 경험은 지루한 책을 쓴 작가에게도 용기를 준다. 그는 2권의 서문에서, 1권이 전문가들과 학자들에게 엄청난 찬사를 받았다고 아무렇지 않게 말해버린다.

이런 경험은 고귀한 혈통을 지녔지만 빚에 허덕이는 사람에게도 대담함을 안겨준다. 그들은 돈을 갚을 생각은 전혀 없으면서도, 품위 있는 말투로 당당하게 후원을 요청한다. 그러면 돈을 빌려준 사람은 자신이 속았다는 생각보다 '고귀한 사람을 도운 영광'을 누렸다고 여기게 된다. 이런 식의 당당한 요청은 대부분 받아들여진다. 정당한 이유를 가진 겸손한 부탁은 무시당하고, 조롱당하고, 끝내 외면받는다.

이런 경험은 하인에게도 자신이 주인에게 꼭 필요한 사람인 것처럼 보이게 만드는 법을 가르친다. 또 은혜를 입은 사람에게는 자신이 은혜를 베푼 사람보다 더 중요한 존재처럼 보이게 하는 요령을 알려준다. 그렇게 되면 베푼 쪽이 오히려 감사해야 하는 이상한 상황이 만들어진다.

결국 '사람은 자신을 얼마나 가치 있게 보이느냐에 따라 그만큼의 평가를 받는다'는 이 원칙은, 모험가와 허풍쟁이, 사기꾼, 그리고 얄팍한 사람들에게 세상에서 살아남는 요령을 알려주는 만능열쇠가 되어버린다. 그러나 나는 이 만병통치약에 아무런 가치를 두지 않는다.

잠깐, 그렇다고 이 원칙이 우리에게 아무 의미도 없다는 뜻일까? 그건 아니다.

이 원칙은 우리에게 중요한 교훈을 준다. 경제적으로든, 신체적으로든, 도덕적으로든, 또는 지적으로든, 자신의 약점을 굳이 드러낼 필요는 없다는 것이다. 허풍을 떨거나 거짓으로 자신을 꾸미지 않더라도, 우리는 언제나 자신을 조금 더 유리한 위치에 놓을 기회를 놓쳐선 안 된다.

하지만 이런 태도는 너무 노골적이거나 거만하거나 과장되거나, 허영심에 들뜬 방식으로 드러나서는 안 된다. 그렇게 하면 얻는 것보다 잃는 게 훨씬 많아진다. 대신 사람들이 자연스럽게 알아차릴 수 있도록 해야 한다. 너무 눈에 띄게 자신의 가치를 드러내면, 사람들은 당신의 작은 결점을 찾아내려 들기 마련이다. 인간은 완벽할 수 없다는 사실이 드러나는 순간, 그 위엄은 금세 무너진다. 그러니 자신의 내면에 있는 가치를 과하지 않게, 하지만 분명하게 보여줘야 한다.

무엇보다 진실함과 정직함에서 비롯된 단단한 자신감을 가져야 한다. 지적 능력이나 학식을 드러낼 필요가 있을 때는 주저하지 말고, 다만 그것이 과시처럼 느껴져 질투를 유발하지 않도록 조심하라. 그렇다고 너무 감추다 존재감마저 잃어버려선 안 된다. 자신을 쉽게 닿을 수 없는 사람처럼 보이게 하되, 동시에 남들이 당신을 괴팍하거나 고립된 사람, 혹은 거만한 사람으로 오해하지 않도록 조심해야 한다.

2

완벽을 추구하라. 단지 완벽해 보이기 위해서도 아니고, 절대 틀리지 않는 사람처럼 보이기 위해서도 아니다. 사람들은 당신이 스스로 내세운 기준에 따라 당신을 판단한다. 그들이 그 기준 하나만으로 평가한다면 그것은 공정하다고 볼 수 있다. 당신이 주장한 적도 없는 기대를 억지로 씌우지만 않는다면 말이다. 그러나 단 하나의, 아주 사소한 실수라도 저지르는 순간, 그들의 평결은 이렇게 내려진다.

"그 정도 되는 사람이라면 이런 실수를 해서는 안 되는 일이지."

빛을 잃은 사람에게서 흠을 찾아내는 일, 그것만큼 약자들에게 유쾌한 일은 없다. 당신이 한 번 저지른 작은 실수는, 다른 이들이 저질러온 수많은 사기와 악행보다도 훨씬 더 무겁게 받아들여질 것이다.

3

그러나 타인의 평가에 너무 얽매이지 마라. 독립적인 사람이 되어라. 결국 당신이 해야 할 일을 하고 있다면 세상이 내리는 판단 따위가 무슨 의미가 있겠는가? 마음은 비어 있고 나약한데도, 겉으로 좋은 인상을 남기기 위해 그럴듯한 미덕을 걸쳐 입는다면, 그런 꾸밈이 과연 어떤 가치를 가질 수 있을까? 그것은 그저 허울뿐인 모양새일 뿐이다.

4

다른 사람의 약점을 비열하게 들춰내며, 자신의 가치를 높이려 하지 마라. 타인의 결점과 실수를 세상에 끌어내어, 그들의 몰락 위에서 스스로 빛나려 하지 마라.

5

자신이 한 일이 아닌데도 공을 가로채지 마라. 귀족이나 유력 인사와의 연줄로 예우를 받거나 특혜를 얻었다면, 그것을 자랑하지 말고 겸손히 인정하라. 그 모든 것이 사라진 뒤에도, 당신이 혼자 설 수 있는가? 그러니 다른 이의 후광에 기대지 말고, 스스로의 힘으로 존경을 받을 수 있도록 노력하라. 어두운 구석에서도 스스로 빛을 내는 작은 등불이 되는 것이 낫다. 남의 태양 빛을 반사하는 거대한 달이 되기보다는, 그저 따라다니는 위성이 되기보다는.

6

당신에게 부족한 것이 있다면, 불운을 겪고 있다면, 고통 속에 있다면, 이성도 신념도 선한 의지도 충분하지 않다면, 당신을 정말 도울 수 있는 단 한 사람을 제외하고는, 그 누구에게도 불행을 하소연하지 마라. 심지어 당신을 가장 사랑하는 배우자에게조차도.

세상에는 당신의 짐을 덜어줄 사람이 거의 없다. 대부분은 그 짐을 더 무겁게 만들 것이다. 당신이 불운에 빠진 순간, 사람들은 조용히 한 걸음 물러날 것이다. 그들이 당신이 더는 의지할 곳이 없다는 걸 알고 있다고 해도 아무 기대도 하지 마라. 세상이 모두 등을 돌린 사람 곁에 끝까지 남을 용기를 가진 사람이 과연 얼마나 될까?

"나는 이 사람을 잘 압니다. 그는 내 친구입니다. 당신들 모두가 멸시하는 그 사람보다, 나는 딩신들이 더 하찮다고 생각합니다."

이렇게 말할 수 있는 사람이 과연 몇이나 있을까?

설령 그런 사람을 찾는다 해도, 그는 아마 인생에서 이미 실패한, 또 다른 불행한 사람일 가능성이 크다. 절망 속에서 당신과 함께 무너지는 길을 택한 사람일 뿐이다. 그런 사람의 도움은 어쩌면 더 큰 해가 될지도 모른다.

7

마찬가지로 자신의 행복을 지나치게 떠벌리지 마라. 화려함이나 부, 재능을 과시하지 마라. 사람들은 누군가가 자신보다 훨씬 우월하다고 느낄 때 기꺼이 받아들이지 못한다. 대개 불평하고 질투한다.

그러니 타인에게 너무 큰 빚을 지우지 마라. 너무 많은 것을 베풀지도 마라. 사람들은 갚을 수 없는 은혜를 부담스러워하고, 그런 은혜를 준 사람을 마치 끝없이 빚을 독촉하는 채권자처럼 피하려 한다.

너무 위대한 사람이 되려고 하지 마라. 당신이 너무 높이 올라가면 사람들은 당신에게 점점 더 많은 것을 기대하게 된다. 그리고 단 한 번의 거절이, 당신이 지금까지 베풀어온 수천 번의 친절과 은혜를 한순간에 지워버릴 것이다.

8

무엇보다도 자신에 대한 믿음을 잃지 마라. 신에 대한 믿음도, 선한 사람들에 대한 믿음도, 운명에 대한 믿음도 놓지 마라. 이웃이 당신의 얼굴에서 불만과 절망을 읽는 순간, 많은 것이 무너질 것이다.

불행할 때 우리는 쉽게 타인에게 부당한 감정을 품는다. 작은 불쾌한 표정 하나, 잠깐의 무심한 태도에도 마음이 다친다. 마치 세상이 우리의 고통을 다 알고 있고, 우리가 무엇을 부탁하면 모두가 외면할 거라 믿게 된다.

침착함은 누구에게나 주어지는 덕목이 아니다. 타고난 기질에 가까운, 흔치 않은 능력이다. 하지만 사람들과 어울려 살아가는 일상에서, 이 침착함은 우리를 한결 유리한 자리에 놓아준다. 물론 노력만으로 완전히 갖추긴 어렵다. 하지만 그렇다고 해서, 부족하다는 이유로 경솔하게 굴거나, 괜한 말과 행동으로 스스로를 난처하게 만들 필요는 없다. 특히 감정의 폭이 큰 사람일수록 더 조심해야 한다.

그러니 나는 이렇게 권하고 싶다. 예기치 못한 질문을 받거나 생각지도 못한 상황에 놓였을 때, 그럴 땐 바로 반응하지 말고, 잠깐이라도 침묵하라. 마음을 가다듬고 생각할 시간을 가져라.

당황해서 내뱉은 말 한마디, 그 순간의 혼란 속에 내디딘 발걸음 하나가 오래도록 후회를 남길 수 있다. 반대로, 중요한 순간에 차분하게, 하지만 빠르게 옳은 판단을 내릴 수 있다면 그건 분명 행운이고 어쩌면 구원이 될지도 모른다.

남에게 요구하는 호의와 받는 은혜는 가능한 한 줄이는 게 좋다. 세상에는 아주 작은 도움 하나에도 나중에 큰 대가를 요구하는 사람이 많다. 그런 관계는 균형을 무너뜨리고, 우리 자유를 제한하며, 선택의 여지도 좁힌다. 열 번 중 아홉 번은 별문제 없이 지나갈지 몰라도 단 한 번의 예외가 큰 곤란을 부를 수 있다면 아예 그런 상황을 만들지 않는 게 낫다.

주는 쪽이 받는 쪽보다 낫다. 도움을 베푸는 쪽이 받는 쪽보다 훨씬 낫다. 더구나 남에게 진심으로 호의를 베풀 줄 아는 사람은 많지 않다. 평소에 아무리 친절하고 쾌활한 사람이라도, 당신이 "정말 부탁드릴 게 있어요. 절박한 상황입니다."라고 말하는 순간 얼굴이 굳어지는 걸 본 적이 있을 것이다.

외부의 도움 없이 살아가려면 욕심을 줄이고 절제된 삶을 살아야 한다. 욕망을 단순하게 만들고, 소박한 바람을 품는 것이 가장 현실적인 방법이다. 하지만 영광을 쫓고, 부를 탐하며, 쾌락에 끌리고, 호기심과 충동에 휘둘려 복잡한 일에 자꾸 얽히는 사람은, 결국 타인의 도움 없이는 살아갈 수 없다.

11

어떤 규칙도 이 규칙들만큼 보편적이고 오래가는 힘을 갖지 않는다. 바로, 한 번 한 말은 지키는 것, 약속은 어기지 않는 것, 그리고 언제나 진실만을 말하는 것이다. 어떤 상황에서도, 자신이 믿지 않는 말을 억지로 해야 할 이유는 없다. 물론 모든 생각과 감정을 무조건 드러내지 않아야 할 때는 있다. 그러나 '선의의 거짓말'이라는 건 존재하지 않는다. 어떤 거짓도 결국엔 반드시 좋지 않은 결과를 남긴다. 반대로, 말에 거짓이 없고 약속을 소중하게 여기는 사람은 반드시 신뢰를 얻게 된다. 그런 신뢰는 결국 좋은 평판이 되고, 높은 평가로 이어진다.

12

자기 일에서는 누구보다 철저하고 성실하라. 시간 약속을 지키고, 질서를 유지하며, 부지런히 일하라. 문서나 열쇠, 자주 쓰는 물건들은 언제나 일정한 자리에 두고, 어둠 속에서도 손만 뻗으면 찾을 수 있게 해두는 것이 좋다. 무엇보다 남의 물건을 다룰 때는 더 신중해야 한다. 빌린 책이나 물건을 다른 사람에게 다시 빌려주는 일은 절대 하지 마라. 빌린 물건이 있다면 반드시 직접 돌려주고, 정해진 기한이 있다면 그에 맞춰 보내라. 상대가 일일이 찾아오게 만드는 일은 없어야 한다. 사람들은 말이 정확하고 약속을 잘 지키는 사람과 거래하고 싶어 한다. 그 믿음 하나가 당신의 신뢰를 쌓는다.

13

다른 사람이 당신에게 관심을 가져주길 바란다면, 먼저 당신이 그들에게 관심을 가져야 한다. 오직 자신만을 위해 살고, 우정도 호의도 사랑도 나누지 않는 사람은, 결국 자신이 도움이 절실할 때 아무도 곁에 없다는 사실을 알게 될 것이다.

14

너무 쉽게 마음을 열어서는 안 되는 이유가 두 가지 있다. 첫째, 약점을 드러내는 순간, 그 틈을 이용하려는 사람이 반드시 나타난다. 둘째, 처음에는 모든 것을 솔직히 털어놓는 게 편할 수 있지만, 시간이 지나면 사람들은 당신이 아무것도 숨기지 않는 걸 당연하게 여기게 된다. 결국 당신은 모든 일에 대해 설명해야 하고, 작은 결정조차 그들과 상의해야 하는 상황에 놓이게 된다.

그렇다고 지나치게 말을 아끼고 신비로운 태도를 보여서도 안 된다. 과한 침묵은 의심을 불러일으킨다. 사람들은 당신이 뭔가 큰 비밀을 숨기고 있다고 생각하거나, 위험한 의도가 있을지도 모른다고 의심할 수 있다. 그런 오해는 불필요한 복잡함을 만들고, 낯선 나라를 여행하거나 새로운 환경에서 사람들과 관계를 맺을 때 큰 걸림돌이 될 수 있다. 심지어 가까운 친구 사이에서도, 지나친 신중함은 오히려 신뢰를 무너뜨릴 수 있다.

15

무엇보다도 사람들은 결국 즐거움을 원한다는 사실을 잊지 마라. 아무리 유익한 대화도, 적당한 재치와 유머가 곁들여지지 않으면 금세 따분하게 느껴진다. 사람들이 세상에서 가장 즐겁게 여기는 말은 바로 자신에 대한 칭찬, 특히 평소에 듣고 싶어 했던 아첨이다.

하지만 지혜로운 사람이 어릿광대처럼 행동하는 건 품위에 맞지 않고, 정직한 사람이 비굴한 아첨꾼이 되는 건 더 비천한 일이다. 그럼에도 불구하고, 그 중간 어디쯤엔 적당한 길이 있고, 나는 그 길을 택하라고 말하고 싶다. 모든 사람은 적어도 한 가지쯤은 칭찬할 만한 점을 갖고 있다. 그것을 지나치게 과장하지 않는다면, 지혜로운 사람의 입에서 나오는 칭찬은 상대에게 좋은 자극이 되어, 그 스스로를 더 나아지게 만들 수도 있다. 이 정도면 내가 전하려는 뜻을 충분히 이해할 수 있을 것이다.

가능한 한 언제나 밝고 평온한 얼굴을 유지하라. 욕망에 휘둘리지 않고, 순수한 마음에서 우러나오는 고요하고도 생기 있는 기질보다 더 매력적인 것은 없다. 항상 재치 있어 보이려 애쓰거나 사람들을 즐겁게 하려고 준비한 티가 나는 사람은 처음엔 반가운 존재일 수 있다. 하지만 그런 인상은 오래가지 않는다. 그들의 말에 진심으로 귀 기울이는 사람은 드물 것이고, 그들과 깊은 대화를 나누고 싶어 하는 이도 없을 것이다. 늘 남을 즐겁게 하려는 사람은 결국 스스로를 쉽게 소진시킨다. 그리고 언젠가 그가 기분이 가라앉아 재미있는 이야기를 하지 않으면, 주변 사람들은 그 침묵을 못마땅해할 것이다.

그는 초대받은 식탁에 앉아 자신에게 베풀어진 모든 친절 속에서 말없이 어떤 의무를 느낄 것이다. 오직 농담과 익살로 그 대접에 보답해야 한다는 보이지 않는 압박감 말이다. 그리고 언젠가 용기를 내어 진지한 목소리로 무게 있는 말을 꺼내려 하면 말이 끝나기도 전에 조롱과 웃음 속에 묻혀버릴지도 모른다.

진짜 유머와 참된 재치는 억지로 만들 수 있는 것이 아니다. 인위적으로 조합해서도 생겨나지 않는다. 그러나 그것이 자연스럽게 솟아오를 때 (마치 깊은 지혜가 갑자기 모습을 드러내듯) 그 순간은 따뜻하고 부드러우며, 신비로운 힘으로 사람들을 매혹시킨다.

16

누구와 헤어질 때든, 누군가 당신 곁을 떠날 때든, 꼭 한마디는 의미 있는 말을 건네라. 그것이 짧은 가르침이든, 따뜻한 인사든 상관없다. 중요한 건, 그 말이 자연스럽고, 상대의 겸손함을 해치지 않으며, 계산처럼 들리지 않아야 한다는 점이다. 그래야만 상대는 당신과 보낸 시간이 헛되지 않았다고 느낄 것이다. 그리고 당신이 형식적인 친절을 반복하는 사람이 아니라, 자신에게 진심으로 관심을 가진 사람이라는 걸 깨닫게 된다.

내 뜻이 분명히 전해지길 바란다. 나는 사람들 사이의 대화에서 아무 의미 없는 수다를 좀 줄일 수 있다면 얼마나 좋을까 하고 생각하는 사람이다. 너무 딱딱할 필요는 없지만, 듣는 사람에게 아무 유익도 없고, 즐거움도 주지 못하는 말을 습관처럼 내뱉는 건 피해야 한다. 말은 마음을 연결해주는 다리가 되어야 한다. 그것이 지적인 연결이든, 감정적인 울림이든 간에. 나는 만나는 사람마다 아무 의미도 없는 칭찬과 아첨을 쏟아내 상대를 민망하게 만드는 태도를 권하지 않는다. 하지만 그렇다고 해서, 진심 어린 예의나 마땅히 건넬 격려와 칭찬마저 아끼라는 뜻은 아니다. 예를 하나 들어보겠다.

한 번은 낯선 사람들과 저녁 식사를 함께하게 되었다. 내 양옆에는 한쪽에 총명하고 매력적인 젊은 여성이, 다른 한쪽에는 왜소한 체구에 곱사등이고 외모도 그다지 눈에 띄지 않는 마흔 살쯤 되어 보이는 여성이 앉아 있었다. 나는 무례하게도 식사 내내 젊고 아름다운 여성에게만 말을 걸었다. 다른 쪽 여성에게는 단 한마디도 하지 않았다.

디저트가 나올 무렵이 되어서야, 나는 내 실례를 뒤늦게 깨달았다. 그래서 예의를 갖춰보려 했지만 이번엔 정직함을 저버리고 말았다. 나는 그녀에게 이십 년 전의 한 사건 이야기를 꺼냈는데 그녀는 그 일을 알지 못했다.

"그럴 만도 하죠." 내가 말했다. "그때 당신은 아직 어린아이였을 테니까요."

그녀는 그 말에 기뻐했다. 자신이 그렇게 젊어 보였다는 말에 즐거워하며 그 한마디만으로도 내게 호감을 드러냈다. 하지만 사실 그녀는 나를 경멸했어야 마땅했다. 그것은 너무도 비열한 아첨이었다. 나는 왜 그녀가 진심으로 관심 가질 만한 대화를 꺼낼 생각을 하지 못했을까? 왜 나는 그렇게 편안하고 열린 자리에서, 그녀에게 단 한마디도 말을 걸지 않고 외면했을까? 그 불쌍한 아첨은, 내 첫 번째 실수를 만회하기 위한 변명치고는 너무나도 비열한 방식이었다.

17

오래도록 존경받고 싶고, 대화가 불편하거나 불쾌하게 흘러가지 않기를 바란다면, 험담이나 조롱, 남의 이야기를 들추는 가십, 그리고 말 끝마다 비꼬듯 던지는 페르시플라주(persiflage, 약간 고약하긴 하지만 그렇게 심하지는 않은 조롱이나 농담. - 옮긴이 주) 같은 습관은 반드시 버려야 한다. 이런 말투는 때때로 사람들을 웃게 만들고, 어떤 모임에서는 환영받을 수도 있다. 하지만 결국 사람들은, 남을 깎아내리는 말로 즐거움을 주려는 사람을 멀리하게 되고, 마음속으로 경멸하게 된다. 그건 당연한 일이다.

섬세하고 지적인 사람이라면 누구나 타인의 약점에 관대해야 한다는 걸 알기 때문이다. 그는 가볍게 던진 말 한마디가 얼마나 큰 상처를 줄 수 있는지를 알고 있고, 텅 비어 있는 농담보다는 더 깊고 의미 있는 대화를 원한다. 하지만 소위 말하는 상류 사회에서는 이런 나쁜 습관이 너무도 쉽게 스며든다. 그래서 더더욱 경계해야 한다.

그렇다고 해서 모든 풍자를 금지하자는 뜻은 아니다. 때로는 특정한 사람을 겨냥하지 않고, 세련되고 부드럽게 표현된 페르시플라주가 어떤 우스운 행동이나 어리석은 태도를 지적하는 데 가장 효과적인 방법이 되기도 한다.

하지만 동시에 모든 걸 다 칭찬하고 명백한 결함까지도 눈감아줘야 한다고 말하려는 것도 아니다. 나는 그런 태도를 경계한다. 겉으로는 기독교적 사랑을 말하며 모든 것을 포용하는 척하지만, 사실은 위선에 가까운 사람들이 있다. 나는 그런 사람들을 결코 신뢰하지 않는다. 그들 대부분은 남을 칭찬하는 척하면서 자신이 저지른 잘못을 덮으려 하거나 남들로부터 똑같은 관용을 기대하는 사람들일 뿐이다.

18

가볍게 입을 놀려 남의 이야기를 옮기지 마라. 특히, 누군가를 나쁘게 보이게 할 수 있는 이야기라면 더욱 조심해야 한다. 직접 본 일이 아니라, 남에게서 들은 이야기라면 절대로 쉽게 말하지 마라. 그런 이야기들은 대부분 사실이 아닐 가능성이 크다. 설령 어느 정도 사실이 섞여 있다 해도, 여러 사람의 입을 거치며 과장되거나 왜곡되고, 때로는 전혀 다른 이야기로 바뀌기도 한다. 이처럼 무심한 수다가 죄 없는 사람에게 깊은 상처를 줄 수도 있고, 더 자주, 그런 말을 한 자신이 곤란한 상황에 빠지게 되는 경우도 많다.

19

한 집에서 들은 말을 다른 집에 옮기는 일은 삼가라. 식탁에서 나눈 대화나 가족끼리의 이야기, 혹은 가까운 사람들의 사적인 삶에 대한 말들을 밖으로 흘리지 마라. 아무리 악의가 없었다 해도 그런 무심한 말 한마디가 결국 당신에 대한 불신으로 돌아올 수 있다. 사람들 사이에 갈등을 만들고, 오해와 원한의 씨앗이 되기도 한다.

20

비판하거나 반박할 땐 신중해야 한다. 세상엔 하나의 시선으로만 볼 수 있는 일이 거의 없다. 편견은 가장 현명한 사람의 판단까지 흐리게 만들고 다른 사람의 입장에서 세상을 바라보는 일은 생각보다 훨씬 어렵다.

특히 지혜로운 사람의 행동을 쉽게 단정 짓지 마라. 그렇게 하다 보면 자신이 그들보다 더 똑똑하다고 착각하게 되고, 그건 곧 교만으로 이어진다. 만약 정말 그렇게 믿는다면, 그 확신 자체가 이미 위험한 신호다. 현명한 사람일수록 더 격정적일 수 있다. 그들은 때로 감정을 강하게 억누르며 살아가고, 세상의 평가에 크게 흔들리지 않으며, 자신이 옳다고 믿는 일을 굳이 길게 설명하지 않으려 한다.

그러니 먼저 이렇게 자문해보라.

"이 사람이 남을 위해 무슨 일을 하고 있는가?"

그가 좋은 일을 하고 있다면 작은 감정의 흔들림이나 자기 자신에게만 영향을 미치는 사소한 실수쯤은 너그럽게 넘겨야 한다. 그리고 선한 행동의 동기를 하나하나 따지고 들지 마라. 그렇게 따지기 시작하면 당신이 자랑스럽게 여겼던 많은 일들도 사실은 별것 아닌 것처럼 느껴질 수 있다. 선한 행동은 그것이 세상에 미치는 영향으로 평가해야 한다.

21

장황하고 산만한 말투로 사람들을 지치게 하지 마라. 말은 짧고 정제되어야 힘이 있다. 많은 뜻을 담되, 불필요한 세부를 생략해 듣는 이의 관심을 끌고, 때론 작은 이야기도 생생하게 전하는 기술, 이것이 바로 진짜 대화의 힘이다. 이 부분에 대해서는 나중에 더 이야기하겠지만 기본적으로 말이 너무 많아서는 안 된다. 자신의 말과 지식을 아껴야 한다. 그래야 말할 거리도 쉽게 고갈되지 않고, 말하지 말아야 할 것을 흘리지 않게 되며, 사람들도 당신에게 싫증을 느끼지 않는다.

다른 사람에게도 말할 기회를 주어라. 누구와 이야기하든, 그들도 대화에 참여할 수 있도록 여지를 남겨야 한다. 자신도 모르게 언제나 대화의 중심을 차지하고, 수십 명이 모인 자리에서조차 혼자서만 말을 이어가는 사람이 있다.

그런가 하면 정반대로도 문제가 된다. 아무 말도 하지 않고 긴장된 얼굴로 남의 말을 듣기만 하면서 마치 상대가 실수라도 하길 기다리는 듯한 태도를 보이는 사람 말이다. 마치 그 한마디를 집어 음험한 데 쓸 속셈이라도 있는 것처럼. 이런 태도 역시 대화를 어색하게 만들고 분위기를 흐린다.

22

어떤 사람이 오직 먹기 위해 태어난 것처럼 보이듯 어떤 이들은 인간 관계조차도 오로지 받기 위한 수단으로만 여긴다. 그들은 언제나 누군가가 자신을 즐겁게 해주고, 가르쳐주고, 챙겨주고, 칭찬해주고, 돈과 음식을 베풀어주기를 기대한다. 하지만 정작 본인은 아무것도 주려 하지 않는다.

이들은 늘 무료하다고 말하지만 자신이 타인을 지루하게 만들고 있지는 않은지 돌아보지 않는다. 남이 해주는 이야기를 듣고, 준비된 분위기에 편승해 웃고 즐기기만 할 뿐 정작 대화를 더 풍성하게 만들려는 노력은 하지 않는다. 이런 태도는 공평하지 않을 뿐만 아니라 함께 있는 사람을 점점 지치게 만든다. 정말로 피곤한 사람들이다.

어떤 사람들은 대화를 언제나 자신에게로 끌어온다. 무슨 이야기를 하든 결국엔 자기 삶, 자기 상황, 자기 업적, 자기 직업 이야기로 흘러간다. 모든 비유와 예시는 늘 자기 경험에서 나온다. 자신이 자라온 환경이나 직업적 습관, 특정한 생활방식을 너무 자주 끌어들이지 마라. 상대가 관심 가질 가능성이 적은 이야기, 그들이 읽지 않았을 법한 책이나 낯선 일화 같은 건 굳이 꺼낼 필요가 없다. 그런 이야기는 결국 혼자만 이해하고 혼자만 즐기는 말이 된다.

모든 사람이 이해할 수 있는 상황이 아니라면, 외국어나 전문 용어도 피하라. 어디에 있든 그 자리에 어울리는 분위기를 읽고 그에 맞춰야 한다. 예를 들어, 의사가 젊은 여성들 앞에서 해부학 표본 이야기를 늘어놓거나, 변호사가 궁정 귀족에게 법률 조항을 강의하고, 병든 노학자가 허영심 많은 여성 앞에서 자기 다리 궤양을 설명하는 것만큼 어리석은 일은 없다.

물론 어떤 자리에서는 흥미로운 이야기를 꺼내기가 어려울 수도 있다. 지적인 사람이 얕고 속 빈 사람들 사이에 있을 때는 자신의 말이 제대로 전달되지 않아도 스스로 위안을 삼을 수밖에 없다. 적어도 자기가 꺼낸 이야기가 의미 있었음을 자신만은 알고 있으니 말이다.

23

자신에 대해 너무 많은 이야기를 하지 마라. 진심으로 당신을 아끼는 가까운 친구들과 있을 때는 예외일 수 있다. 하지만 그때조차도, 대화의 중심이 자신이 되는 순간을 조심해야 한다. 친한 친구들이 예의상 당신의 이야기나 성과에 대해 말문을 열었다 해도, 그 이야기에 너무 기꺼이 올라타지 마라.

겸손은 사람이 가질 수 있는 가장 아름다운 덕목이고, 오늘날처럼 드문 시대에는 더욱 깊은 인상을 남긴다. 그러니 자신의 작품을 스스로 꺼내 보이거나 재능을 드러내려 하지 마라. 자신의 업적을 직접 이야기하려고 애쓰지 마라. 교묘하게 대화를 유도해 상대가 결국 묻게 만드는 식의 행동도 피해야 한다. 또한 남들보다 너무 도드라져서는 안 된다. 한 모임에서 유독 혼자만 빛나려 한다면 다른 사람들은 조용해지고 당신 앞에서 점점 위축될 것이다.

24

대화 중에 스스로 모순되는 말을 하지 마라. 오늘 한 말을 내일 스스로 뒤집는 일이 없도록 하라. 사람의 생각은 변할 수 있지만, 어떤 사안에 대해 충분히 고민하지도 않은 채 앞서서 단정적으로 말하는 건 피해야 한다.

25

기억력이 나쁘든, 자기 객관화가 부족하든, 아니면 자기 말에 취해 있든 간에 어디서든 같은 이야기, 같은 일화, 같은 농담, 같은 말장난, 같은 비유를 반복하는 습관은 조심해야 한다.

26

듣는 사람을 불쾌하게 하거나 정숙한 이의 얼굴을 붉히게 할 만한 암시나 비꼬는 표현으로 대화를 꾸미지 마라. 그런 말을 하는 사람에게 맞장구치는 것도 피해야 한다. 지성 있는 사람이라면 그런 대화에서 어떤 즐거움도 느끼지 않는다. 남자들끼리만 있는 자리라 해도 예외는 없다. 저속한 농담이 오가는 분위기라 해도 그 흐름에 동조하지 않는다는 태도를 분명히 보여야 한다.

27

진부한 속담을 남발하지 마라. 예를 들면, "건강이 최고의 재산이다"

라든가, "썰매 타기는 추울 때가 제맛이다", "사람은 누구나 자기 자신부터 챙긴다", "시간이 걸리는 일은 결국 잘된다" 같은 말들. 나는 오히려 그 반대라고 생각한다. "실수를 통해 배운다"는 말도 흔히 하지만 안타깝게도 대부분의 경우 그렇지 않다. "시간은 날아간다"는 표현도 마찬가지다.

시간을 반박하자면 시간은 언제나 같은 속도로 흐른다. 만약 1년이 유난히 짧게 느껴졌다면 아마 그건 잠을 너무 많이 잤거나 제정신이 아니었던 탓일 것이다. 이런 속담들은 대부분 지루하고, 많은 경우는 아무 의미도 없거나 명백히 틀린 말일 뿐이다.

28

불필요한 질문으로 사람들을 귀찮게 하지 마라. 어떤 사람들은 대화를 꼭 문답식으로 풀어가야 한다고 생각해서 끊임없이 질문을 던진다. 하지만 이런 방식은 대화를 자연스럽게 이어가는 걸 어렵게 만들고, 함께 있는 사람을 점점 지치게 만든다.

29

반박을 받아들이는 법을 배워라. 자기 의견에만 집착하지 마라. 논쟁 중에 아무리 진지한 논리를 펼쳤다 해도, 그것이 조롱이나 빈정거림으로 돌아올 때가 있다. 그럴 때 화를 내거나 무례하게 반응하지 마라. 아무리 옳은 말을 하고 있어도 감정을 주체하지 못하는 순간 이미 반쯤은 진 셈이다. 최소한 그런 태도로는 상대를 설득할 수 없다.

30

사람들이 즐기기 위해 모인 자리(무도회, 극장, 또는 그 밖의 유쾌한 모임 등)에서는 가정사나 집안일 같은 이야기는 꺼내지 마라. 특히 불쾌하거나 무거운 주제는 더욱 피해야 한다. 사람들은 그런 자리에서 잠시나마 일상의 걱정과 무게를 내려놓고 싶어 한다. 그런데 굳이 그들을 다시 현실의 짐 속으로 끌어들이는 건 배려 없는 일이다.

정직하고 지성 있는 사람이라면, 설령 자신이 종교적 믿음을 갖지 못하고 있다 해도, 그 사실을 내세워 신앙을 조롱해서는 안 된다. 특히, 어떤 종파가 중요하게 여기는 교리나 누군가에게 신성한 의식까지도 우습게 여기는 태도는 피해야 한다. 다른 사람이 경건하게 여기는 것을 존중하라. 자신이 신앙의 자유를 누리고 싶다면 타인에게도 그 자유를 똑같이 허락해야 한다. 우리가 계몽이라 믿는 것이 어떤 이에게는 되려 혼란과 불안으로 느껴질 수 있음을 잊지 마라. 타인의 마음을 지켜주는 믿음이나 관점을 함부로 건드리지 마라. 그 믿음을 대신할 더 나은 것을 줄 자신이 없다면 빼앗으려 들지 말아야 한다.

조롱은 결코 누군가를 변화시키지 못한다는 사실을 기억하라. 인간의 이성은 본래 불완전하며, 이런 깊은 주제 앞에서는 누구나 쉽게 오류를 범할 수 있다는 점을 인정해야 한다. 설령 어떤 종교 체계가 불완전하다 해도, 그것이 도덕의 기초로 작용하고 있다면, 함부로 무너뜨릴 수는 없다. 그런 체계를 건드리는 일은 결코 단순한 문제가 아니다. 그리고 무엇보다, 이런 주제는 대개 사교적인 자리에서 이야기하기에 적절하지 않다는 점을 잊지 마라. 그럼에도 나는, 요즘 많은 사람들이 종교에 관한 대화를 너무 의도적으로 피하고 있다고 느낀다. 어떤 사람은 신에 대한 경외심을 드러내는 것이 부끄러워서, 그런 말을 하면 덜 계몽된 사람처럼 보일까 두려워 피하려 한다. 반면, 또 어떤 사람은 독실한 신자들에게 잘 보이기 위해, 광신에 대한 비판조차 삼가며 깊은 신앙심을 가진 척한다. 전자는 비겁함이고, 후자는 위선이다. 둘 다 정직한 사람에게는 어울리지 않는 태도다.

32

사람의 신체적·지적·도덕적 결함을 이야기할 때, 특정한 원칙이나 편견을 조롱하는 일화를 말할 때, 특정 계층을 부정적으로 묘사하는 이야기를 꺼낼 때는 반드시 주위를 살펴야 한다 그 자리에 있는 사람 중 누군가가 불쾌해하거나 그 비판을 자기나 가족에 대한 이야기로 오해할 소지는 없는지 확인해야 한다. 남의 외모나 체격, 생김새에 대해 함부로 말하지 마라. 그것은 누구도 쉽게 바꿀 수 없는 것이고 외모가 남들과 다른 사람에게는 그 차이를 웃음거리로 삼거나 신기하게 여기는 것 자체가 견디기 힘든 모욕이 된다. 사교계에 발을 들이고, 다양한 외모와 체격을 지닌 사람들과 어울려본 이라면 굳이 이런 주의를 들을 필요가 없을 것이다. 그러나 안타깝게도 왕족이나 귀족들, 특히 여성들 사이에서도 이런 기본적인 자제력을 갖추지 못한 사람을 종종 보게 된다.

그들은 단순한 생김새의 차이에도 놀라움을 감추지 못하고, 그 반응을 드러내는 일을 너무도 당연하게 여긴다. 그것은 분명 약점이다.

게다가 아름다움과 추함의 기준이 얼마나 상대적이며 사람마다 다르게 느껴지는지를 생각해보라. 우리가 관상학이라 부르는 것도 실은 얼마나 불확실한 근거 위에 놓여 있는가. 보기 좋지 않은 외모라 불리는 것 속에도 따뜻한 마음과 깊이 있는 사고가 깃들어 있을 수 있다. 이런 사실을 떠올리면 겉모습만으로 누군가를 판단하는 일이 얼마나 어리석고 무책임한 일인지 알 수 있다.

그리고 어떤 경우에도 그런 첫인상을 비웃거나 내색해 상대에게 상처를 주는 행동은 해서는 안 된다. 외모뿐만 아니라 사람들의 눈에 조금 이상하게 보일 수 있는 습관들, 과장되거나 어색한 몸짓, 기묘한 행동, 서투른 태도나 촌스러운 옷차림도 마찬가지다. 그런 차이를 보고 놀라는 표정을 짓거나, 수군거리며 이야기하는 건 품위 없는 태도다. 그런 모습을 보고 다른 사람과 눈빛을 주고받으며 낄낄대는 건 더없이 저급한 행동이다.

33

편지는 곧 글로 쓰는 대화다. 직접 마주한 자리에서 예의를 지켜야 하듯, 편지를 주고받을 때도 그 예의는 그대로 지켜져야 한다. 대인관계를 함부로 넓히지 말아야 하듯, 불필요한 편지 왕래도 삼가야 한다. 쓸모없는 일에 시간과 돈을 낭비하지 않기 위해서다. 어떤 사람과 편지를 주고받을지는 어떤 책을 읽을지 어떤 사람과 어울릴지를 고르는 일처럼 신중해야 한다. 무의미한 편지는 쓰지 마라. 단 한 줄이라도 상대에게 기쁨이나 유익함을 줄 수 있는 내용을 담아야 한다. 말 한마디도 조심해야 하지만 글은 더 조심해야 한다. 글은 남는다.

받은 편지를 관리하는 일도 중요하다. 사람들은 자주 잊는다. 사소한 부주의가 얼마나 큰 오해와 불행을 부를 수 있는지를. 단 한 문장의 말이 단 한 장의 편지가 수십 년 뒤 후손의 손에 들어가 뜻하지 않은 화근이 되는 일은 역사 속에서 이미 셀 수 없이 반복되었다. 중요한 편지는 반드시 믿을 만한 우편 서비스나 신뢰할 수 있는 사람을 통해 보내라. 여행자에게 맡기거나 비용을 아끼려 돌아가게 보내는 일은 피해야 한다. 사람의 성실함과 정직함을 과대평가하지 마라. 그리고 편지는 혼자 있을 때 읽는 것이 좋다. 다른 사람들 앞에서 편지를 읽으며 얼굴빛을 바꾸는 일은 실례일 뿐 아니라 불필요한 오해를 부를 수 있다.

34

아무리 어리석고 무능해 보이는 사람이라도, 사교적인 자리에서 그를 조롱하거나 웃음거리로 만들지 마라. 그가 정말 어리석은 사람이라면, 그의 무지함을 지적한다고 해서 당신이 더 나은 사람이 되지 않는다. 만약 그가 생각보다 영리한 사람이라면, 당신이 조롱하는 사이에 되려 당신이 조롱당하고 있을지도 모른다. 그가 마음이 여리고 상처를 잘 받는 사람이라면, 당신의 말은 오래도록 지워지지 않는 상처가 될 것이다. 반대로 그가 속이 깊고 복수심이 강한 사람이라면, 언젠가 반드시 그 대가를 치르게 될 수도 있다.

사람들은 당신이 다른 사람을 어떻게 대하는지 늘 지켜본다. 우리는 무심코 던진 말 한마디로 누군가의 명예를 해치거나, 그 사람의 가능성과 꿈을 꺾어버릴 수도 있다는 걸 잊지 말아야 한다.

35

거짓된 소식으로 친구를 놀라게 하거나, 농담처럼 말하며 불안하게 만들지 마라. 장난삼아 던진 말일지라도 상대에겐 진심으로 다가올 수 있다. 인생은 본래 충분히 고되고, 불쾌한 일은 저절로 찾아오며, 걱정할 일은 이미 넘쳐난다. 우리가 해야 할 일은 누군가의 짐을 조금이라도 덜어주는 것이지, 그 위에 불필요한 무게를 얹는 일이 아니다. 기쁜 소식을 전한다면서, 나중에 그것이 거짓으로 드러나게 만드는 일도 해서는 안 된다. 그런 장난은 관계를 유쾌하게 만들기보다 무너뜨릴 가능성이 크다. 또한 남의 관심을 끌기 위해 일부러 말을 흐리거나, 반쯤만 비밀을 흘리는 태도도 삼가야 한다. 끝까지 말할 생각이 아니라면, 처음부터 아무 말도 하지 않는 편이 낫다.

"너에 대한 안 좋은 소문이 돌고 있어. 하지만 지금은 말할 수 없어."

이런 말은 아무런 도움도 되지 않는다. 그저 상대를 불안하게 만들고 관계에 불신만 쌓일 뿐이다. 일반적으로 사람을 괴롭히는 말이나 곤란하게 만드는 행동은 피하는 것이 좋다. 누군가가 사소한 실수를 저지를 것 같다면, 조용히 눈치를 줘서 그 실수를 막아주는 편이 낫다.

불편한 분위기가 감돌 때는 자연스럽게 화제를 돌려 상황을 풀어주는 것도 사회적 배려다. 이런 작은 배려가 쌓여야 사람 사이가 편안해진다.

그리고 그런 태도야말로 진짜 교양이자 품위다.

36

상대가 먼저 말하지 않았는데 그의 불행이나 어려움에 대해 묻지 마라. 잘못된 관심은 때로는 무관심보다 더 잔인할 수 있다. 그가 지금 겪고 있는 일을 이야기한다고 해서 당신이 도울 수 있는 것도 아니다. 도리어 그는 잊고 싶었던 고통을 다시 떠올려야 할지도 모른다. 특히 사람이 모인 자리에서는 더 주의해야 한다. 사람마다 고통을 대하는 방식은 다르다. 어떤 이는 마음을 털어놓고 위로받고 싶어 하지만 어떤 이에게는 말하는 일 자체가 상처를 덧내는 일일 수 있다. 그러니 사람의 성향과 기질을 이해하는 법부터 배워야 한다. 그것이 진짜 배려.

37

다른 사람이 누군가를 모욕하는 말을 할 때 그 자리에 함께 있었다면, 그 말에 미소를 짓거나 호기심을 보이며 반응하지 마라. 그런 말은 무시하는 것이 가장 좋은 태도다. 괜히 맞장구치거나 반응을 보이면 당신도 그 모욕에 동조한 사람이 되고 만다. 때로는 조용히 입을 다무는 것만으로도, 그 자리에 없는 누군가에게 깊은 위안을 줄 수 있다. 말 없이 지키는 존중이 때로는 어떤 말보다 강하다.

38

역설을 즐겨 말하고, 무턱대고 반박하기를 좋아하며, 논쟁에 지나치게 몰입하고, 권위자의 말을 과도하게 인용하고, 자신의 의견보다는 남의 견해와 발언에 의존하는 태도에 대해서는 제1부의 제3장에서 자세히 다룰 것이므로 여기서는 그 논의로 갈음한다.

39

남의 일에 쓸데없이 신경 쓰지 마라. 그 일이 당신에게 직접적인 영향을 주지 않거나 도덕적으로 도저히 그냥 넘길 수 없는 일이 아니라면 더욱 그렇다. 누가 걷는 속도가 빠르든 느리든, 잠을 많이 자든 적게 자든, 집에 틀어박혀 있든 밖을 떠돌든, 화려하게 차려입든 초라하게 입든, 포도주를 마시든 맥주를 마시든, 빚을 지고 살든 재산을 모으든, 연인이 있든 없든, 그 모든 것이 당신과 무슨 상관인가? 당신이 그들의 보호자라도 된단 말인가?

하지만 역설적으로 세상에 대해 꼭 알아야 할 무언가가 있다면, 그 실마리는 종종 어리석은 사람들의 말 속에 담겨 있다. 그들은 눈치 보지 않고 말하고, 재치 있게 꾸미지도 않고, 감정에 치우치지도 않는다. 그저 들은 것을 그대로 말할 뿐이다. 그래서 때로는 가장 단순한 말이 가장 정확한 정보를 담고 있다.

40

우리는 가끔 지루한 대화에 갇힐 때가 있다. 피할 수 없는 상황이라면, 인내하고 무례하게 굴지 않는 것이 이성적이고 신중한 태도이며, 타인을 향한 최소한의 배려다. 대화가 지루할수록 말하는 사람이 수다스러울수록 자연스럽게 딴생각이 떠오르기도 한다. 그것마저 어렵다면 이렇게 생각해도 좋다. 원래 삶에는 공허한 시간이 많고, 우리는 종종 아무 의미 없이 멍하니 시간을 보내지 않는가? 인간관계 역시 일정한 희생을 필요로 한다. 그리고 당신이 중요하게 여기는 이야기조차 누군가에게는 지루할 수 있다는 사실을 떠올려 보라. 그렇게 생각하면 그 순간도 조금은 덜 불편하게 지나갈 수 있다.

41

사교 생활에서 가장 중요한 덕목 중 하나는 신중함이다. 하지만 요즘 이 덕목은 점점 더 드물어지고 있다. 약속도, 맹세도, 심지어 가장 신성한 서약조차도 쉽게 어기고 속이는 사람이 많아졌다. 어떤 사람들은 엄숙하게 비밀을 맡겨 놓고도, 그것을 아무렇지 않게 배신한다. 조금 덜 비열한 이들조차 타고난 말버릇이나 자제력 부족 때문에 쉽게 입을 연다. 그들은 자신이 들은 이야기가 비밀이라는 사실조차 잊고 연회석에서 친구의 사적인 문제를 떠벌리기도 한다.

어떤 경우에는 말하고 싶은 충동을 참지 못해 바로 곁에 있는 사람을 '믿을 만한 벗'이라 착각하고는 자기 일도 아닌 이야기를 아무렇지 않게 흘려버리기도 한다. 그러고는 자기 비밀도 똑같이 흘린다. 스스로 자신의 행복을 망치고 자신이 쌓아 올린 계획을 무너뜨리는 것이다. 이런 경솔함이 부르는 결과는 말하지 않아도 알 것이다.

엄밀한 비밀이 아니더라도 굳이 말하지 않는 편이 나은 일은 생각보다 많다. 세상에 아무런 교훈도, 즐거움도 주지 못하는 이야기라면, 그리고 그 말이 누군가에게 해가 될 가능성이 있다면, 입 밖에 낼 이유가 없다. 그래서 나는 신중함을 사교 생활에서 가장 중요한 덕목 중 하나로 꼽고 싶다. 물론 그것이 지나친 비밀주의, 우스꽝스럽게까지 보일 정도의 과도한 침묵으로 흐르지 않는다는 전제 아래에서다. 절대적인 침묵보다는, 신중하게 말수를 조절하는 태도가 더 가치 있다. 재미있는 사실은 전제 정치가 강한 나라일수록 사람들의 말수가 자연스럽게 줄어든다는 점이다. 두려움과 불신이 사람들을 조심스럽게 만든다. 반면, 자유로운 사회에서는 사람들은 본능적으로 더 많이 말하고 더 쉽게 말한다. 만약 하나의 비밀을 여러 사람에게 털어놓아야 할 상황이라면 그때는 각자에게 단 한 사람만이 그 내용을 알고 있다고 믿게 만드는 것이 가장 현명한 방법일지도 모른다. 신중함은 말보다 무게 있는 선택이다.

42

어떤 사람들은 마치 타고난 듯 쉽게 인간관계를 맺는다. 낯선 사람과도 금세 친해지고, 자연스럽게 호감을 얻는다. 반면 어떤 이들은 매일 새로운 사람을 만나면서도 평생 수줍음을 극복하지 못한 채 살아간다. 이러한 수줍음은 대체로 어릴 적 잘못된 성장 환경에서 비롯되지만, 때로는 과도한 자의식이나 드러나지 않은 허영심 때문이기도 하다. 자기 기대에 미치지 못할까 두려워서다. 하지만 어떤 경우에는 낯가림이 본능에 가까워, 애쓴다고 해서 쉽게 사라지지 않는다.

내가 아는 한 군주는 그런 사람이었다. 내가 만난 이들 중 가장 고귀하고 지혜로운 인물이었고, 외모 또한 결코 남들 앞에서 주눅 들 일이 없는 사람이었다. 하지만 그는 내게 이렇게 털어놓은 적이 있다. 어릴 적부터 높은 신분으로 늘 군중 속에 살아왔지만, 아직도 신하들이 모여 있는 대기실 앞에 서면 순간적으로 시야가 흐려질 정도로 긴장이 된다는 것이다. 몇 초간 마음을 다잡아야 평정을 되찾을 수 있고, 이후엔 따뜻하고 열린 태도로 신하들과 대화를 나눈다고 말했다. 그는 흔한 군주들과 달랐다. 날씨, 길 사정, 말이나 사냥개 이야기처럼 시시한 주제에 머물지 않고, 짧은 순간에도 의미 있는 말을 건넬 줄 아는 사람이었다. 그런 자세가 바로 사람을 편안하게 만들고, 신뢰를 쌓게 한다.

사회적 관계에는 반드시 일정한 유연함이 필요하다. 첫 만남에서 좋은 인상을 남길 수 있는 능력, 누구와도 자연스럽게 대화를 이어갈 수 있는 태도, 그리고 상대가 어떤 사람인지, 그에게 무엇을 말해야 하고 무엇은 피해야 하는지를 빠르게 파악하는 감각, 이러한 자질은 후천적으로도 충분히 기를 수 있다. 그러나 그것이 천박한 무례함이나 뻔뻔한 대담함으로 흐르는 일은 없어야 한다. 우리는 때때로 세상을 떠도는 모험가들을 본다. 그들은 선술집에 들어선 지 한 시간이 채 되기도 전에 주변 사람들의 사적인 정보를 캐묻고, 자신의 이야기를 거리낌 없이 쏟아내며, 거창한 서비스와 우정을 약속하는 동시에 자신이 원하는 도움과 혜택을 요구한다. 이러한 태도는 결국 경멸만을 불러오게 된다.

43

분명하고 정확하며 간결하게 말하는 능력. 생동감 있게 전달하는 능력. 상대의 이해 수준에 맞춰 지루하지 않게 말하는 능력. 이야기를 재미있고 재치 있게 풀어내는 능력. 자기 농담에 스스로 웃지 않는 절제.

상황에 따라 건조하게 혹은 유머러스하게, 진지하게 혹은 익살스럽게 표현할 줄 아는 유연함. 그리고 무엇보다 자연스러운 색채로 묘사할 줄 아는 감각. 이 모든 것은 공부와 주의 깊은 관찰을 통해 익힐 수 있는 훌륭한 재능이다.

이와 함께 외적인 태도도 다듬어야 한다. 표정을 잘 통제하고, 찡그리는 습관은 버려야 한다. 특히 웃을 때 얼굴이 일그러지는 것을 알고 있다면 반드시 고치는 것이 좋다. 품위 있는 자세와 몸짓을 익혀야 하고, 평범한 사람들처럼 사소한 대화 중에 머리나 팔을 마구 흔들거나 사지를 거칠게 움직이는 버릇은 삼가야 한다.

상대의 눈을 정면으로 바라보되, 지나치게 강하지 않게. 부드럽고 겸손한 시선을 유지해야 한다. 상대의 소매나 단추를 잡아당기거나, 손으로 물건을 계속 만지는 습관도 고쳐야 한다. 작은 몸짓 하나에도 태도가 담겨 있기 때문이다.

한마디로 말해, 사교 생활을 더 유쾌하게 만드는 세련된 교육과 세심한 배려는 몸짓과 말투에서 자연스럽게 드러나야 한다. 이런 사소한 예절은 결코 가볍게 여겨서는 안 되며, 집 안에서부터 차근차근 익혀야 한다. 그래야만 습관으로 굳어지고, 일상에서도 어색하지 않게 실천될 수 있다.

우리는 흔히 이런 세부적인 것들을 귀찮고 번거로운 일로 여기지만, 사실은 그보다 무관심에 익숙해진 탓이 더 크다. 대화 중에 상대의 말을 끊지 않아야 하는 이유, 누군가 접시를 건넸을 때 받지 않고 어색한 순간을 만들지 않아야 하는 이유, 대화를 나누며 상대에게 등을 돌리지 않아야 하는 이유, 이름이나 직함을 틀리지 않도록 조심해야 하는 이유. 이런 것들은 더 이상 길게 설명할 필요도 없을 것이다.

마찬가지로, 예절을 중요하게 여기는 사람들 앞에서는 상급자가 늘 오른쪽에 서야 한다는 점, 세 사람이 함께 걸을 때는 가장 높은 신분의 사람이 가운데 서야 한다는 점, 창가에 서 있다가 존경하는 인물이 지나가면 창문을 여는 시늉이라도 해야 한다는 점, 마차 안에서 인사를 받을 때는 얼굴을 가리지 않도록 반대쪽 손으로 모자를 벗어야 한다는 점, 말할 때는 목소리가 너무 크지도 작지도 않아야 한다는 점, 걷는 자세에도 품위를 잃지 않아야 한다는 점, 여성을 동반할 땐 그녀의 걸음에 보조를 맞춰야 한다는 점 등은 예절은 굳이 강조하지 않아도 누구나 익혀야 할 기본이다.

내리막 계단에서는 여성이 먼저 내려가고, 오르막 계단에서는 남성이 먼저 올라가는 것이 예의라는 점. 누군가 우리의 말을 이해하지 못했을 때, 그 내용이 굳이 다시 설명할 만큼 중요하지 않거나 사소한 문제라면 그냥 넘어가는 것이 더 낫다는 점. 지위 높은 이들이 단체적 표현을 불쾌하게 여길 수도 있으니 "우리가 어제 산책했어."라고 말하기보다 "군주께서 산책을 하셨어."고 말하는 편이 바람직하다는 점. 이런 것들 역시 더 이상 따로 설명할 필요는 없을 것이다.

이런 사항들은 어느 정도 교양을 갖춘 사람이라면 어릴 적부터 자연스럽게 익혀왔을 것이다. 하지만 이 사소해 보이는 것들이 누군가에게는 전혀 사소하지 않을 수 있다는 점을 잊지 말아야 한다. 때로는 우리의 사회적 평가는 그런 사람들의 눈에 우리가 어떻게 보였느냐에 따라 달라질 수도 있다.

44

이제 외적인 예절과 태도에 대한 이야기를 마무리하고, 옷차림에 대해 몇 가지 덧붙이려 한다. 자신의 신분보다 지나치게 화려한 옷을 입지도 말고, 형편보다 너무 검소하게 차려입지도 말자. 색이 너무 튀거나 장식이 과하게 눈에 띄는 옷도 피하는 것이 좋다. 대신 늘 단정하고 깔끔하며, 필요할 때는 우아함과 품격이 자연스럽게 드러나야 한다.

유행을 무작정 좇는 것도 좋지 않지만, 너무 오래된 스타일을 고집하는 것도 피하자. 특히 격식을 갖춰야 하는 자리에 나갈 때는 옷차림에 더욱 주의를 기울여야 한다. 자신이 초라하게 보인다고 느끼는 순간, 사교 자리에서의 자신감은 쉽게 흔들리기 때문이다.

45

사교 생활에서 피해야 할 사소한 무례나 모순된 행동은 이 외에도 많다. 그리고 어떤 자유를 누리려 할 때는, 모든 사람이 똑같은 자유를 행사한다면 어떤 일이 생길지 한 번쯤 생각해볼 필요가 있다. 예를 들어 설교 시간에 졸거나, 연주회에서 대화를 나누고, 연극을 보면서 귓속말을 하거나 손짓으로 신호를 주고받는 행동. 춤이나 악기 실력이 형편없으면서도 남 앞에서 공연하려는 태도. 체스나 카드 게임의 규칙을 제대로 모르면서 끼어들어 다른 사람의 인내심을 시험하는 것. 무도회에서 춤추며 노래까지 부르는 일, 극장에서 다른 사람의 시야를 가로막는 행동, 약속

시간에 늘 늦거나, 너무 일찍 자리를 뜨거나, 끝까지 혼자 남는 것. 이 모든 것들이 주변 사람들에게 불편함을 줄 수 있다.

또 하나 기억해야 할 점은, 다른 사람의 서류나 책을 허락 없이 들여다보지 않는 것이다. 어떤 사람들은 누군가가 자신의 독서나 작업을 지켜보는 것조차 불편하게 느낀다. 그리고 남의 집이나 방에 혼자 있을 때는, 특히 돈이나 중요한 서류 근처에는 되도록 가까이 가지 않는 게 좋다. 괜한 오해를 사지 않도록 이런 기본적인 배려는 몸에 익혀 두는 것이 필요하다.

46

사람들과 얼마나 자주 어울리는 것이 좋은지는 각자의 처지나 필요, 여러 사소한 사정에 따라 다를 수 있다. 하지만 일반적으로 말하자면, 너무 자주 얼굴을 비추거나 어디에서든 익숙한 사람이 되는 일은 피하는 게 좋다. 모든 사람을 만족시킬 수 없다면, "요즘 통 안 보이네요."라는 말을 듣는 것이 "도대체 어디서든 꼭 나타난다."는 뒷말을 듣는 것보다 낫다.

누군가가 나를 반가워하는지, 아니면 은근히 불편해하는지는, 스스로를 잘 들여다볼 줄 안다면 대부분 느낄 수 있다. 지금 이 자리에 조금 더 머물러야 할지, 아니면 슬쩍 물러나야 할지도 마찬가지다. 그리고 가능하다면 너무 많은 사람과 깊은 관계를 맺지 말고, 친구의 폭을 조심스럽게 좁히는 것이 좋다.

사람은 너무 익숙해지면 쉽게 상대를 소홀히 여기거나 이용하려 든다.

사회 속에서 편안하게 지내고 싶다면 약간의 '거리'를 두는 것도 필요하다. 그렇게 해야 존중받고, 그리워지고, 자신의 가치를 인정받을 수 있다. 대도시의 삶이 종종 매력적으로 느껴지는 것도 그런 이유다. 매일 새로운 얼굴을 마주할 수 있고, 내성적인 사람이 아니라면 낯선 사람들 틈에 섞여 앉아 있는 것도 즐거운 일이다. 익숙하지 않은 이야기들을 우연히 듣게 되기도 하고, 아무런 시선도 받지 않은 채 조용히 사람들을 바라볼 수 있기 때문이다.

47

사교의 자리에서 자신이 늘 중심이 되어야 한다는 생각은 버리는 게 좋다. 관심을 받지 못하면 불편해하고, 대화가 자신을 중심으로 흘러가지 않으면 견디지 못하는 사람은, 결국 어디서든 소외되고, 스스로를 비참하게 만들며, 지루한 사람이라는 인상을 남기게 된다. 마침내는 사람들로부터 멀어지게 된다.

나는 그런 사람들을 여럿 보았다. 그들은 언제나 무대의 주인공이어야만 만족한다. 일상에서도 다르지 않다. 자기 옆에 자신보다 주목받는 사람이 있는 걸 참지 못한다. 관심과 도움, 후원이 모두 자기 손을 거쳐야 비로소 인자하고 관대해지지만, 누군가 그와 비슷한 위치에 서는 순간 갑자기 속이 좁아지고 예민해진다. 질투심을 감추지 못하고, 태도가 거칠어진다.

어떤 일을 자신이 주도하지 않았다면, 혹은 스포트라이트를 받지 못한다면, 그 일 자체를 무너뜨리려 들기도 한다. 심지어 자기 손으로 만든 결과물이라 하더라도, 누군가 거기에 조금이라도 손을 보려 하면 스스로 그 성과를 무너뜨리는 일마저 서슴지 않는다. 이는 매우 불행한 기질이며, 결코 사교적인 태도는 아니다.

나는 이렇게 조언하고 싶다. 스스로 행복해지고, 타인에게도 기쁨을 주고 싶다면, 세상에 기대는 것을 줄이고, 요구하는 것도 줄이는 것이 가장 현명한 태도라고.

48

사람들을 대할 때는 누구에게나 똑같은 태도를 보이기보다는 관계의 깊이에 따라 존경과 애정의 표현에도 자연스러운 차이를 두는 것이 좋다. 아무에게나 손을 내밀지 말고, 아무에게나 포옹을 허락하지 말며, 누구에게나 마음을 쉽게 열지 마라. 그렇지 않으면 정말로 소중한 사람에게 보여줄 따뜻함이 남아 있지 않게 된다. 너무 쉽게 마음을 여는 사람에게서 진심을 느끼기란 어렵다. 그런 사람의 우정은 누구에게나 똑같이 주어지는 것처럼 보이기 때문에 특별할 수가 없다. 누가 그런 관계를 진심으로 귀하게 여기겠는가?

49

항상 스스로를 지키는 태도를 잊지 말자. 감정에 따라 태도가 오락가락하는 사람은 신뢰를 얻기 어렵다. 하루는 따뜻하다가 다음 날은 싸늘하게 대하고, 어떤 날은 무뚝뚝하게 굴다가 또 어떤 날은 과하게 다정해지는 사람은 곁에 있는 이들을 지치게 만든다.

그들은 기분이 좋을 때나, 자신보다 더 나은 사람(더 높은 지위, 더 눈에 띄는 외모, 더 능란한 아첨)이 곁에 없을 때는 우리에게 애정을 보인다. 우리는 그들의 호의를 믿고, "언제든 찾아오라."는 말을 진심으로 받아들인다. 그러나 며칠 뒤 다시 그들을 찾으면, 우리는 차갑게 외면당한다. 이제 그들 곁엔 더 반짝이는 이들이 있기 때문이다. 이런 사람들과는 적당히 거리를 두는 것이 좋다. 그리고 그들이 무료함을 견디지 못하고 다시 다가올 때는, 우리 역시 조심스럽고 담담하게, 이전처럼 무르지 않게 응대하면 된다.

50

스스로 빛나려 하기보다 다른 사람들이 빛날 수 있도록 기회를 주는 것이 낫다. 그렇게 하면 내가 더 큰 칭찬과 호감을 얻게 된다. 어떤 모임에서 사람들이 나를 지적이고 재치 있는 사람이라고 평가한 적이 있다. 정작 그 자리에서 나는 거의 말을 하지 않았다. 그저 사람들이 자유롭게 이야기할 수 있도록 두고, 그들이 좋아하는 주제로 자연스럽게 대화의 흐름을 이끌었을 뿐이다.

가끔 내게 찾아오는 사람들 중에는 "위대한 학자이자 작가인 당신을 존경해 찾아왔습니다."라고 말하는 이들이 있다. 그러나 막상 자리에 앉으면 그들은 오직 자기 이야기만 한다. 대화를 온전히 차지하며, 나를 방청객처럼 만든다. 그리고 돌아갈 때가 되면, 나와 깊은 대화를 나눴다는 듯 만족한 표정을 짓는다. 실제로 나는 스무 마디도 하지 않았지만 그들은 '이 사람은 내 말을 귀 기울여 들을 만큼 똑똑하군' 하고 생각할 것이다. 이런 사소한 허영심에 대해서는 너그럽게 받아들이자.

어떤 사람이 같은 이야기를 여러 번 반복한다면 특별히 불쾌하지 않은 이상 그냥 들어주는 것이 낫다. 그 이야기가 원래 내가 해줬던 것이고, 이제는 상대가 자신의 경험처럼 말한다 해도, 그저 웃으며 넘기면 된다.

그들이 그런 사소한 즐거움을 누리는 것이 우리에게 무슨 해가 되겠는가? 우리는 그 덕분에 점잖고 사려 깊은 사람이라는 인상을 줄 수 있다. 누군가 말할 때 파이프를 문다든지 와인을 홀짝인다든지, 자기만의 방식으로 소소한 기쁨을 찾고 있다면, 그게 특별히 불쾌하지 않다면 굳이 방해할 필요는 없다. 나는 언제나 궁정식 예법에만 매달리는 일부 사람들이 대화 도중 딴청을 피우거나, 정작 자신이 꺼낸 이야기도 끝까지 들어주지 않는 태도를 불쾌하게 여겨왔다.

51

하지만 어느 자리도 무조건 나쁘다고 여기거나 어떤 대화도 무의미하다고 단정하지 마라. 우리는 어디서든 무언가를 배울 수 있고, 새로운 경험을 얻을 수도 있으며, 깊이 생각할 거리를 찾을 수도 있다.

다만 학문과 교양만을 요구하지 마라. 순수한 상식과 단순한 사고를 소중히 여기고, 이를 북돋아 주는 것이 더 중요하다.

다양한 사람들과 어울려보라. 그러면 자연스럽게 각기 다른 시간과 장소, 상황에 맞게 적절한 태도와 말투를 익히게 될 것이다.

그러면 우리는 누구와 어울려야 할까? 이 질문에 정해진 답은 없다. 사람마다 상황이 다르기 때문이다. 하지만 선택할 수 있다면, 자신보다 조금 더 지혜로운 사람 곁에 머무는 게 좋다. 배울 점이 있고, 아첨하지 않으며, 괜히 나를 특별하게 대하지 않는 사람, 그런 사람들과 함께 있어야 나도 조금씩 나아질 수 있다.

하지만 우리는 보통 그런 선택을 하지 않는다. 반대로 우리를 둘러싸고 칭찬해줄, 우리보다 덜 깊이 있는 사람들 속에 머무는 걸 더 편하게 여긴다. 우리가 무슨 말을 하면 감탄해주고, 우리가 방향을 정하면 주저 없이 따라오고, 우리가 잠시 말을 멈추면 깊은 생각에 빠진 줄 안다. 우리가 가진 약간의 재능은 그들 속에서 천재성처럼 보이고, 평범한 말도 깊은 통찰처럼 들린다. 그렇게 살면 편하고 기분도 나쁘지 않다. 하지만 그 대가로 우리는 늘 제자리다. 더 나아가지 못하고, 더 현명해지지도, 더 나은 사람이 되지도 않는다.

물론 다양한 배경과 능력을 지닌 사람들과 어울리는 것이 유익할 때도 있다. 때로는 우리가 누군가에게 배움을 나눠줘야 할 책임이 있기 때문에 그런 자리에 있어야 할 때도 있다. 비록 우리가 얻을 것이 없는 자리라 해도, 누군가에게는 우리가 꼭 필요한 순간일 수 있기 때문이다. 다만 이 배려는 어디까지나 적당한 선을 지켜야 한다. 타인의 수준에 맞춰 머무르느라 스스로 성장할 기회를 놓친다면, 그것은 결국 자기 자신에게 지닌 책임을 저버리는 일이다. 우리는 언젠가, 주어진 시간과 그 속에서 우리가 할 수 있었던 모든 가능성에 대해 답해야 할 날을 맞게 될 테니 말이다.

53

어떤 모임에는 이상할 만큼 공기가 굳어 있는 것처럼 느껴진다. 선입견과 허영심, 타성, 권위, 맹목적인 흉내, 그리고 설명할 수 없는 어떤 분위기가 한데 얽혀, 그 도시나 동네 사람들을 해마다 똑같은 방식으로 불러 모은다. 늘 비슷한 대화를 나누고, 어김없이 지루한 시간을 반복하게 만든다. 그런데도 그들은 그런 흐름을 멈출 생각이 없다. 오히려 그 틀을 지켜야 한다고 스스로를 억누른다.

그렇게 모인 수십 명 중에 정말로 그 자리를 즐기는 사람이 몇이나 될까? 매일 저녁 카드를 잡는 오십 명 중 열 명이라도 그 시간을 좋아하는 걸까? 그럼에도 사람들은, 특히 자유로운 삶을 살 수 있는 이들마저도, 대도시 사교계의 방식을 흉내 내며 이 지루함을 고스란히 되풀이한다. 그것이 더 안타깝다.

자신이 사는 지역에서 어느 정도 영향력이 있다면, 그 안에서 조금이라도 더 이성적이고 건강한 분위기를 만들기 위해 애써야 한다. 하지만 그저 우연히 그런 자리에 끼게 된 것이라면, 굳이 얼굴을 굳히거나 말없이 불편한 기색을 드러내며 주최자에게 부담을 줄 필요는 없다. 차라리 별 뜻 없는 말이라도 부드럽게 이어가며, 그 자리를 조용한 수다로 채우는 편이 낫다. 그렇게 하지 않으면 그 빈틈을 결국 험담이 차지하게 될 테니까.

사람이 많은 대도시에서는 이런 사소한 것들을 애써 신경 쓰지 않아도 된다. 작은 배려를 억지로 실천해야 한다는 압박도 적고, 누군가가 나를 살피거나 자꾸 간섭하는 일도 거의 없다. 누가 일주일에 고기를 몇 번 먹는지, 외출은 얼마나 자주 하는지, 손님이 누구인지, 가정부 월급이 얼마인지 따위의 정보가 소문이 되어 떠도는 일도 없다. 누가 시장에서 후추 몇 그램을 샀는지, 그 후추를 어디에 쓸 건지 따위까지 궁금해하는 사람도 없다. 사소한 이야깃거리가 몇 주씩 동네 전체의 입길에 오르내리지도 않는다. 사람들은 군중 속에 섞여 조용히 자기 일을 하고, 자기 방식대로 살아간다.

하지만 작은 도시에서는 정해진 사람들과 정기적으로 얼굴을 맞대야 하는 암묵적인 의무가 있다. 그런 방문은 점심 직후부터 시작해 밤 열 시 종소리가 울릴 때까지 이어진다. 이 시간 동안 오가는 이야기들은 늘 틀이 정해져 있다. 왕이나 황제, 국제 정세에 관한 우체국 직원의 소문 같은 것들이다.

이런 환경은 분명 버티기 쉽지 않지만, 그렇다고 방법이 없는 것은 아니다. 지역 사회의 수준을 천천히 끌어올리는 일부터, 처음에는 험담을 감수하더라도 결국에는 사람들이 우리가 우리 방식대로 살아가는 것을 인정하게 만드는 길까지 가능하다. 단, 전제는 분명하다. 우리는 정직하고, 따뜻하고, 친절하며, 공동체 안에서 조화롭게 지낼 수 있는 사람이 되어야 한다.

그런데 가장 곤란한 곳은 중간 규모의 도시다. 대도시처럼 경제적으로 풍요롭지도 않고, 소도시처럼 단순하지도 않다. 불편한 전통과 고집스러운 습관이 깊이 남아 있다. 돈 있는 사람들은 사치스러움을 즐기고, 부패와 도덕적 해이는 대도시 못지않다. 동시에 폐쇄적인 분위기와 끊이지 않는 뒷말, 얽히고설킨 인맥, 신분의 벽까지 함께 얽혀 있다. 어떤 도시에서는 새로 생긴 직책 하나만으로도 사람이 완전히 고립되기도 한다. 그 자리를 맡은 이는 마치 혼자 우리에 갇힌 코끼리처럼 따로 움직여야 했고, 함께 어울릴 사람도, 친구도, 배우자도 찾기 어려웠다.

어쩌면 내가 고향을 좀 편애하는지도 모르겠다. 하지만 내 생각뿐만 아니라, 나보다 더 식견 있는 사람들도 동의하는 바다. 하노버는 독일에서 아주 큰 도시는 아니지만, 비교적 자유롭고 편안하게 살아갈 수 있는 곳이다. 아마도 영국과의 오랜 교류 덕분일 것이다. 영국에서는 이런 사교적 관습이나 위선을 그다지 심각하게 받아들이지 않는 분위기가 있다. 하지만 독일의 다른 많은 도시들에서는 이런 자유로움을 기대하기 어렵다. 그런 곳에서 살려면, 그 지역 특유의 분위기와 규칙에 익숙해질 필요가 있다.

특히 자신이 별다른 권위도 없으면서, 고향의 풍습이나 질서를 바꾸겠다고 나서는 건 위험하다. 자유도시처럼 오랜 전통과 행정 체계가 복잡하게 얽혀 있는 곳일수록 더욱 그렇다. 그런 도시에서는 상인이 동료들과 조금 다른 스타일의 코트를 입었다는 이유만으로 신용을 잃는 일이 생긴다. 반면, 생각 없이 머리에 올린 단정한 가발 하나가, 진짜 현명한 사람의 머리카락보다 더 강한 영향을 미쳐 시의원 선거에서 승리하게 만들기도 한다.

그렇다면 시골이 더 나은 선택일까? 사실 시골이나 작은 농장에서는 가장 자유롭게 살아갈 수 있다. 도움이 필요한 사람에게 손을 내밀 수 있고, 정말 필요한 곳에 직접 기여할 기회도 많다. 하지만 사교적인 즐거움을 기대하기는 어렵다. 진심으로 의지할 수 있는 친구가 간절한 순간, 그는 수십 킬로미터 밖에 있을 것이다. 물론 아주 부유하다면 아예 개인 궁정처럼 가까운 사람들을 불러들여 살 수도 있겠지만, 그런 사람들은 대개 애초에 친구를 필요로 하지 않는다. 그래서 시골에서 행복하고 만족스럽게 살기 위해서는, 눈앞에 있는 사람들과의 관계 속에서 의미를 찾고, 단순한 기쁨을 소중히 여기며, 그 안에서 다양한 변주를 만들어내는 능력이 필요하다.

시골에서는 하루 종일 가족처럼 가까운 사람들과 함께 지내기 때문에 어느 순간 지루함이나 권태가 밀려올 수 있다. 그럴 때는 좋은 책을 가까이 두고, 지적인 편지를 주고받을 수 있는 사람들과 교류하며, 하루 중 일정 시간은 홀로 보내는 것이 도움이 된다. 무엇보다 중요한 건 하루를 성실하게 살아내는 일이다. 각자 맡은 일을 마친 뒤, 저녁이 되면 가볍게 산책을 나서고, 돌아와 서로 농담을 주고받고, 자연스럽게 이야기를 나누는 작은 모임을 즐길 수 있다면, 시골 생활도 결코 나쁘지 않다.

어떤 군주는 이처럼 소박한 삶의 즐거움을 잘 알고 있다. 얼마 전, 나는 보주 산맥 기슭에 있는 공국에서 현명하고 따뜻한 군주와 함께 몇 주를 보내며 정말 만족스러운 시간을 보냈다. 하지만 시골이나 작은 도시에서 가장 자주, 또 가장 끔찍하게 마주치는 모습은 매일 얼굴을 보는 사람들끼리 끊임없이 갈등하고 다투는 장면이다. 경제적으로 여유가 있다면 거리를 두고 피할 수도 있겠지만, 그렇지 못한 사람들은 그 안에서 서로를 힘들게 하며 지내야 한다. 그래서 이런 곳에서는 더 조심스럽고 유연하며, 현명하게 처신해야 한다. 직설적인 말이나 강한 주장보다는 약간의 사교적 기술과 배려가 더 큰 평화로 이어질 수 있다.

54

낯선 도시나 나라에 가면, 무엇보다 조심스럽게 행동해야 한다. 여행의 목적이 배우기 위한 것이든, 어떤 경제적·정치적 이익을 얻기 위한 것이든, 아니면 단순히 즐거움을 찾기 위한 것이든, 지켜야 할 기본 원칙은 분명하다. 먼저, 배움을 위해 여행하는 경우라면, 지금 자신이 어느 나라에 있는지, 이 나라에서 무엇이 허용되고, 무엇이 금기로 여겨지는지를 먼저 파악해야 한다. 안타깝게도 아직도 어떤 주제를 공개적으로 이야기하는 것을 꺼리거나 문제 삼는 나라들이 존재한다. 그래서 말을 조심해야 하며, 어떤 사람과 어울릴지도 신중하게 선택해야 한다.

사실 대부분의 여행자는 그 나라의 정치나 사회 문제에 관여할 자격이 없다. 하지만 괜한 호기심과 참견, 그리고 가만히 있지 못하는 성격이 문제를 만든다. 그러다 보면, 낯선 도시의 호텔과 카페, 연구자들의 서재를 떠돌며 신빙성 없는 이야기들을 수집하고 다니게 된다. 정작 자신의 고향에서 더 의미 있는 일들을 할 수도 있었을 텐데 말이다.

낯선 땅에서 뭔가를 이루고 싶거나, 구체적인 성과를 얻고 싶다면, 더 신중해져야 한다. 이런 상황에서는 많은 사람의 시선이 자신을 향하게 된다. 특히, 정부에 불만을 가진 사람들이 외국인을 필요 이상으로 친절하게 대하는 경우가 많다. 이들은 이미 자국 내에서 신뢰를 잃었고, 자기 땅에서 더는 기회를 얻기 어렵다고 느끼는 사람들이다. 그래서 외국인 곁을 맴돌며, 마치 자신이 국제적 인맥이라도 되는 듯 보이고 싶어 한다.

잠시 머물다 떠날 여행자라면, 그들과 어울리는 것이 크게 문제가 되지 않는다. 대부분 말이 많고, 흥미로운 이야기와 온갖 모험담으로 가득한 이들이라 심심할 틈이 없을 것이다. 어쩌면, 그런 시간을 소소한 재미로 삼아도 된다. 하지만 한 도시에서 오래 머무를 생각이라면, 혹은 상류층과 교류하고 싶거나 중요한 일에 관여하고 싶다면, 누구와 어울리는지를 신중하게 따져봐야 한다.

어느 도시에서든 정부나 사회에 불만을 품은 무리는 있게 마련이다. 그들과 가까이하지 마라. 그들 사이에서 친구를 만들 생각도 하지 않는 편이 낫다. 이런 부류는 대부분 자신이 정당한 대우를 받지 못했다고 여기거나, 본래 성격이 불안정한 경우가 많다. 그들은 무리를 짓고, 남을 험담하며, 실현 가능성 없는 야망을 품고, 갖가지 음모와 부정에 얽히곤 한다.

이미 지역 사회에서 외면당한 사람들은 자기만의 무리를 만들고, 거기에 똑똑하고 올바른 사람을 끌어들이려 하기도 한다. 하지만 그들의 호감을 사려 하거나, 그들이 벌이는 정치적 싸움에 끼어드는 것은 현명하지 않다. 조용하고 안정된 삶을 바란다면, 당파나 파벌 싸움과는 거리를 두는 것이 좋다.

55

개인적인 갈등에 다른 사람을 끌어들이지 마라. 당신과 누군가 사이의 불화에 대해, 함께 어울리는 이들에게 어느 쪽 편에 서달라고 요구하는 일도 피해야 한다.

56

사회적 성공이나 경제적인 이익, 또는 공직에 임명되는 현실적인 기회를 원한다면, 스스로 그 의사를 분명히 밝혀야 한다. 때로는 간청하는 자세도 필요하다. 세상이 당신을 간절히 필요로 하지 않는 한, 먼저 다가와 기회를 주거나 나서서 도와주는 일은 드물다. 능력이 아무리 뛰어나고, 널리 알려져 있다 해도 마찬가지다.

사람들은 각자 자기 일과 가족을 챙기느라 바쁘다. 조용히 기다리는 이, 말없이 뒷자리에 앉아 있는 이를 굳이 살펴보려 하지 않는다. 그렇게 누군가가 방 한구석에 앉아 재능을 묻고 있든, 심지어 어려움에 처해 있든, 세상은 신경 쓰지 않는다. 그래서 많은 유능한 이들이 평생 인정받지 못한 채, 자신의 가능성을 펼칠 기회를 갖지 못한 채 사라져 간다. 그 이유는 단지 그들이 스스로 기회를 구하지 않았기 때문이다.

57

나는 예전에 '주는 편이 받는 것보다 낫다'고 말한 적이 있다. 하지만 이 말이 지나치게 자신을 희생하라는 뜻은 아니다. 언제나 친절하게 대하되, 불필요하게 앞서 나서지는 마라. 모든 사람과 친구가 되려 하지 말고, 깊은 신뢰를 아무에게나 내어주지도 마라. 무엇보다 남을 바꾸거나 고치려 들지 마라. 필요하지 않은 충고는 삼가라. 당신이 아무리 선의를 가지고 조언을 해도 고마워하는 사람은 드물다. 게다가 많은 사람들은 이미 스스로 마음속에 답을 정해놓은 채 조언을 구하는 경우가 많다.

사소한 심부름을 남에게 부탁하지 마라. 예를 들어, 물건을 대신 사오게 하거나 자질구레한 일을 맡기는 일은 자제하는 것이 좋다. 반대로 누군가가 나에게 그런 부탁을 할 때는 적당히 거절할 줄도 알아야 한다. 이런 일에 시간을 쓰다 보면 고맙다는 말은커녕 괜한 불평만 듣게 되는 경우가 많다.

가정사에도 함부로 끼어들지 마라. 나 역시 좋은 뜻으로 도우려 했다가 되레 곤욕을 치른 적이 여러 번 있었다. 특히 남의 다툼을 중재하려는 시도는 더욱 조심해야 한다. 정말 소중한 사람들 사이의 갈등이 아니라면 웬만하면 거리를 두는 것이 낫다. 대부분의 경우, 싸우던 두 사람은 결국 화해하면서 그 사이에 끼었던 당신을 적으로 돌리게 된다.

중매나 결혼을 주선하는 일도 마찬가지다. 그런 일은 하늘과 간섭 좋아하는 몇몇 사람들에게 맡겨두는 것이 낫다.

58

사람을 판단하려면 그가 하는 말이 아니라 실제로 하는 행동을 살펴야 한다. 그런데 그를 제대로 평가하고 싶다면 자신이 주목받고 있다고 의식하지 않을 때를 관찰해야 한다. 격식을 차리는 공식적인 자리가 아니라 일상의 작고 평범한 순간들을 살펴야 한다.

예를 들어보자. 그는 아침에 잠에서 깼을 때 어떤 기분일까? 몸과 정신이 아직 흐릿한 시간에 그는 어떤 태도를 보일까? 그가 즐겨 먹는 음식은 단순하고 소박한가, 아니면 세련되고 자극적인가? 그의 걸음걸이는 곧고 단정한가, 아니면 옆 사람의 길을 방해하거나 자주 부딪치는가? 그는 혼자 걷기를 좋아하는가, 늘 누군가의 팔을 끼고 가는가? 그는 스스로 결정할 줄 아는가? 아니면 사소한 것까지도 남들에게 묻고 조언을 구해야 마음이 놓이는 사람인가? 무언가를 떨어뜨렸을 때 바로 주워드는가, 아니면 한참 있다가 여유롭게 줍는가? 그는 다른 사람의 말을 자주 끊는가, 아니면 차분하게 끝까지 들어주는가? 평범한 이야기조차 비밀스럽게 구는가, 아니면 별다른 이유 없이 귓속말을 하려 드는가? 모든 일에 대해 단정적인 판단을 내리는 성향은 없는가?

이런 사소한 특징들을 종합해보라. 다만 단 하나의 행동만으로 그 사람 전체를 판단하려 하지 마라. 또한, 나에게 친절하게 대한다고 해서 그에게 무조건 관대해지지도 마라. 그리고 무엇보다 중요한 것은, 그 사람이 충성심이나 우정을 말로만 떠드는 이가 아닌지 확인하는 일이다. 그가 정말 나를 아끼는 사람인지 알고 싶다면, 기꺼이 어떤 희생을 감수할 수 있는 사람인지 지켜보라. 사람들은 자신의 이익을 내려놓아야 하는 순간이 오면, 이전까지 보여주던 따뜻한 태도를 순식간에 거둬들이고 떠나버리기도 한다. 사람을 평가할 때는 그가 무엇을 해줄 수 있는지를 보지 말고, 그가 가장 아끼는 것을 내려놓을 수 있는 사람인지 살펴보아야 한다.

친구에 대해 이야기할 때, 특히 그가 그 자리에 없을 때는 조심해야
한다. 물론 속삭이며 이야기하는 것 자체가 예의에 어긋나는 일이지만,
적어도 그 친구의 이름을 언급할 때는 그가 있는 방향을 일부러 바라보
지 않는 것이 좋다. 그리고 멀리서 누군가의 대화를 듣고 싶을 때, 굳이
그들을 바라볼 필요는 없다. 우리는 귀로 듣지 눈으로 듣는 게 아니다.
괜히 시선을 그쪽으로 돌렸다가는 당신이 엿듣고 있다는 사실을 들키
고 말 것이다

여기까지 말해온 원칙들, 그리고 이어질 더 구체적인 규칙들은 결국
사회생활을 원활하게 만들고 인간관계를 부드럽게 하기 위한 것이다.
하지만 어떤 사람들에게는 이런 규칙조차 필요하지 않다. 권력자들의
눈에 들 필요도 없고, 대중의 박수갈채도 바라지 않으며, 이름을 알릴
이유도 없는 사람이라면 말이다. 인간관계를 넓힐 필요가 없거나, 나이
가 들었거나 병약해서 조용히 지내는 것이 더 편한 사람이라면 이 모든
규칙은 아무런 의미가 없다.

그러니 자신의 방식을 남에게 강요하지 마라. 행복은 각자 자신만의
방식 안에 있다. 누군가를 억지로 행복하게 만들려 드는 것만큼 폭력
적인 일도 없다. 삶의 껍데기만 붙잡고 사는 이들이, 자기만의 방식으
로 살고자 하는 사려 깊고 지적인 사람을 비웃는 장면을 우리는 자주 본

다. 그들은 하루를 그저 시간을 죽이듯 살아간다. 거울 앞에서 시간을 보내고, 밥을 먹고, 게임을 하다가 또 밥을 먹고, 결국 잠드는 것이 하루의 전부다. 그런 삶을 따르지 않는다고 해서 비난받을 이유는 없다. 집에 머물며 해야 할 일을 하고, 맡은 책임을 다하는 삶이 어째서 '사회에서 도태된' 삶이란 말인가?

61

한 번 세운 원칙이 올바른 것이라면 끝까지 지켜야 한다. 작은 예외 하나가 결국 원칙 전체를 무너뜨릴 수 있기 때문이다. 처음에는 조그만 틈처럼 보이겠지만 시간이 지나면 큰 균열로 이어진다. 이를테면 '책은 빌려주지 않는다'거나 '술은 마시지 않는다'는 결심을 했으면, 아무리 가까운 가족이라도 예외로 두지 말아야 한다. 물론 원칙을 세우기 전에는 충분히 고민하라. 불필요한 것에 집착해서는 안 된다. 무엇보다 중요한 건 일관성이다. 인생의 계획을 세웠다면 거기서 한 치도 벗어나지 마라. 다른 사람들이 보기엔 다소 특이해 보일지라도, 시간이 지나면 수군거리던 사람들도 조용해질 것이고, 결국에는 당신의 태도를 존중하게 될 것이다. 끈기 있게, 철저한 계획 아래, 흔들림 없이 자신의 길을 걷는 사람은 결국 이긴다. 다른 사람을 평가할 때도 이 기준을 적용할 수 있다. 원칙을 고수하는 사람은 처음엔 까다롭게 보일 수 있다. 하지만 시간이 지나면, 그는 일관된 태도를 가진 사람으로 인정받게 되고, 자연스럽게 존경을 받게 된다. 아무리 고귀한 행동이라도, 그것이 한 사람의 인생철학과 맞지 않으면 진심으로 받아들여지지 않는다. 사람들은 말과 행동이 어긋나는 순간을 매우 민감하게 알아차린다.

62

이 모든 원칙보다 더 근본적이고 중요한 것이 있다. 바로, 언제나 양심을 깨끗하게 지키는 일이다. 어떤 선택을 하든, 그 과정과 방법이 스스로의 양심에 부끄럽지 않아야 한다. 비뚤어진 길을 택하고 나서 '결과만 좋으면 된다'고 자신을 합리화하지 마라. 정직하고 떳떳한 방법을 선택하라. 그 뒤의 결과는 신과 세상의 판단에 맡겨야 한다. 혹여 불운이 찾아와 모든 일이 어긋나더라도, 당신의 양심이 떳떳하다면 쉽게 무너지지 않을 것이다. 진실한 마음과 올바른 뜻을 지닌 사람은, 시련 속에서도 평정심과 강인함을 잃지 않는다. 오히려 그런 태도가, 겉으로는 웃고 있지만 마음은 비어 있는 위선자보다 훨씬 더 깊은 인상을 남긴다. 그러니 무엇보다도 양심 앞에서 떳떳한 삶을 살아라. 그것이 모든 원칙 가운데 가장 중요한 원칙이다.

63

이제 본격적으로 인간관계에 관한 구체적인 규칙들을 다뤄 보려 한다. 다만 그 전에 한 가지 짚고 넘어가야 할 점이 있다. 만약 이 글이 여성 독자만을 위한 것이었다면, 지금까지 언급한 여러 조언들 중 일부는 아예 제외되었을 것이고, 어떤 부분은 전면적으로 수정되었을 것이며, 또 어떤 조언은 남성에게만 해당되는 내용으로 대체됐을지도 모른다. 그러나 이 글의 목적은 그것과 다르다. 사회 속에서 여성들이 어떤 태도를 취해야 하는지에 대한 가장 섬세하고 현실적인 조언은, 결국 여성들 스스로가 가장 잘 전할 수 있다. 남성인 내가 그것을 온전히 설명하기는 어렵다. 그럼에도 불구하고, 이 글에서 여성 독자들 역시 유용한 부분을 발견할 수 있다면, 나는 그것만으로도 충분히 만족할 것이다.

사실 사회에서 여성들이 감당해야 하는 역할은 남성과는 조금 다르다. 그들은 외적인 평판에 더 민감하게 반응해야 하고, 호의를 베풀 때에도 더 신중해야 한다. 사소한 실수조차 쉽게 용납되지 않는 반면, 때때로 예상치 못한 변덕이 허용되기도 한다.

어떤 행동이 남성에게는 '그럴 수 있는 일'로 받아들여지는 반면, 여성에게는 전혀 다른 결과를 불러올 수도 있다. 여성은 대체로 가정이라는 공간을 중심으로 규정되는 반면, 남성은 본질적으로 사회와 국가라는 더 넓은 무대와 연결되어 있기 때문이다. 그렇기에 똑같은 장점도, 똑같은 실수도 양성에게는 다른 의미를 갖게 된다. 이 주제에 대해서는 이미 여러 책들이 여성의 입장에서 훌륭한 조언을 전해주고 있다. 그러니 이곳에서는 더 이상 길게 덧붙이지 않으려 한다.

제2장
나 자신과 잘 지내는 기술

자기 자신에게 지켜야 할 의무가 무엇보다 중요하다. 하지만 많은 사람들은 타인과의 관계에만 몰두한 채, 정작 자신을 돌보는 데는 무심하다. 마치 스스로를 외면하듯 마음을 가꾸는 일을 계속 미루기만 한다. 바깥세상에 익숙해진 사람은 어느 순간 자기 집에서도 이방인이 되고, 늘 소란 속에서 지내온 사람은 자기 마음조차 낯설게 느끼게 된다. 공허함을 달래려 사람들 사이를 맴돌지만, 끝내는 자신에 대한 신뢰를 잃은 채 거울 앞에 선 자신조차 낯설고 어색하게 느껴진다.

그러니 당신 자신을 가볍게 여기지 마라. 결국 끝까지 곁을 지켜줄 사람은 오직 당신 자신이라는 사실을 잊지 말아야 한다. 언젠가 모두가 등을 돌리는 순간이 오더라도, 당신만큼은 자신을 버려서는 안 된다. 그런데 만약 그날이 오기까지 줄곧 자신을 외면하며 살아왔다면? 아무에게도 기대지 못하고, 어디에서도 위로받지 못한다면, 그때 당신은 힘없이 무너지고 말 것이다.

스스로와 함께하는 시간을 평온하고 위로 가득하게 만들고 싶다면 먼저 자신을 대하는 태도부터 조심스럽게 돌아보아야 한다. 타인을 대할 때처럼, 자신에게도 정직하고 섬세하며 공정해야 한다. 자신에게 지나치게 엄격해서도 안 되지만 그렇다고 방임해서도 안 된다. 나약함을 감싸다 오만에 빠지는 것도, 자신을 몰아붙이다 무너지는 것도 결국은 같은 곳에 도달한다.

┌───┐
│ 4 │
└───┘

 몸과 마음을 돌보되 지나치게 보호하지는 마라. 건강은 때때로 운명을 이길 힘을 주지만, 그것을 잃는 순간 세상의 모든 부와 권력도 아무 소용이 없어진다. 그렇다고 작은 바람에도 움츠러들며 몸을 움직이지 않는다면, 예민하고 나약한 삶에 스스로를 가두게 된다. 그렇게 길든 몸은 정작 힘을 내야 할 순간에 무기력함만을 드러내게 된다. 마음도 다르지 않다. 감정에 쉽게 휘둘리며 자신을 던지는 사람이나 끊임없이 자신을 몰아붙이는 사람 모두 결국 지치고 만다. 감정에 휩쓸리는 이는 자신이 어디로 떠밀려 가는지도 모른 채 휘청이고, 늘 긴장 속에 사는 사람은 정작 중요한 순간에 이미 모든 힘을 잃어 아무것도 할 수 없게 된다. 하지만 반대로, 생각을 멈추고 도전을 피하며 불편한 상황을 회피하기만 해도 삶은 얕아지고, 자신은 약해진다. 강해야 할 순간에 주저하지 않으려면, 평소에 강인함을 길러야 한다.

 스스로 만들어낸 병에 갇히지 마라. 사소한 불행에 쉽게 주저앉지 마라. 작은 고통에 짓눌려 무너지지 마라. 견뎌라. 모든 것은 결국 지나간다. 단단한 태도와 의지만 있다면 어떤 어려움도 이겨낼 수 있다. 슬픔도 마찬가지다. 마음을 다른 곳에 두는 순간 슬픔이라는 감정도 서서히 옅어진다.

5

자신을 존중하라. 그래야 다른 이들도 당신을 존중할 것이다. 아무도 보고 있지 않은 순간에도 부끄러운 행동은 삼가야 한다. 타인의 평가에 휘둘리지 말고 자신의 양심 앞에서 떳떳하게 살아가야 한다. 옷차림은 단정하게, 걸음은 반듯하게. 아무도 보지 않는다고 해서 스스로를 함부로 대하지 마라. 당신의 가치를 잊지 마라. 자신을 과소평가하지 마라. 남들보다 지혜롭거나 능숙하지 않을 수 있다. 그러나 배우고자 하는 마음과 올바른 태도만큼은 누구에게도 뒤지지 않는다는 사실을 늘 기억하라.

6

자신이 누군가만큼 도덕적으로나 지적으로 성숙하지 못했다고 해서 절망하지 마라. 또한 당신 안에 분명 존재하는 장점들을 쉽게 넘겨짚거나 무시하지 마라. 설령 그런 장점조차 보이지 않는다고 해도 우리는 모두 위대한 존재가 되어야만 하는 것은 아니다. 사람들 위에 서고자 하는 욕망, 무대의 주연이 되려는 갈망은 내려놓는 편이 좋다. 그런 자리를 지키기 위해 치러야 할 대가는, 생각보다 훨씬 더 무겁고 고통스럽다. 물론 내면에 깊은 힘과 가치를 지닌 사람일수록 그 갈망을 쉽게 떨쳐내지 못한다는 것도 나는 안다. 자신을 이해하지 못하는 평범한 사람들 틈에서 살아가야 할 때, 그들에게 어떤 영향도 끼치지 못하고 무시당하는 자신을 마주할 때, 세상의 중심에서 오만하게 굴며 모든 걸 쉽게 얻는 자들의 모습을 보게 될 때, 분노가 치밀어 오를 것이다. 충분히 이해한다.

나라에서조차 인정받지 못한다면 최소한 가정에서라도 우뚝 서고 싶어질 것이다. 하지만 경제적으로 여유가 없고, 배우자의 도움도 기대하기 어렵고, 생활의 무게에 짓눌리면 일상의 반복 속에서 내 안의 무언가가 무너지는 것을 실감하게 된다. 그럼에도 당신이 타협하지 않기로 다짐하고, 천박함을 거부하며, 세상의 굴레에 끌려가지 않겠다고 마음먹을 수도 있을 것이다. 그 마음을 이해한다. 그러나 결코 절망에 빠져서는 안 된다. 자신에 대한 믿음과 운명에 대한 신뢰를 저버리지 마라. 진정한 위대함은 언제나 내면에서 시작된다. 그것은 사람들의 평가에 휘둘리지 않으며, 운명의 장난에도 흔들리지 않는다. 외부의 인정이 사라질수록 그 깊이는 더욱 단단해질 것이다.

7

스스로에게 좋은 친구가 되어라. 혼자 있는 시간을 즐길 수 있는 사람이 되어야 한다. 자기 자신과 함께 있으면서도 지루하지 않은 삶을 살아야 한다. 다시 말해, 무의미한 하루하루를 흘려보내지 마라. 이미 알고 있는 것들만 곱씹으며 시간을 보내지 말고, 책과 사람을 통해 새로운 생각을 받아들여라. 같은 생각만 반복하다 보면 결국 단조롭고 경직된 사람이 되어, 자기 틀에 맞지 않는 것은 무조건 배척하게 된다. 가장 지루한 존재는 결국 자기 자신일지도 모른다. 특히 스스로의 마음과 양심 앞에서 부끄러울 때는 더더욱 그렇다. 그러니 자신의 기분 변화를 잘 살펴야 한다. 하루를 의미 없이 흘려보낸 날 밤이 얼마나 침울하고 공허한지 떠올려 보라. 반대로, 하루를 알차게 보낸 날, 저녁 시간에 자신과 조용히 대화를 나누며 평온함을 느끼는 순간이 얼마나 귀중한지도 떠올려보라.

8

스스로에게 친절한 친구가 되어야 하지만, 동시에 가장 정직하고 냉정한 조언자가 되어야 한다. 다른 사람들에게 관대할 수 있다면 자기 자신에게도 그만큼 너그러울 수 있어야 한다. 그러나 그 관대함이 오직 자신에게만 향해서는 안 된다. 많은 사람들은 자신의 실수는 쉽게 용서하면서 타인의 잘못에는 지나치게 엄격하다. 자기 실수는 인정하면서도 그것을 운명이나 어쩔 수 없는 충동의 탓으로 돌리지만 남의 실수에는 그런 여유를 허락하지 않는다. 이런 태도는 공정하지 않다.

9

자신을 평가할 때, "나는 또래 중에선 그래도 괜찮은 편이지."라며 안주하지 마라. 진짜 기준은, 지금까지 주어진 능력과 환경, 그리고 기회 속에서 너 자신이 얼마나 더 성장할 수 있었는가이다. 혼자 있는 시간을 이용해 조용히 자신을 돌아보라. 더 나은 사람이 될 수 있었던 수많은 기회 앞에서, 너는 과연 그것들을 얼마나 잘 써왔는가? 스스로에게 묻고, 정직하게 답하라. 당신 안에 잠재된 가능성을 얼마나 이끌어냈는지 냉정하게 평가해보라.

제3장
기질이 다른 사람들을
이해하는 법

사람의 기질은 크게 네 가지로 나눌 수 있다. 낙천형(활달하고 명랑한 사람), 열정형(열의는 넘치지만 다소 성급하고 욱하는 사람), 태평형(느긋하고 평온한 사람), 그리고 염세형(감성이 풍부하면서도 세상에 대해 회의적인 사람). 물론 한 사람이 오직 한 가지 기질만을 뚜렷하게 지닌 경우는 거의 없다. 대부분은 네 가지 성향이 저마다 다른 비율로 섞여 있어, 그 복합적인 기질이 한 사람의 성격을 이룬다. 그럼에도 불구하고 한 인간이라는 배를 이끄는 가장 강한 바람은 대개 이 네 가지 중 하나에서 불어온다.

내가 이 네 가지 기질에 대해 믿고 있는 바는 이렇다.

오직 열정형 기질만으로 살아가는 사람은 가까이하지 않는 것이 좋다. 평온한 삶을 바란다면 더욱 그렇다. 그들은 불처럼 타오르며 주변을 휘감지만, 정작 따뜻함을 나누지는 않는다.

오로지 낙천형 기질만을 가진 사람은 신뢰하기 어렵다. 그들은 변덕스럽고, 겉보기엔 부드럽지만 내면의 깊이가 부족하며 의지도 쉽게 꺾인다.

염세형 기질만으로 살아가는 사람은 자기 자신조차 감당하지 못하는 존재다.

태평형 기질만 지닌 사람은, 주위 사람들에게 무겁고 버거운 짐이 된다.

열정형과 낙천형이 잘 섞인 사람은 세상에서 가장 눈에 띄는 인물이 된다. 그는 두려움을 불러일으키고, 시대를 뒤흔들며, 강한 힘으로 파괴와 창조를 오간다. 이들은 지배자의 기질을 지녔다. 여기에 염세형이 더해지면 그는 폭군으로 변한다.

낙천형과 태평형이 어우러진 사람은 아마 가장 평온한 삶을 누릴 것이다. 적을 만들지 않고, 탐욕에 흔들리지 않으며, 일상의 작은 기쁨을 누린다. 그러나 큰일을 이뤄내기는 어렵다. 이 성향이 지나치면 삶은 안일과 쾌락에 빠져 의미를 잃게 된다.

열정형과 염세형이 결합하면 대개 불행한 결과를 낳는다. 피를 부르고, 복수를 꿈꾸며, 파괴를 즐기고, 때로는 무고한 사람을 해치거나 스스로를 파괴하기도 한다.

염세형과 낙천형이 열정형이 뒤섞인 사람은 자신을 안팎에서 갉아먹는다. 불꽃처럼 치열하게 살지만, 결국엔 자기 안의 불에 타버리고 만다.

열정형과 태평형의 조합은 거의 찾아볼 수 없다. 이 조합은 본질적으로 상반되기 때문이다. 그러나 간혹 조용하다가도 극단적으로 폭발하는 사람들이 있다. 그들은 밀물과 썰물처럼 감정의 진폭이 크고, 이성이 필요한 일엔 어울리지 않는다. 움직이게 하려면 큰 힘이 필요하고, 일단 움직이기 시작하면 제어하기 힘든 방향으로 질주하며 모든 것을 망가뜨릴 수 있다.

염세형과 태평형이 합쳐진 사람, 그들은 함께 살아가기 가장 힘든 존재다. 그들과 일상을 공유하는 일은 아무리 지혜롭고 선한 사람이라 해도 견디기 어려운 고통이 될 것이다.

2

권력욕이 강한 사람과 함께 지내는 일은 결코 편하지 않다. 이들은 어디서든 중심이 되고 싶어 하고, 모든 일이 자기 뜻대로 흘러가야 직성이 풀린다. 자신이 기획하고 통제하지 않은 일은 단순히 무시하는 수준을 넘어, 아예 없애버리려 든다. 반대로 자신이 앞장서고 있다고 느끼는 순간 (혹은 최소한 그렇게 믿는 순간) 그들은 놀라울 정도의 에너지로 움직이며, 목적을 향해 방해되는 것은 모조리 밀어붙이고 짓밟는다.

권력욕이 강한 두 사람이 한곳에 함께 있으면 그 끝은 뻔하다. 감정이 얽히고, 다툼이 깊어지며, 결국 서로를 찢고 망가뜨리게 된다. 개인적인 불화가 공동의 일까지 무너뜨리는 것이다. 따라서 이런 사람들과 어쩔 수 없이 함께 살아가야 할 처지에 놓인 이라면, 어떻게 처신해야 할지는 굳이 길게 말할 필요도 없을 것이다.

3

야망이 큰 사람에게도 비슷한 주의가 필요하다. 권력욕이 강한 사람은 대개 야망도 크지만, 야망이 큰 사람이 반드시 권력욕까지 지닌 것은 아니다. 이들은 중심에 서지 않아도 된다. 주목을 받을 수만 있다면, 비교적 낮은 자리에서도 만족할 줄 안다. 때로는 그 자리에서도 나름의 명예를 찾고, 스스로를 위로하려 한다. 그러나 이런 사람에게 가장 견디기 힘든 일은, 그 작지만 소중한 허영심을 건드리는 것이다.

4

허영심이 강한 사람은 칭찬을 원한다. 그는 찬사를 들을 때 가장 강한 쾌감을 느낀다. 애정을 받고, 주목을 받고, 감탄을 받을 때, 그것이 특별한 예우를 동반하지 않더라도 충분히 만족한다. 사실 어느 누구도 이런 욕망에서 완전히 자유로울 수는 없다. 따라서, 본성이 선한 사람이라면 그의 작은 약점을 인정하고, 가끔 듣고 싶어 하는 말을 건네는 것도 나쁘지는 않다. 그가 받은 칭찬을 마음껏 즐길 수 있도록 내버려두는 것도 괜찮다.

그러나 가장 비열한 부류는 이런 허영심을 이용하는 아첨꾼들이다. 그들은 끊임없이 향을 피워 바치며, 허영심 많은 사람의 정신을 흐리게 만든다. 결국 그들은 칭찬 외에는 아무것도 들으려 하지 않게 된다. 진실이란 귀를 기울일 가치조차 없는 것으로 변한다. 그런 이들은 곧고 정직한 사람을 멀리하게 된다. 자기에게 아부하지 않는다는 이유만으로 배척하며 무례하다거나 거칠다고 여기게 된다.

특히 학자나 예술가, 그리고 여성들이 이런 함정에 빠지는 경우가 많다. 나도 그런 사람들을 꽤 보아왔다. 마치 아이들이 낯선 사람의 주머니를 훔쳐보며 사탕이 들었는지 확인하는 것처럼, 그들은 누군가 입을 열 때마다 자신을 향한 칭찬이 담겨 있는지 먼저 살핀다. 그리고 기대한 것을 얻지 못하면 기분이 나빠진다.

허영심이 극단에 이르면, 결국 고립으로 이어진다. 자아에 과도하게 몰입한 나머지, 타인과의 관계를 맺는 능력을 상실하게 되는 것이다. 허영에 사로잡힌 사람은 스스로에게도 불행이지만, 그와 함께 살아가야 하는 이들에게는 더 큰 고통이 된다.

그렇다고 해서 이런 사람들을 굳이 교정하려 들 필요는 없다. 모든 사람이 그럴 자격을 지닌 것은 아니기 때문이다. 특별한 인연이 없는 사람이라면, 그들의 허영을 굳이 직설적으로 지적하거나 일부러 기분을 상하게 할 이유도 없다. 또한, 그들과 가까운 관계에 있는 사람들이 우리에게 "그를 바로잡아 달라."고 요구하는 것 역시 부당하다.

허영심이 많은 사람들은 스스로 아첨을 즐길 뿐 아니라, 다른 사람들에게도 아첨하기를 좋아한다. 그것이 자신이 받을 수 있는 가장 가치 있는 보상이며 유일하게 인정하는 화폐처럼 여겨지기 때문이다.

5

권력욕이나 야망, 허영심과는 또 다른 것이 있다. 바로 '오만'이다. 이는 '자부심'과는 분명히 구별된다. 나는 자부심을 고귀한 영혼이 지닌 특성이라 믿는다. 자부심은 내면의 품격과 존엄을 아는 감각이며, 비열한 행동을 용납하지 못하게 하는 성향이다. 자부심을 지닌 사람은 큰일을 해낼 수 있고 고립된 상황에서도 꺾이지 않는다. 그것은 정직한 사람이 세상에 홀로 남겨졌을 때 그를 지탱하는 힘이며, 악인조차 마지못한 존경을 품게 만드는 어떤 위엄을 갖고 있다.

하지만 오만은 그렇지 않다. 오만한 사람은 자신이 갖지 못한 것을 가진 듯이 여기고, 하찮은 것을 대단한 가치인 양 착각한다. 그들은 열여섯 대 조상의 가문 문장을 자랑하며, 선조들의 덕을 마치 자신의 공적처럼 휘두른다. 그러나 그런 조상이 실제로 존재했는지도 확실치 않으며, 존재했다 하더라도 그들의 삶이 진정한 업적이었는지조차 의문이다.

오만은 부유한 상인을 거만하고 냉담하게 만들고, 인간관계를 서툴게 하며, 세련됨과는 거리가 먼 태도를 낳는다. 그래서일까? 어떤 경우에는 귀족의 오만보다 상인의 오만이 더 천박하게 느껴지기도 한다.

오만은 예술가에게도 영향을 미친다. 그는 자기 재능에 대한 확신으로 가득 차 있다. 아무도 그의 작품을 인정하지 않더라도, 자신의 부족함을 돌아보기보다는 세상을 탓한다. 이런 오만이 보잘것없는 사람에게서 자라난다면, 그저 안쓰러운 존재일 뿐이다. 특별한 해를 끼치지도 못할 것이다. 그러나 오만은 대개 무지와 짝을 이룬다. 그렇기에 이성이나 논리로는 좀처럼 교정되지 않으며, 존중할 가치도 없다.

이럴 때 가장 현명한 태도는 그들과 같은 방식으로 맞서든지 아예 무시하는 것이다. 거만한 이에게는 관심조차 주지 않는 것이 가장 큰 타격이 된다. 마치 빈 공간을 바라보듯 응대하라. 심지어 그들의 도움이 필요하더라도 말이다. 나 역시 여러 차례 경험했다. 오만한 사람에게 한 걸음 물러서면, 반드시 두 걸음을 더 요구한다. 하지만 단호히 맞서면, 그들은 금세 당황하고 태도를 바꾼다. 이는 그들의 오만이 진정한 자신감에서 비롯된 것이 아니라는 분명한 증거다.

6

다른 사람의 말이나 태도에 쉽게 상처받는 사람과 함께 지내는 일은 결코 편하지 않다. 그러나 먼저, 그 예민함이 어디에서 비롯된 것인시 살펴볼 필요가 있다. 어떤 이의 민감함은 단순한 허영에서 온 것일 수도 있고, 또 어떤 이는 지나친 야망 탓에 늘 스스로를 경계하며 살아가는지도 모른다. 또 누군가는 세상에서 너무 많이 속고 조롱당하고 이용당한 끝에 그렇게 날카로워졌을 수도 있다. 아니면 그저 본래의 마음이

유난히 섬세한 사람일 수도 있다. 혹은 자신이 남에게 베푼 만큼 되돌려받기를 진심으로 바라는 사람일 수도 있다.

이런 사람과 오랜 시간을 함께해야 한다면, 먼저 그가 왜 예민한지를 파악하고, 그에 맞춰 조심스럽게 행동해야 한다. 하지만 말처럼 쉬운 일은 아니다. 만약 그가 본래 정직하고 합리적인 사람이라면 그다지 걱정할 필요는 없다. 처음에는 쉽게 마음을 닫고 상처를 받더라도, 꾸준히 솔직하고 따뜻한 태도로 대하면 점차 마음을 연다. 시간이 지나면, 그는 자신이 믿어도 되는 사람을 스스로 구분하게 되고, 결국 자신의 약점마저도 어느 정도 극복하게 될 것이다.

그러나 그중에서도 가장 다루기 어려운 유형이 있다. 늘 자신이 외면받고 있다고 여기고, 존중받지 못했다고 느끼며, 매 순간 억울함을 안고 사는 사람들이다. 그들은 정말 사소한 일에도 상처를 받고, 주변 사람들까지 숨 막히게 만든다. 스스로 괴로운 데서 그치지 않고, 결국은 함께 있는 이들까지 지치게 만든다. 이런 함정에 함께 빠져드는 일은 누구에게도 이로울 것이 없다.

7

고집이 센 사람은 예민한 사람보다도 훨씬 다루기 어렵다. 그래도 그가 최소한 이성적인 사고를 할 줄 안다면 완전히 방법이 없는 것은 아니다. 처음에는 그의 주장에 어느 정도 공감하는 듯 보이되 조심스럽게 현실적인 대안을 제시하는 것이다. 이런 접근은 시간이 지나며 그 스스로 자신의 고집이 얼마나 비현실적인지를 깨닫게 만들 수 있고, 조금은 태도를 누그러뜨리게 할 수도 있다.

그러나 어리석으면서도 고집이 센 사람이라면 이야기가 완전히 달라진다. 이런 사람에게는 논리도 인내도 배려도 아무 소용이 없다. 이럴 때는 굳이 정면으로 맞서거나 애써 설득하려 들지 마라. 차라리 그가 마음대로 행동하게 두는 편이 낫다. 다만 그의 계획이 스스로를 궁지로 몰아가도록 유도하는 것이 핵심이다. 결국 그는 자기 뜻대로 밀어붙이다가 벽에 부딪히게 될 것이고, 그제야 비로소 도움을 청할 것이다.

그 순간이 오면 서둘러 도와주려 하지 마라. 그가 충분히 곤란을 겪고, 자신의 한계를 몸소 깨달을 수 있도록 시간을 줘야 한다. 그렇게 해서야 비로소 그는 타인의 조언에 귀를 기울이기 시작할 것이다.

하지만 만약 이런 고집불통이 운 좋게 한 번이라도 우리보다 옳았던 적이 있다면 그때부터는 완전히 손을 놓는 것이 낫다. 그는 자신이 언제나 옳다고 믿게 될 것이고 우리의 판단은 더 이상 신뢰하지 않을 것이다. 이런 관계는 결국 피로만 쌓이게 된다.

이 두 유형의 사람을 상대할 때는 처음부터 길게 설명하거나 논쟁하려 들지 마라. 그런 시도는 그들의 고집을 더 단단하게 만들 뿐이다. 만약 우리가 그들에게 의존해야 하는 입장이고 그들이 어떤 결정을 내렸을 때 그것이 나중에 후회할 일이 분명하다면 그들에게는 그저 "네 알겠습니다."라고만 답하라. 그리고 즉시 실행하지 말고 시간을 끌어라. 그러는 사이 그들이 스스로 생각을 바꾸거나 우리가 조용히 다른 방식으로 일을 처리할 기회를 얻게 될 수도 있다.

이때 가장 중요한 것은 절대 "내가 더 현명한 판단을 했다."고 드러내지 않는 것이다. 그들로 하여금 마치 자신의 판단이 옳았던 것처럼 느끼게 만들어야 한다. 그래야만 불필요한 자존심 싸움을 피할 수 있다.

단 이 전략이 항상 유효한 것은 아니다. 아주 긴급한 상황이거나 정말로 중요한 문제라면 때로는 정면으로 맞서는 것이 필요할 수 있다. 그러나 이런 방식은 신중하게 써야 한다. 자주 사용하거나 사소한 일에도 이런 태도를 보인다면 우리는 끊임없이 다투는 사람처럼 보일 것이고 결국 그 사람이 틀렸다는 인식마저 흐려질 수 있다. 고집불통을 상대할 때는 그가 그런 오해를 하도록 만드는 것이 더 현명한 전략이 될 수 있다.

8

세상에는 괜히 시비를 걸고 트집 잡기를 즐기는 사람들이 있다. 대부분은 고집에서 비롯되지만 때로는 비뚤어진 성격이나 사교성이 부족한 기질에서 나오기도 한다. 이들은 늘 자신이 남들보다 더 잘 알고 있다고 믿는다. 누군가 무슨 말을 하든 일단 반대부터 하고 본다. 심지어 자기 생각과 맞지도 않는 주장을 억지로 꺼내면서까지 논쟁을 유도하기도 한다. 또 어떤 사람들은 누구도 진지하게 받아들이지 않을 괴상한 말을 일부러 꺼내놓고 누가 반박해주길 기다린다. 어떤 경우엔 처음부터 싸움을 벌이기 위해 이런 짓을 하는 사람도 있다. 상대의 반응을 떠보거나 겁을 주려는 의도다. 심하면 결투를 벌이자는 말까지 꺼내기도 한다.

이런 사람을 상대할 때는 무엇보다 냉정해야 한다. 감정적으로 휘말리는 순간 그들의 의도에 말려드는 것이다. 특히 토론에 집착하는 부류는 상대하지 않는 것이 최선이다. 그들이 말끝마다 트집을 잡기 시작하면 그 자리에서 대화를 끊어라. 그게 유일한 해결책이다. 그들의 논쟁 욕구를 꺾고 불필요한 말을 줄이는 데 이보다 더 효과적인 방법은 없다.

두 번째 부류, 즉 괴상한 말로 주의를 끌려는 사람들은 상황에 따라 유쾌하게 받아치거나, 은근한 풍자로 넘기는 것이 효과적이다. 너무 진지하게 대응할 필요는 없다. 가벼운 농담처럼 받아들이면 그들은 대체로 흥미를 잃는다.

세 번째 부류, 시비를 걸며 위협을 일삼는 사람들에게는 훨씬 더 단호하게 대처해야 한다. 그들과 같은 공간에 있어야 한다면, 처음부터 차갑고 명확한 태도로 경계를 분명히 해야 한다. 무례한 언행이 반복될 경우 그 자리에서 확고하게 입장을 밝히고, 허세에 흔들리지 마라.

나는 결투라는 행위를 비합리적이며 비도덕적인 것으로 본다. 이성과 양식을 갖춘 대부분의 사람들도 같은 생각일 것이다. 물론 군인처럼 특정한 사회적 역할에서는 명예를 지키기 위해 결투가 불가피할 수도 있다. 그러나 상대가 먼저 무례하게 시비를 걸어왔을 뿐이라면 그에 맞서 결투까지 각오할 필요는 없다. 그런 사람에게는 차라리 조용한 멸시로 맞서는 것이 훨씬 낫다. 더 이상 피할 수 없는 상황이 되었다 해도 결투 대신 지팡이나 채찍으로 단호하게 거리를 두는 것이 현명하다.

또한 일부 사람들에게는 타고난 '반대 본능'이 있다. 손에 닿지 않는 것을 더 탐하고, 남이 해놓은 일이라면 잘된 것에도 트집을 잡는다. 이런 부류는 정면으로 맞서기보다는 그들이 우리 쪽 입장을 '스스로 선택한 것처럼' 느끼게 만드는 편이 낫다. 그들은 결국 우리가 원했던 방향으로 움직이면서도 그것이 자신이 택한 길이라 믿을 것이다.

9

성질이 급한 사람은 일부러 남을 상처 주려는 게 아니다. 단지 스스로도 감당하기 어려운 기질 때문에, 가장 소중한 사람에게조차 순간의 감정으로 상처되는 말을 뱉고 만다. 그러고는 시간이 지나 후회한다. 이런 사람을 만났을 때, 만약 그에게 다른 미덕이 있다면, 어느 정도는 인내심과 온유함으로 받아주는 수밖에 없다. 하지만 그런 미덕마저 없다면, 멀어지는 것이 현명하다. 다만 주의할 점이 있다. 이런 사람에게 무심하거나 무덤덤한 반응을 보이는 것은, 때로는 정면으로 맞서는 것보다 더 큰 분노를 일으킬 수 있다. 그들은 그런 냉정을 무시나 멸시로 받아들이고 화는 더 커진다.

10

성급한 사람은 충동에 휘둘려 실수를 저지르지만 금세 자신의 잘못을 인정하고 사과한다. 욱했다가도 금방 마음을 풀고 돌아서는 것이다. 그러나 앙심을 품는 사람은 다르다. 그는 속으로 품은 불씨를 좀처럼 꺼뜨리지 않는다. 아무리 정중히 사과하고 화해를 청해도, 결코 잊지 않고 끝내 용서하지 않는다. 그는 작은 농담에도 마음을 다치고 무심코 던진 말 한 마디에도 복수심을 품는다. 당신이 개인적으로 던진 말은, 그의 손에서 공공의 망신으로 돌아올 것이다. 그에게 모욕감을 줬다면 그는 당신의 삶 자체를 망가뜨리려 들 것이다. 그것도 모자라 그의 분노는 당신의 가족과 친구들에게까지 향할 것이다.

이런 사람과 같은 자리에 있어야 한다면 방법은 하나다. 절대 건드리지 말 것. 그의 심기를 자극하지 말 것. 그리고 언제나 일정한 거리를 두고 조심스럽게 경계할 것. 무엇보다 중요한 것은, 그가 결코 당신을 얕보지 않도록 하는 것이다. 그것이 악한 자를 다스릴 수 있는 가장 현실적인 방법이다.

11

게으른 사람이나 행동이 느린 사람은 언제나 옆에서 등을 떠밀어야 한다. 하지만 누구에게나 마음속 깊은 곳에는 하나쯤 욕망이 있기 마련이다. 그 욕망을 건드리면 결국 움직이게 된다. 그중에는 우유부단함이 지나쳐, 아주 사소한 일조차 미루는 사람들이 있다. 편지 한 통을 쓰는 일, 영수증 하나를 끊는 일, 청구서를 결제하는 일조차 이들에겐 거대한 과업처럼 느껴진다. 이런 사람에게는 때로 억지로라도 일을 밀어붙여야 한다. 처음엔 괴로워하고 투덜대지만 막상 일이 끝나고 나면 의외로 고마워하며 돌아서는 경우가 많다.

12

의심이 많고 경계심이 짙으며 무뚝뚝하게 마음을 닫은 사람들과 함께 지내는 일은, 곧고 따뜻한 마음을 지닌 사람에게는 세상에서 가장 고된 일이다. 말 한마디, 몸짓 하나에도 조심을 기울여야 하고, 심지어 숨소리조차 살펴야 한다. 그들의 마음속에 오해가 자라지 않도록, 매 순간 말과 행동의 무게를 가늠해야 한다. 기쁨이 넘치는 자리에서도 그들은 냉담하고, 다른 이들의 웃음과 환희를 외면한다. 우리의 밝고 따스한 마음을 나누기보다 그 환한 분위기를 흐리게 만들고, 마침내는 우리가 어렵게 쌓아 올린 조용한 행복까지 산산이 깨뜨린다.

그들은 진심을 받아들이지 못한 채 가로막고, 의심하며, 사랑하는 사람에게서도 속임수를 찾으려 한다. 충직한 이에게서 배신자를, 정직한 이에게서 사기꾼을 보려 드는 이들과 오래 함께하다 보면, 결국은 우리마저 사람을 의심하고 미워하게 될까 두려워진다. 정면으로 부딪혀도 소용이 없다. 그들의 끝없는 의심을 일일이 설명하고 해명하는 일은, 공허한 메아리에 불과하다. 우리는 그저 묵묵히 나아가는 수밖에 없다. 어둡고 습한 그늘에서 고개를 돌리고, 자신에게 주어진 길을 꿋꿋이 걸어가야 한다.

이들 대부분은 악한 본성을 지닌 이들이 아니다. 그들은 오래된 마음의 병을 앓고 있을 뿐이다. 젊은 날 반복된 배신의 쓴맛이 그들을 이렇게 만든 것일 수도 있고, 태어날 때부터 마음속에 불안을 안고 살아온 탓일 수도 있다. 타고난 기질과 뒤얽힌 운명이 그들의 마음을 그렇게 굳어지게 만들었는지도 모른다. 젊은이들에게는 아직 회복의 여지가 있다. 오래 지속되는 우정과 곧은 태도는 그들의 마음에 조금씩 변화의 틈을 만들 수 있다. 하지만 나이가 들수록 이 병은 뿌리를 깊이 내린다. 그때는 말로 고치려 하지 말고, 다만 참고 견디는 수밖에 없다.

가장 안타까운 경우는 불신이 끝내 사람 자체에 대한 증오로 번진 경우다. 『인간 혐오와 회한』이라는 희곡의 작가는, 그 작품에서 소령의 입을 빌려 이런 말을 하게 했다. 그는, 자신이 이 부류의 사람들과 어떻게 지내야 하는지에 대해서는 언급하지 않았다고 했다. 맞는 말이다. 나 역시 이 문제에 대해 많은 말을 하지 않았다. 하지만 나는 확신한다. 이런 사람들에 대해 보편적인 규칙을 세우는 것은 불가능하다는 것을. 왜냐하면 그들 하나하나가 겪은 불행의 뿌리를 정확히 알지 않고는, 어떤 조언도 무의미하기 때문이다.

13

질투하는 사람, 남의 불행을 은근히 기뻐하는 사람, 거짓말로 누군가를 모함하는 사람, 그리고 병적으로 타인에게 집착하는 사람. 우리는 이런 성향을 지닌 이들을 흔히 본성부터 비열한 이들이라 생각한다. 그러나 세상은 그렇게 단순하지 않다. 때때로 선하고 다정해 보이는 사람들 안에서도 이 어두운 마음이 자라난다. 인간의 심성은 본래 연약하다. 성공과 명예, 재능과 권력, 심지어는 누군가의 사랑까지도 욕망하고 탐낸다. 남이 가진 것을 부러워하는 마음은 어느 순간 그 사람 자체를 미워하게 만든다.

이 감정이 깊어지면 결국 상대가 실패하거나 불행에 빠지기를 바라게 된다. 그들이 무너지는 모습을 볼 때 묘한 쾌감을 느끼고, 마치 하늘이 자신을 위해 복수해준 것처럼 여긴다. 이 병은 예술가들 사이에서도, 학자들 사이에서도, 권력을 쥔 사람들 사이에서도, 심지어 가장 가까운 친구나 연인 사이에서도 피어나고 만다. 이 질투라는 병을 피하고 싶다면, 그저 하나의 방법밖에 없다. 욕망을 버리는 일이다. 내가 가진 것을 드러내지 말고, 성취를 자랑하지 않으며, 재능조차 감추며 살아야 한다. 마치 아무것도 바라지 않는 사람인 것처럼. 그렇게 살아야만 이 질투의 화살을 비껴갈 수 있다.

자신의 높음을 감추고 세상의 시선에서 벗어날 수 있을 때, 비로소 질투라는 화살도 피할 수 있다. 그러나 질투하는 이들은 언제나 험담으로 그 독을 퍼뜨린다. 그들의 말은 조용히 번져나가 모든 사람의 귀에 닿고, 때로는 가장 정직한 사람조차 이 험담의 칼끝에서 자유로울 수 없다. 모욕을 당했을 때, 반드시 대응해야 할 순간이 있다. 그러나 침묵이 더 우아하고 강한 태도가 될 때도 있다. 세상은 내가 발끈하고 나설수록 더 크게 웃는다. 그런 세상 앞에서는 그저 말없이 견디는 편이 낫다. 시간은 언제나 흐르고, 진실은 결국 드러난다. 물속에 가라앉은 돌처럼 보일지라도 언젠가는 그 진실이 스스로 떠오르게 되어 있다.

┌─────┐
│ 14 │
└─────┘

구두쇠, 세상에서 가장 비열하고 천박한 욕망이 있다면, 바로 이 탐욕일 것이다. 돈을 움켜쥔 사람은 친구도, 연민도, 선의도 마음에 들이지 않는다. 이들은 돈이 되지 않는다면 사람도 버리고 세상에서 가장 무해한 즐거움조차 공짜가 아니라면 외면해버린다. 거리에서 마주친 낯선 사람은 도둑처럼 보이고 거울 속 자기 얼굴조차 돈을 갉아먹는 기생충처럼 느껴진다.

그러나 요즘 같은 시대, 사치가 하늘을 찌르고, 사람들의 삶에 필요한 것들이 눈덩이처럼 불어나고, 물가는 하루가 다르게 오르고, 돈이 인생의 무게를 결정짓는 세상에서는, 우리가 감히 누군가를 쉽게 '구두쇠'라 손가락질하기는 어렵다. 오히려 이 시대의 불안과 고독이 사람들을 움켜쥐게 만드는 법이다. 그러니 누군가를 인색하다 부르기 전에, 그 삶과 처지를 먼저 들여다볼 필요가 있다. 물론 그런 궁색한 변명조차 필요 없는, 진짜 구두쇠들도 있다. 이들은 오직 한 가지 욕망에 집착한다. 그리고 그 욕망을 채우기 위해서라면 움켜쥐었던 손을 기꺼이 푼다. 그것이 욕정이든 식탐이든 명예욕이든 허영이든, 혹은 도박이든 말이다. 나는 그런 사람들을 수없이 봐왔다. 은화를 몇 닢 더 벌자고 형제와 친구를 팔아넘기려는 자들, 그러나 또 어떤 순간에는 잠깐의 쾌락을 위해 서슴없이 몇 배의 돈을 던지는 이들을 말이다.

어떤 이들은 더 어리석다. 몇 푼의 동전을 아끼겠다고 애를 쓰다가 도리어 큰돈을 잃는다. 돈을 아끼기만 하고 쓸 줄은 모른다. 사기꾼에게 큰돈을 날리고는, 그 손해를 만회하겠다고 하녀의 밥그릇을 줄인다. 천 냥을 잃고는 그것을 되찾겠다며 사방팔방을 떠돌고, 결국 겨우 몇 푼의 이익에 목을 매는 것이다. 또 다른 이들은 대부분의 일에는 후하지만 단 하나의 취미나 욕망 앞에서는 우스울 정도로 인색하다. 내 친구들은 종종 농담처럼 말한다. 너는 종이에는 인색하지 않느냐고. 맞는 말이다. 돈을 쓸 때는 아무렇지 않으면서도 고급 편지지 한 장을 꺼낼 때는 괜히 망설인다. 누군가를 구두쇠라 부르기 전에 그 사람의 결을 살펴야 한다.

구두쇠와 잘 지내려면 기대지 않는 게 좋다. 하지만 세상사는 늘 뜻대로만 되지 않는다. 필요할 때는 어쩔 수 없이 기대야 할 때도 있다. 그러니 어떤 부류의 인색한 사람인지 먼저 살펴보고 그에 맞게 거리를 조절할 수밖에 없다. 낭비가 심한 사람들과는 다르게 대할 필요는 없다. 다만 어리석은 지출에 끌려 들어가지 않아야 한다. 그리고 그들의 허술한 후함을 악용하지 않는 것이 최소한의 예다.

15

이제 배은망덕한 이들에 대한 태도에 대해 이야기해보자. 나는 여러 번 말한 바 있다. 이 땅에서 우리가 아무리 고결하고 지혜롭게 행동하더라도 그 결과나 감사를 기대하지 말아야 한다. 이 원칙을 마음속에 단단히 품고 있어야 한다. 그래야 사람을 인색하게 대하거나 원망하거나 하늘과 운명을 탓하지 않게 된다. 그렇다고 해서 모든 인간적인 감정을 버릴 수는 없다. 우리가 진심으로 애써 도와준 이들. 절박한 순간에 구해준 이들. 내 모든 것을 내어주며 섬긴 이들이 이제 더는 내 도움이 필요 없다고 느낄 때. 그들이 나를 외면하고 심지어 배신하고 헐뜯고 억누르는 모습을 보게 된다면 마음이 쓰리지 않을 수 없다. 그들은 그렇게 하면 자신에게 이익이 되거나 힘 있는 이들의 환심을 살 수 있다고 생각하기 때문이다.

하지만 사람의 마음을 깊이 아는 지혜로운 이라면. 그리고 선을 따뜻하게 사랑하는 이라면. 그런 아픔에 무너지지 않고 여전히 너그러이 행동할 것이다. 이 부분에 대해서는 제2부 제10장과 제3부 제2장 제5절에서도 언급했으니 여기서는 다시 상기하는 데 그치겠다. 모든 선한 행동은 그것만으로 충분한 보상이 된다. 고결한 사람은 남의 배은망덕 속에서도 자신이 얼마나 순수한 마음으로 선을 실천했는지를 돌아보며 기뿜을 느낀다. 그는 안다. 어떤 보답도 바라지 않고 오직 선을 사랑하는 마음 하나로 행동했음을. 그는 자신을 배신한 이들의 어리석음을 안타까워할 뿐 그 때문에 선을 멈추지는 않는다. 도움을 절실히 필요로 하는 이들. 마음 안에서 스스로의 힘도 행복도 찾지 못하는 이들을 향해 더욱 손을 내밀 것이다.

그러니 당신도 당신에게 돌아오는 무례와 배은에 대해 불평하지 마라. 그런 이들을 굳이 꾸짖지도 마라. 그들을 대할 때 끝까지 너그러움을 잃지 마라. 언젠가 그들이 돌아온다면 다시 맞아들여라. 언젠가는 자신들의 잘못을 깨닫고 당신의 넓은 품과 섬세한 태도가 얼마나 귀한 것이었는지를 알게 될지도 모른다. 혹시 끝내 그렇지 않더라도 생각하라. 모든 악덕은 결국 스스로를 벌하게 되어 있다. 그들의 마음속 양심과 비열한 행위가 불러올 필연적인 결과들이 곧 당신을 대신해 그들을 심판할 것이다.

아, 내가 사람들의 배은에 대해 쓸 수 있는 이야기는 얼마나 길고 쓰라린가. 그러나 그동안 나를 저버린 이들을 생각하면, 그들에게조차 배려를 베풀고 싶은 마음이 있다. 그래서 내게 있었던 그 수많은 쓰라린 경험들은 굳이 여기 적지 않겠다.

16

어떤 사람들은 그 무엇 하나도 곧고 바르게 처리하지 못한다. 그들의 말과 행동에는 늘 술수와 속임수, 얕은꾀가 섞여 있다. 그렇다고 해서 그들이 근본부터 악하다고 단정할 수는 없다. 그저 불운한 심성이나 삶의 방식, 혹은 환경이 그들을 그렇게 만든 것이다. 예를 들어 의심 많은 사람은 사소한 일조차 굳이 감추며 처리하려 한다. 자신의 본심을 드러내지 않고 우회로를 택한다. 지나치게 성급하거나 활동적인 사람, 혹은 영리함을 과하게 자의식화한 사람은 평탄한 길을 따르지 못하고 복잡한 계략을 꾸미는 경우가 많다. 이들은 단순한 길이 주는 무미건조함을 견디지 못해 스스로 복잡함을 만들어낸다. 그러다 마땅히 삼가야 할 수단까지도 거리낌 없이 사용하게 된다.

허영심이 많은 사람도 마찬가지다. 자신의 약점을 감추기 위해 은밀히 꾀를 부리기도 한다. 궁정이나 권력의 중심에서 음모와 술수를 보고 배운 사람들은 평범하고 단순한 삶조차 따분하게 여기며 그 속에조차 비틀린 그림자를 드리운다. 그들은 가장 하찮은 일에도 비밀스럽고 수상쩍은 색을 덧입히려 한다. 법조인처럼 늘 궤변과 꼼수를 다루는 이들은 삶의 구석구석에까지 그 속임수를 덧칠하곤 한다. 한편 환상 속에 사는 이들. 허무맹랑한 이야기 속에 빠져 허영과 나태로 가득 찬 생활을 이어가는 이들도 있다. 그들은 이미 꾸밈없는 진실과 단순함의 가치를 잃어버렸다.

이처럼 세상에는 곧장 얻을 수 있는 것조차 뒤로 돌아가며 마치 빼앗듯이 쟁취하려는 이들이 많다. 그러나 누구라도, 심지어 가장 정직한 사람조차도 젊은 시절에 끊임없이 의심을 받거나 차갑고 거리감 있는 대우를 받게 되면 결국 그늘진 우회로에 빠지기 쉽다. 이런 사람들과 지내야 할 때는 어떻게 해야 할까? 무엇보다도 당신부터 곧게 행동하라. 한 치의 거짓도 없이 말하고 행동하라. 그리고 누구보다 분명하게 드러내라. 당신은 술수와 음모, 모호함을 경멸하는 사람이며, 정직하고 떳떳한 사람을 진심으로 존경한다고 말하라.

또한 당신은 그들을 믿으며, 절대 의심하지 않으며, 심지어 그들이 당신을 속일 가능성조차 떠올리지 않는다는 것을 보여주어라. 그렇게 하면, 만약 그들이 조금이라도 그 신뢰를 소중히 여긴다면 적어도 처음엔 조심할 것이다. 적어도 당신 앞에서 무너지는 일은 피하게 될 것이다. 작은 약점에 대해서는 관대해야 한다. 악의 없는 실수라면 더욱 그렇다. 그렇게 해야 그들이 당신을 도덕적 심판자처럼 여기며 움츠러들거나 숨지 않는다. 사람을 의심하며 몰래 엿보거나 뒷조사를 하지 마라. 숨겨진 길로 돌아가지 마라. 대신 권리가 있고 필요하다면 명확하지 않은 부분에 대해 단도직입적으로 물어라. 단호한 어조와 날카로운 눈빛으로 진실을 요구하라. 그가 말을 더듬거나 얼버무리며 피하려 든다면, 그 자리에서 더 묻지 말고 대화를 끊어라. 당신이 그의 거짓을 눈치챘다는 것을 조용히 알리고, 이후로는 냉정하게 대하라. 혹은 조용하지만 단단한 말투로 충고하라. 스스로를 부끄럽게 만들지 말라고.

만약 그런 경고에도 불구하고 그가 결국 당신을 속였다면, 절대 가볍게 넘기지 마라. 농담처럼 웃어넘기지도 마라. 첫 번째 그릇된 행동에 대해서는 단호하게 분노를 드러내라. 즉시 용서하지 마라. 시간이 지난 뒤에도 그가 또다시 속임수와 술수로 당신을 대한다면, 깊은 불신과 철저한 무시로 응하라. 그리고 그 태도를 꾸준히 유지하라. 그는 결국 당신이 그의 모든 말과 행동을 의심하고 있음을 알게 될 것이다. 그러나 한 번 거짓을 습관처럼 익힌 사람은 좀처럼 다시 진실한 길로 돌아오지 않는다. 이 모든 말은 거짓말을 일삼는 자들에게도 똑같이 적용된다.

17

세상에는 거짓말쟁이라 불리지만 실제로는 남을 속이려는 의도가 없는 이들이 있다. 그들은 단지 자신을 돋보이게 하고 싶을 뿐이다. 주목받고 싶고, 남들이 자신을 자신처럼 높게 평가해주길 바라며 특별한 이야기로 대화의 중심에 서고 싶어 한다. 그래서 존재하지 않는 일을 지어내거나 실제보다 부풀려 말한다. 진실의 껍질에 온갖 장식을 덧붙여 화려하게 꾸민다. 처음에는 사람들도 눈치채지 못하고 그냥 넘어간다. 그러나 그들이 그 과장을 스스로 믿기 시작하는 순간부터 그들의 세상은 모든 것을 과장하는 돋보기로 가득 찬다.

이런 허풍쟁이들의 이야기는 때로는 재미있다. 그들의 언어에 익숙해지면 과장을 얼마쯤 덜어 듣는 법도 배우게 된다. 그러나 그 허풍이 지나치다면, 그의 말을 질문으로 파고들어 스스로 모순에 빠지게 만들거나, 더 큰 허풍으로 맞받아치거나, 아예 대화의 돛을 내리고 자리를 피하는 것이 좋다. 이 방식을 몇 번만 겪게 되면 그는 스스로 입을 조심하게 될 것이다.

18

뻔뻔한 사람, 빈둥거리는 사람, 남의 집에서 밥 얻어먹기 좋아하는 사람, 아첨꾼, 억지로 다가오는 사람. 이런 부류와는 거리를 두는 것이 좋다. 정중하지만 단호한 태도로 그들의 접근을 막아야 한다. 한 친구가 말했다. 네덜란드에서 어떤 현명한 이의 서재 문 위에 이렇게 적혀 있었다고 한다.

"할 일이 있는 사람에겐, 할 일 없는 이들이 들이닥치는 것만큼 고통스러운 일이 없다."

딱 맞는 말이다. 남의 밥상에 기대는 자는 초대해 놓고도 빈손으로 돌려보내면 스스로 물러난다. 그러나 아첨꾼, 특히 교묘한 아첨꾼은 더욱 조심해야 한다. 이런 자들과 가까워지면 자신이 변한다. 진실의 목소리를 불협화음처럼 여기게 되고 충고하는 진짜 친구들을 잊게 된다. 그래서 그들의 말에 마음을 열지 말고, 아예 멀리하라.

하지만 이 일은 말처럼 쉽지 않다. 노련한 아첨꾼은 단순한 칭찬 대신 교묘한 비판으로 포장한 찬사를 던진다. 그는 이미 당신의 약점을 알고 있다. 그래서 당신을 위하는 척하며 이렇게 말할 것이다.

"이런 실수는 평범한 사람들이나 하는 줄 알았습니다."

당신의 글에서 사소한 오류를 지적하면서도, 당신 스스로 자부심을 느끼는 부분에 대해서는 극찬을 아끼지 않는다. 그는 말한다.

"선생님의 교향곡은 정말 훌륭합니다. 단 하나 아쉬운 점은 너무나도 고난도의 연주를 요구한다는 것이지요."

그는 빈정거림 속에서 당신을 무장 해제시킬 것이다. 이런 류의 아첨꾼은 특히 경계해야 한다. 나도 궁정에서 이런 부류를 수없이 보았다. 늘 '진실을 말하는 용기 있는 사람'인 척하지만 결국 권력자의 귀를 즐겁게 해주는 이들일 뿐이다.

19

이제 나는 본격적으로 '악인'이라 불리는 자들, 그러니까 뿌리부터 타락한 이들을 어떻게 대해야 할지 이야기해보려 한다. 물론 나는 안다. 인간은 누구나 조금쯤은 원초적인 어둠을 지니고 태어난다. 그러나 본래부터 완전히 악한 사람은 없다. 잘못된 교육, 제어되지 못한 욕망, 혹은 가혹한 운명과 환경이 사람을 그렇게 망가뜨리는 것이다. 중요한 건 그가 어떻게 악인이 되었느냐가 아니라, 이미 그렇게 변해버린 사람들을 우리가 어떻게 대해야 하느냐다.

이후 이야기할 '적과의 관계', '타락한 이들과의 처신'에 앞서 한 가지를 분명히 해두고 싶다. 악한 자들과 섞이지 않는 것, 그것이 기본이다. 자신의 평온과 도덕적 완성을 소중히 여기는 사람이라면 누구나 그래야 한다. 아무리 뿌리 깊은 신념을 지닌 사람이라 해도, 악인들과 어울리다 보면 타락한 장면에 익숙해지고, 어느 순간 그 혐오의 감각마저 무뎌진다. 그런 순간 우리는 유혹 앞에서 쉽게 무너질 수 있다. 그러나 세상은 종종 우리를 악인들과 부딪치게 만든다. 어쩔 수 없이 그들과 같은 공간에서 살아야 하거나 거래해야 할 일이 생긴다. 그럴 때는 몇 가지 원칙을 잊지 말아야 한다.

먼저, 착각하지 마라. 당신이 아무리 선하고 총명하더라도, 그들은 결코 당신을 내버려두지 않는다. 악한 자들과 천박한 이들은 고귀하고 현명한 사람을 단번에 알아본다. 마치 세상의 모든 악인들이 비밀리에 형제처럼 손을 맞잡고 있는 것처럼. 평소에는 서로 다른 길을 걷다가도, 당신이 가진 진짜 가치를 짓밟고 조롱하기 위해서는 하나가 된다.

그들을 막을 도리는 없다. 침묵도, 신중함도, 선의도, 겸손도 모두 소용없다. 당신이 장점을 숨기고 평범한 사람인 척해도 그들을 피해 갈 수 없다. 이상하게도 당신 안의 선한 기운을 가장 먼저 알아채는 이들은 바로 그런 선함이 결여된 자들이다. 그들은 당신의 존재만으로 위협을 느낀다. 두려워하고 결국 온갖 수단을 동원해 당신을 억누르려 할 것이다. 조롱할 것이고, 험담할 것이고, 당신의 사소한 말 한마디조차 악의적으로 뒤틀어 퍼뜨릴 것이다. 그러나 굴복하지 마라. 잠시 그들의 그늘에 눌릴지라도 올곧은 태도와 일관된 삶은 언젠가 그들을 무너뜨릴 것이다. 그들은 자신들이 파놓은 함정에 스스로 빠지고, 반드시 무너지게 되어 있다.

이 악인들의 결속은 어둠 속에서만 힘을 발휘한다. 당신이 진실의 빛을 들이대는 순간, 그들은 흩어진다. 먹이를 나눠야 할 순간이 오면 이들은 서로의 목덜미를 물며 싸우게 될 것이다. 그리고 당신은 그 틈에서 조용히 빠져나와 당신의 것을 지켜낼 수 있을 것이다.

그러니 당신이 해야 할 일은 단 하나다. 끝까지 곧게 걸어라. 그들과 같은 수단으로 맞서지 마라. 속임수로 속임수를 꺾으려 하지 말고, 계략으로 계략을 무너뜨리려 하지 마라. 악인과 손을 잡아 다른 악인을 쓰러뜨리는 일도 하지 마라.

관대하라. 의심이 지나치면 상대를 반대편으로 몰아붙이게 된다. 그러나 품 넓은 너그러움은 아직 타락의 끝까지 가지 않은 자들의 마음에도 오래도록 울림을 남긴다. 단, 그들에게는 명확히 알려야 한다. 당신이 두려워서가 아니라, 너그러워서 그렇게 행동하는 것임을.

그리고 마지막 순간, 당신이라는 사람이 지닌 강인한 분노가 터질 때, 가장 낮은 자리에 있는 정의로운 사람이 가장 부패한 권력자보다 더 큰 힘을 지닌다는 것을 그들이 깨닫게 하라.

당신이 잃을 것이 없는 사람이라면, 그리고 당신의 마음에 부끄러움이 없다면, 두려울 것도 없다. 절체절명의 순간, 순수한 마음과 맑은 머리, 용기와 건강한 두 팔이 당신의 연대가 되어줄 것이다. 사악한 자들은 이런 이를 두려워할 수밖에 없다.

세상에는 당신이 아무리 애써도 절대 당신을 좋아하지 않을 사람들이 있다. 그런 사람들에게는 차라리 두려움을 주는 편이 낫다. 또한 조심하라. 악인들은 종종 교묘하게 친근한 척 다가와 당신의 입에서 정보를 캐낸다. 그리고 훗날 그것을 협박의 재료로 삼는다. 경계를 절대 늦추지 마라.

가끔은 도둑질할 것 같은 이에게 먼저 작은 선물을 건네는 것이 더 효과적일 수 있다. 관대함이 그들의 마음속 어딘가에 아직 남아 있다면, 그 울림이 그들을 멈추게 할지도 모른다. 선한 의지로 무언가를 이뤄내려는 이들을 외면하지 마라. 필요 이상으로 그들의 체면을 구기지 마라. 겉으론 훌륭한 말을 하면서도 속으로는 악행을 일삼는 자들도 있다. 그러나 그들이 세상에 전하는 말이 누군가에겐 진짜 선한 영향을 줄 수 있다면, 굳이 그 말의 힘까지 꺾을 필요는 없다. 그들이 이곳저곳을 떠돌며 선한 말 몇 마디라도 전하게 하라. 다만 오래 머물게 해선 안 된다. 그들의 민낯이 드러나기 전에 스스로 자리를 뜨게 하라. 그렇게 하면 그들이 떠난 자리에는 좋은 말만이 남게 될 것이다.

20

지나치게 소심하고 두려움이 많은 선한 이들은 북돋아주어야 한다. 그들이 스스로를 더 믿도록 도와야 한다. 거만과 허세가 가벼운 것이라면, 과도한 소심함은 초라한 것이다. 고귀한 사람이라면 자신의 가치를 알고 있어야 한다. 남을 함부로 깎아보지 않듯, 자신을 함부로 깎아내려서도 안 된다. 그러나 겉도는 칭찬이나 과장된 말로는 그런 이의 마음을 울릴 수 없다. 말이 아니라 행동으로, 진심 어린 태도로 그 사람의 가치를 알아봐야 한다.

21

입이 가벼운 사람, 비밀을 담아두지 못하는 사람에게는 중요한 이야기를 맡기지 마라. 모든 사람이 거리낌 없이 말하고 행동할 수 있는 세상이었다면 좋았을 것이다. 마음속 이야기를 숨기지 않고 꺼내놓을 수 있는 세상이었다면 더없이 좋았을 것이다. 그러나 세상은 그렇지 않다. 특히 공직에 있는 자들, 타인의 신뢰를 지켜야 할 사람들에게는 더욱 그렇다. 그래서 침묵은 미덕이 되고, 신중함은 덕목이 된다.

어떤 이는 입을 다물겠다고 말하지만 금세 표정으로 모든 것을 드러낸다. 어떤 이는 말을 아끼겠다고 하지만 끈질긴 질문 앞에서 휘청이고 만다. 또 어떤 이는 사람을 너무 쉽게 믿고, 결국 자신을 배신하게 된다. 그런 이들에게는 비밀을 맡길 수 없다. 만약 그들이 우리의 이야기를 흘렸다면, 단단히 다짐을 받아야 한다. 다시는 당신의 이름을 함부로 입에 올리지 않도록.

하지만 세상에는 '떠버리'가 필요한 순간도 있다. 무언가를 널리 알리고 싶을 때 그들만큼 요긴한 이들도 없다. 그들에게는 "이 일은 비밀이니 절대 말하지 말아라."라고 해라. 그러면 오히려 더 열심히 퍼뜨릴 것이다. 호기심이 많은 사람들은 다루기 쉽다. 그들이 당신의 일에 과하게 관심을 둔다면, 진지하게 경계하든 장난처럼 흘려 넘기든, 당신이 그들에게 들려줄 이야기를 스스로 정해야 한다. 중요하지 않은 말들로 시간을 잡아먹게 하라. 중요한 이야기에는 발을 들일 틈조차 주지 않는 것이다.

산만하고 잘 잊는 이들은 정직한 일꾼으로 쓰기 어렵다. 그러나 젊은 이라면 훈련을 통해 고쳐질 수 있다. 또 일부러 산만한 척하는 사람들도 있다. 마치 그것이 배움의 태도라도 되는 듯. 그런 이들의 얕팍한 장난에는 웃어주지 마라.

진짜로 건망증이 심한 이라면 반드시 적게 하라. 기록하게 하고, 되새기게 하라. 그렇지 않으면 약속은 쉽게 잊히고, 신뢰는 금세 무너진다. 다만 이들의 산만함을 지나치게 탓하지는 마라. 사람은 누구나 흠결을 지닌다.

22

세상에는 '괴짜'라 불리는 이들이 있다. 고집스럽고 까다롭다. 꼭 악한 것도 아니고, 늘 까칠한 것도 아닌데도 도무지 맞추기 어렵다. 의자 하나, 말소리의 크기, 글씨의 크기까지 그들에겐 자신만의 법도가 있다. 이런 사람에게서 중요한 도움을 얻어야 할 상황이라면, 사소한 것쯤은 맞춰주는 편이 낫다. 그러나 그저 스쳐 지나갈 인연이라면 굳이 맞춰줄 필요는 없다. 그들의 괴팍함 또한 우리가 견뎌야 할 세상의 한 모습일 뿐이다.

또 남들과 다른 티를 내고 싶어 하는 사람들이 있다. 남들이 하지 않는 일을 일부러 하며 스스로를 돋보이게 하려는 이들이다. 해롭지 않다면 그런 이들도 두루 품어야 한다. 그래야 관계가 부드럽고 피로하지 않다. 마지막으로 변덕이 심한 이들이 있다. 오늘은 웃으며 반기다가 내일은 냉랭한 사람들이다. 그러나 그 기분의 물결에 흔들리지 마라. 항상 같은 거리, 같은 태도로 대하라. 그래야 지치지 않고 오래 간다.

23

세상에는 어리석지만 선한 이들이 있다. 그들은 스스로 부족함을 알고, 지혜로운 이를 스승 삼으며 배운다. 부드럽고 착한 본성을 따라 악보다는 선에 이끌리고, 말없이 선한 일을 돕는다. 나는 그런 이들을 깔보지 않는다. 세상에 모든 사람이 비상한 두뇌와 높은 재능을 타고났다면, 이곳은 끝없는 전쟁터가 되었을지노 모른다. 누군가는 이끌고, 누군가는 따르며 살아가야 세상은 돌아간다.

물론 어떤 덕목은 어리석음과 공존하지 않는다. 용기, 결단력, 판단력은 깊은 지성에서 비롯된다. 그러나 지금 말하고자 하는 바는 그것이 아니다. 선한 일이 이루어지는 데 있어 조용히 손을 보태는 이들은 그 존재만으로도 세상에 평화를 더한다. 불처럼 타오르는 천재가 세상을 흩뜨릴 때 이들은 말없이 그것을 붙잡는다. 가끔 이런 이들 속에서도 고집스럽고 의심 많은 자가 있다. 자신의 어리석음을 모른 채 세상을 쥐락펴락하려 드는 자들. 나는 그들을 이 책의 다른 부분에서 따로 다루게 될 것이다.

우리는 종종 착각한다. 말이 서툴고 행동이 투박하다고 해서 그들을 어리석다고 여긴다. 그러나 말하지 못한다고 해서 모르는 것은 아니다. 그 사람이 선 자리와 형편에서 보아야 한다. 악을 저지르지 않고 조용히 살아가는 것만으로도 그 사람은 세상에 큰 도움을 주고 있는 것이다. 조용히 선을 지키는 이가 요란한 천재보다 더 많은 평화를 세상에 가져오기도 한다.

또한 배움과 교양, 그리고 분별력은 서로 다른 것이다. 우리는 습관처럼 배우고 외운 것들을 지혜로 착각하고, 그 틀에서 벗어난 이들을 무시한다. 그러나 나는 종종 배우지 않은 사람들의 투박한 말에서 진짜 자연의 숨결을 느꼈다. 이른바 '서민'들의 거침없는 웃음과 눈물 속에서 나는 무대 위의 거짓을 깨닫곤 했다. 그들의 말에는 꾸밈없는 진실이 있었다.

진짜 예술가는 이런 이들에게도 진실을 전한다. 진짜 큰 사람은 복잡한 규칙 속에서도 순수함을 지킨다. 세상에 드물지만, 그런 사람이 있다. 그러니 우리도 배움이 부족하다고 누구를 얕잡아보지 말고, 그들에게서 배워야 한다.

그리고 선한 마음을 지닌 이들이 세상의 이익꾼들에게 휘둘리지 않도록 도와야 한다. 거절을 잘 못하는 사람, 쉽게 남을 믿는 사람, 부탁조차 제대로 하지 못하는 사람들. 세상은 이런 이들의 약점을 이용해 그들의 선의를 빼앗는다. 우리는 그러지 말아야 한다. 그들의 순수함을 악용하지 마라. 오히려 그들 곁에 서서, 그들의 목소리를 대신해주어야 한다.

게다가 오직 한 가지 취미에 깊이 빠진 이들. 사냥, 말, 그림, 꽃, 곤충, 수집, 정원, 아이 키우기, 악기, 실험 등. 그들은 무슨 이야기를 하든 결국 자신이 사랑하는 그것으로 돌아간다. 상대가 관심이 있든 없든 상관하지 않는다. 하지만 그들은 단지 들어주는 것만으로도 기뻐한다. 대단한 관심을 바라는 것이 아니다. 그저 자신이 사랑하는 것을 함께 바라봐주기를 바랄 뿐이다. 특히 권세 있는 자일수록, 그들의 애착을 존중하라. 트리스트럼 샌디[Tristram Shandy, 로런스 스턴의 소설『트리스트럼 샌디의 일생과 의견, 신사(The Life and Opinions of Tristram Shandy, Gentleman)』의 주인공. - 옮긴이 주]가 말했듯, 말을 탄 사람보다 그가 탄 말에 채찍질하는 것이 더 아프게 느껴지는 법이다.

24

밝고 명랑한 사람과의 만남은 언제나 가볍고 즐겁다. 그러나 나는 덧붙이고 싶다. 그 웃음은 억지로 짜낸 것이어선 안 된다. 진정한 웃음은 마음 깊은 곳에서 솟아나야 한다. 억지로 만든 웃음, 가벼운 농담, 인위적인 재치는 본래의 순수한 웃음과는 다르다. 온 마음으로 웃고, 기쁨을 가슴 깊이 받아들일 줄 아는 사람은 결코 악하지 않다. 악한 사람은 웃지 않는다. 그런 이들은 언제나 굳고 냉담하게 살아간다. 웃는 사람은 위험하지 않다. 그러나 웃지 않는다고 해서 모두가 사악한 것은 아니다. 사람의 마음은 타고난 기질과 건강, 그리고 삶의 무게 속에서 만들어진다.

그럼에도 나는 믿는다. 진정한 웃음에는 사람의 마음을 맑게 하는 힘이 있다. 웃음은 사람을 가볍게 하고, 잠시나마 세상의 무게를 내려놓게 한다. 그 웃음이 번지는 순간, 그 기운은 아름답고 복된 것이다. 나는 권하고 싶다. 적어도 일주일에 한 번쯤은 맑고 건강한 웃음을 짓고, 그 안에서 스스로를 쉬게 하라고.

하지만 웃음 속에도 위험이 있다. 웃음은 종종 남을 향한 풍자로 바뀌기 쉽다. 무엇이 사람을 가장 쉽게 웃게 하는가. 세상 가득한 어리석음이다. 인간은 타인의 어리석음을 조롱하고, 그 위에 농담을 얹는다. 하지만 그 웃음이 사람을 겨누는 순간, 웃음은 칼이 된다. 웃음은 비수가 되어 누군가의 마음을 찌른다.

풍자에 맛을 들인 사람은 그 끝을 점점 더 날카롭게 다듬는다. 그러면 또 다른 이가 그를 따라, 남의 결점을 향해 비웃음을 날린다. 그 끝이 어디로 향할지는 누구나 짐작할 수 있다. 나는 이 책의 앞 장에서 이미 이 점을 경계한 바 있다. 풍자로 가득한 이들과 함께할 때는 스스로를 경계하라. 그들의 조롱이 두려워서가 아니다. 내가 그들에 물들어 함께 헐뜯고 비웃는 사람이 될까 두렵기 때문이다. 그렇게 우리의 마음에서 관용이 사라진다. 그들에게 웃음을 주지 마라. 그들의 조롱에 박수치지 마라. 당신의 웃음이 그들에게 칼을 쥐어주지 않게 하라.

25

술주정뱅이, 욕정에 사로잡힌 자, 그리고 그 밖의 타락한 자들은 가능하면 멀리하라. 피할 수 있다면 그들과 어울리는 일 자체를 삼가야 한다. 그러나 때로는 우리가 원하지 않는 자리에 놓이기도 한다. 그럴 때는 반드시 마음을 지키고, 그들의 타락에 물들지 않도록 조심해야 한다. 단지 타락에 물들지 않는 것만으로는 충분하지 않다. 그들의 방탕한 행동이 아무리 유쾌한 농담이나 호쾌한 유희로 포장되더라도, 우리는 이를 모른 척하거나 웃어넘겨서는 안 된다. 오히려 분명한 태도로 혐오와 거부를 드러내야 한다.

세상의 많은 모임과 술자리에서, 특히 남성들끼리 모인 자리에서는 음담패설과 외설적인 농담이 아무렇지 않게 오간다. 이러한 농담은 젊은 사람들의 마음을 더럽히고, 결국 사고방식과 삶 전체를 병들게 만든다. 이런 부패한 분위기 속에서 양심 있는 사람은 결코 웃음으로 동조해서는 안 된다. 침묵하거나 함께 웃는 순간, 자신도 그 타락의 일부가 되어버린다.

그러니 당신이 그 자리에 있다면, 그들이 아무리 농담으로 포장된 말을 하더라도 자리를 편하게 만들지 마라. 반드시 단호하게 거부하라. 만약 당신이 친구로서 충고하고, 그들의 관심을 더 나은 방향으로 이끌 수 있다면 그렇게 해야 한다. 그러나 그럴 수 없다면, 최소한 당신만큼은 그 타락에 동조하지 않는다는 태도를 분명히 해야 한다. 다른 사람들이 당신 앞에서는 부끄러움을 알고 조심하게 해야 한다. 당신의 미소나 침묵이 그들이 거리낌 없이 더 깊은 타락으로 나아가는 면죄부가 되지 않도록 하라.

26

나는 이 절의 글을 몽상가들, 과장된 이상주의자들, 허황된 낭만주의자들, 그리고 힘으로 모든 것을 해결하려는 괴짜들에게 바치고자 한다. 그들은 허상으로 가득한 공기 속을 유영하는 물고기와 같다. 이들은 이성의 차가운 목소리를 극도로 꺼린다. 요즘 젊은이들 중에도 이런 이들이 적지 않다. 하릴없이 통속 소설을 읽고, 유행하는 연극이나 비밀결사에 빠지며, 참된 학문을 배우지 않고 시간을 게으르게 흘려보내다 보면, 비뚤어진 감상에 휩쓸리기 쉬워진다. 그러나 그런 몽상가들 가운데는 머리가 희끗해진 이들도 있다.

이들은 늘 비범하고 신비한 것만을 좇는다. 손 닿는 가까운 선함은 하찮게 여기고, 멀리 있는 환영을 향해 손을 뻗는다. 해야 할 당장의 일은 내팽개치고, 쓸모없는 일에 정성을 쏟는다. 지켜야 할 자리는 소홀히 하면서, 남의 일엔 쓸데없이 끼어든다. 세상을 바꾸겠다고 떠들지만, 정작 자기 집안일 하나 돌보지 않는다. 눈앞의 중요한 일은 시시하게 여기면서, 쓸모없는 헛소리에는 경건한 태도를 취한다. 명백한 사실도 이해하지 못한 채, 이해할 수 없는 말만 늘어놓는다.

그들에게 아무리 이성적인 근거를 들어 설명해도 소용없다. 정작 당신을 속물이라 여기고, 마음이 메마른 사람으로 취급하며, 당신의 지혜를 불쌍히 여길 것이다. 그러고는 자신과 같은 허망한 꿈에 빠진 이들과 더불어 그 미망 속에서 길을 잃는다.

이런 몽상가들과 뜻을 맞추고 싶다면, 그들이 좋아하는 언어를 익혀야 한다. 이성적인 말에도 불꽃을 담아야 하고, 당신이 옳은 이야기를 하면서도 마치 그들의 열광에 동참하는 듯한 기세를 보여야 비로소 귀를 열 수 있다. 그러나 그마저도 헛수고로 끝나는 경우가 많다. 결국은 시간에 맡기는 수밖에 없다.

안타깝게도 이 몽상은 마치 감기처럼 전염성이 있다. 그래서 나는 말한다. 당신이 상력이 지나치게 풍부하고, 그 상상에 스스로 끌려갈까 두렵다면, 이런 몽상가들과 가까이 지내지 마라.

오늘날 세상은 온갖 비밀결사와 은밀한 모임으로 가득하다. 이들은 종교적·신비주의적·연금술적·정치적 광신을 체계화해놓는다. 나는 묻고 싶다. 그들 중 누가 더 위험한가? 특히 정치와 세상의 개혁을 운운하며 판타지와 교활함을 뒤섞어 계획을 꾸미는 이들은 가장 해롭다. 이들은 마치 제 세상이 도래한 양 그럴듯한 껍데기를 입고 나타난다.

다른 몽상가들이야 조금 듣다 보면 지루해지고, 어중간한 사람들만 끝까지 빠져들지만, 정치적 몽상가들은 다르다. 그들은 나라를 뒤흔들고, 세상을 혼란에 빠뜨릴 수 있다. 이들과 대화할 때는 반드시 경계하라. 그들이 내뱉는 '세계 평화', '자유', '평등', '인류의 권리', '계몽', '세계시민정신' 같은 말들은 모두 그저 미끼일 뿐이다. 아이들이 학교에서 수사학의 비유나 꾸밈말을 흉내 내는 것처럼, 이들도 그 거창한 말들을 가지고 논다.

그리고 힘만 믿고 덤비는 괴짜들, 엇나간 천재들은 그냥 내버려두라.

세상은 넓고, 바보들이 그 안에 살아갈 공간은 아직 넉넉하니.

27

이제 신앙에 대해 이야기해보자. 경건한 이들, 위선자들, 그리고 미신에 물든 이들에 관하여 이야기하려 한다. 누군가 진심으로 신을 사랑하고, 신을 두려워하며, 마음 깊이 속한 교회의 예배와 의식을 지키려 애쓴다면, 그 사람은 마땅히 존경받아야 한다. 설령 그가 신앙을 감정에만 의지하고, 신이 준 이성이라는 등불을 꺼두었다 해도, 그의 뜨거운 신념에 과한 상상이 섞여 있다 해도, 우리 눈에 형식과 의례에 집착하는 사람처럼 보여도, 만약 그가 정직한 삶을 살고 행동으로 신의 가르침을 따르는 이라면, 그는 관용과 배려, 형제애를 받을 자격이 있다.

그러나 그런 사람과는 정반대로, 겉으로는 신앙의 옷을 입고도 속으로는 음모를 꾸미고, 남을 해치며, 복수를 일삼는 이들이 있다. 어두운 욕망을 신앙 뒤에 숨긴 위선자는 세상의 어느 악인보다 더 혐오스럽다.

다행히 이 둘은 쉽게 구별된다. 참된 신앙인은 말과 행동이 다르지 않다. 그는 조용하고 솔직하며 온화하다. 과하게 공손하지 않고, 괜스레 고개를 숙이지 않으며 굽실거리지 않는다. 따뜻하고 단순하며, 누구에게든 신뢰를 주는 사람이다. 그는 관대하고 부드러우며, 남을 쉽게 탓하지 않는다. 신에 대해 말할 때도 대부분은 가까운 이들과 있을 때다.

그러나 위선자는 다르다. 그는 늘 웃음을 입에 달고 다니며, 기회만 되면 아첨을 한다. 눈치를 살피고, 힘 있는 자 앞에 무릎을 꿇는다. 권세의 편에 서며, 부유한 이들의 친구가 되려 하고, 약자를 변호하는 일은 결코 하지 않는다. 그는 입만 열면 '신의 뜻'을 말하며, 사람들 앞에서 자선을 베푸는 척한다. 그러나 그 속마음은 엉망이다. 그는 신을 팔아 남을 비난하고, 남의 허물을 들춰 자신의 입지를 다진다.

그런 사람을 조심하라. 절대 그의 손아귀에 들어가지 마라. 그의 발을 밟지도 마라. 평온을 원한다면, 그를 건드리지 마라.

그리고 미신에 물든 이들이 있다. 어릴 적 들었던 괴담이나 귀신 이야기를 그대로 믿는 사람들을 이성으로 설득하기란 쉽지 않다. 아무리 철학을 말하고 이성을 근거로 들어도 소용없다. 비웃거나 다그친다고 변하지도 않는다. 이런 이들에게는, 그가 믿는 이야기를 직접 눈으로 보여주기 전까지는 말이 통하지 않는다. 억울한 일이지만, 말도 안 되는 허깨비를 본 사람에게는 증명의 책임을 묻지 않으면서, 오히려 의심하는 사람에게 증거를 요구하는 세상이다.

28

종교적 광신자들 못지않게, 그 반대편에 선 이들, 즉 일반적인 무신론자나 자유사상가, 종교를 조롱하는 자들 역시 결코 너그럽지 않다. 만약 누군가가 불행히도 기독교의 진리나 신성, 그 필요성을 믿지 못하게 되었다면, 그는 인생과 죽음 속에서 중요한 위안과 행복을 잃은 사람이기에 동정받아야 마땅하다.

그러나 그런 이가 사람으로서, 시민으로서의 의무를 성실히 다하고, 타인의 믿음을 흔들지 않는다면, 그는 단지 동정보다 더한 사랑과 존경을 받을 자격이 있다.

하지만 만약 어떤 자가 악의나 비뚤어진 심성에서 종교를 경멸하거나, 혹은 그런 척하며 사람들을 끌어들이려 하고 천박한 농담이나 빌어다 쓴 볼테르의 말장난으로 다른 이들이 유일한 희망과 구원을 의탁하는 가르침을 조롱하며, 자신과 다르게 믿는 이들을 위선자나 은밀한 예수회 신도로 몰아세운다면, 그는 천하의 경멸을 받아 마땅하다. 그의 신분이 아무리 높더라도 예외는 없다. 그런 자에게 논리로 맞설 가치가 없다고 여긴다면 차라리 그의 입을 막는 편이 나을지도 모른다.

29

우울증에 빠진 사람들, 광기에 휩싸인 이들, 광폭한 자들을 어떻게 대해야 할지는 철학을 겸비한 의사가 따로 책을 써야 할 문제다. 그는 병원 안팎에서 이들을 찾아가야 하고, 사계절과 달의 변화를 두루 살펴야 하며, 그 관찰의 결과를 바탕으로 하나의 체계를 세워야 한다. 내게는 이를 뒷받침할 충분한 사실도, 의학적 지식도 없다.

그럼에도 불구하고 말할 수 있는 몇 가지가 있다. 그 가운데 가장 중요한 첫걸음은 병의 근원을 찾는 일이다. 그것이 신체 안의 어떤 기관에서 비롯된 것인지, 아니면 감정·상태나 격렬한 열정, 혹은 깊은 불행에서 시작된 것인지 밝혀야 한다. 그러기 위해서는 그들의 광기와 혼란 속에서 무엇이 상상력을 자극하는지를 살펴야 한다. 그들이 평소 마음속에 품고 사는 것이 무엇인지 알아야 한다. 그래야만 광기를 조금씩, 아주 조심스럽게 다스릴 수 있는 실마리를 얻는다.

대부분은 단 하나의 중심이 되는 망상만을 다뤄도 된다. 그 하나의 그림자를 천천히 걷어내면 나머지는 스스로 잦아들기도 한다. 날씨와 계절,

달의 주기가 이들에게 어떤 영향을 주는지도 살펴야 한다. 증상이 잠잠해지는 때를 놓치지 않고, 그 순간에 맞춰 치료의 기회를 포착해야 한다. 이들을 가두거나 거칠게 다루는 방식은 병을 더욱 깊게 만든다. 감옥 같은 방보다 조용한 정원과 부드러운 말이 훨씬 더 많은 일을 해낸다.

그래서 프랑크푸르트의 정신병원에는 진심 어린 찬사를 보내고 싶다. 그곳에서는 광기에 시달리는 이들이 가능한 한 위험을 피하면서, 증상이 가벼운 계절에는 집과 정원을 자유롭게 오갈 수 있었다. 그들을 돌보는 감독관은 언제나 친절하고 부드러운 태도로 대했다. 그 결과 수년 내에 많은 이들이 완전히 회복되었고, 적어도 더 이상 광폭하지 않고 작업을 수행할 수 있을 만큼 안정을 되찾았다.

이는 다른 병원들에서 억압과 학대, 불신과 고함 속에 병이 악화된 사례들과는 극명한 대조를 이룬다. 병을 다루는 일에는 지식보다 자비가 먼저다. 어떤 상처는 이성보다도, 인간적인 온기가 먼저 닿아야 낫기 때문이다.

사람의 마음도 서서히 무너뜨릴 수 있다. 누군가의 사랑이나 자만심, 허영심 같은 강한 열정을 부추겨놓고, 그것을 짓밟는 방식으로 말이다. 나는 그런 방식으로 망가진 사람을 두 명 본 적이 있다.

첫 번째는 ○○ 공작의 영지에서 광대 옷을 입고 지내는 사내였다. 젊은 시절 그는 총명하고 재치 있었지만, 학문을 깊이 익히지 않았고 방탕한 삶을 선택했다. 고향으로 돌아온 그는 무식한 건달로 취급받았고, 스스로도 그렇게 여겼다. 자존심은 컸지만 가난하지는 않았다. 가족과 주변 사람들에게 외면당한 그는 공작의 궁정으로 흘러들었고, 하인들과 어울리며 지냈다.

그의 재치는 공작의 관심을 끌었고, 곧 영지 전체 사람들도 그를 친근하게 여겼다. 그러나 그 친근함은 오래가지 않았다. 그는 점차 모두의 희롱거리로 전락했다. 처음엔 상류층과 어울리는 데서 자기만족을 느꼈지만, 곧 모욕을 당하고 폭행을 겪었으며, 돌아갈 곳도, 남은 재산도 줄어들었다. 몰락은 빠르게 진행됐다.

결국 공작은 그에게 얼룩덜룩한 광대 옷을 입혔다. 이제 하인들조차 그를 놀림감으로 삼았다. 술 한 잔을 건네고는 그의 뺨을 때리는 것을 당연하게 여겼다. 그는 매일 술에 취했고, 가끔 정신이 돌아올 때마다 자신의 처지에 절망했다. 그렇게 그는 점점 미쳐갔다. 쇠사슬에 묶여 지냈다는 이야기도 들었다.

내가 그를 마주했을 때, 그는 초라한 몰골로 거리를 떠돌고 있었고, 사람들에게 미치광이로 여겨졌다. 혐오의 대상이 되었다. 하지만 놀랍게도, 맑은 정신이 드는 순간에는 여전히 날카로운 지성과 재치를 지니고 있었다. 동냥을 하면서도 상대의 약점을 파고드는 능숙한 언변을 잃지 않았다. 나는 그를 추락시킨 이들을 더 원망해야 할지, 아니면 그의 타락을 더 탄식해야 할지 알 수 없었다.

두 번째는 한 귀족 영지에서 관리로 일하다 은퇴한 사람이었다. 더는 그를 필요로 하지 않던 군주는 그의 어리석음과 자존심, 그리고 연애에 빠진 마음을 이용해 잔인한 장난을 벌였다. 사람들은 그를 '공작'이라 불렀고, 훈장을 수여했으며, 고위 인사들이 보낸 듯한 가짜 편지를 그에게 건넸다. 그 편지들에는 그가 사실 왕족의 후손이며, 유괴되어 숨어 살아왔다는 황당한 이야기가 담겨 있었다.

심지어 지중해의 공주가 그를 연모한다는 말까지 있었다. 친구들은 외교 사절단 행세를 하며 그와 협상을 벌였다. 그렇게 몇 해가 흐르고, 그 불쌍한 이는 이 모든 허튼소리를 진실로 믿게 되었다. 결국 그는 정신을 놓고 말았다.

두 이야기에 나는 더 이상의 말을 보태지 않겠다. 이 글을 읽는 당신이라면 이미 충분히 느꼈을 것이다.

제2부

이해가
좋은 관계를 만든다

제2부 서문

이 책의 제1부에서는 성격이나 기질과는 무관하게, 인간관계 전반에 대한 이야기를 담았다. 그러나 세상살이는 결코 단순하지 않다. 나이와 성별, 혈연과 가정, 친구와 연인, 은혜와 의리, 선의와 배려, 그리고 사람마다 처한 처지와 입장을 살펴보다 보면, 관계마다 지켜야 할 도리가 제각기 다르다는 사실을 마주하게 된다.

제2부에서는 서로 다른 환경 속에서 사람이 어떻게 살아가야 하는지를 먼저 이야기해보고자 한다. 나이가 다를 때, 성별이 다를 때, 부모와 자식일 때, 친구이거나 사랑하는 사이일 때, 은혜를 입었을 때, 혹은 누군가가 어려운 처지에 놓였을 때 말이다.

이어지는 제3부에서는, 신분이나 직업, 일상에서 마주치는 다양한 관계 속에서 우리가 마땅히 지켜야 할 의무와 예절에 대해 풀어보려 한다.

제1장
나이가 다른 사람

_ 세대 사이에는
대화가 필요하다

1

비슷한 또래끼리 어울리는 일은 편하고 즐겁다. 같은 시대를 살아온 이들은 비슷한 생각을 품고, 공감 가는 화제로 마음을 나눈다. 나이에 따라 사람의 마음속에는 서로 다른 욕망과 열정이 자리하고, 시간이 흐르면 마음의 결도 달라진다. 유행과 취향은 자연스럽게 바뀌고, 뜨겁던 감정은 서서히 식어간다. 삶 곳곳에 남아 있던 환상은 점차 사라지고, 가슴에 품었던 사람들과 풍경도 저만치 멀어진다. 고향 뒷산 어딘가에 묻히거나, 다시는 돌아오지 않는다. 젊은 세대에게 지나간 날의 이야기는 잠깐의 예의일 뿐, 곧 하품으로 이어진다.

비슷한 경험을 가진 이들 사이에는 공감대가 있다. 반대로, 서로 걸어온 길이 너무 다르면 대화는 쉽게 겉돌게 마련이다. 하지만 이 또한 언제나 그런 것은 아니다. 사람마다 기질, 성장 배경, 살아온 방식이 제각기 달라 어떤 이는 나이가 들어도 아이처럼 순수하고, 어떤 이는 어린 나이에 이미 세상살이에 지쳐버린다.

세상의 쓴맛, 단맛을 일찍 맛본 젊은이는 순박한 시골 청년들 틈에서 웃기 어렵고, 평생 고향을 떠나지 못한 노인은 대도시에서 온 동갑내기들과 있어도 어색하다. 수도원에서 평생을 살아온 늙은 수도사가, 도서관을 누비던 늙은 학자들 사이에 앉아 있어도 마찬가지다.

반대로 단 하나의 취미로 끈끈한 유대가 생기기도 한다. 사냥, 카드놀이, 뒷담화, 술자리는 나이도 성별도 뛰어넘는다. 이런 공통의 관심사는 세대의 벽을 허물기도 한다.

그럼에도 나는, 서로 다른 나이대의 사람들끼리 지켜야 할 도리는 여전히 존재한다고 믿는다. 그래서 이 장에서는 그런 이야기를 풀어보려한다. 단, 여기서 한 가지를 덧붙이고 싶다. 나이에 따라 사람을 너무 엄격히 구분하는 일은 도리어 해가 될 수 있다.

스위스의 베른이라는 도시에서는 서른 살, 마흔 살, 쉰 살마다 어울릴 모임이 정해져 있어, 마흔을 넘으면 스물다섯 청년과 같은 자리에 앉는 일조차 어렵다. 이런 규칙은 누가 보더라도 부작용이 크다. 젊은이들이 늘 젊은이끼리만 어울리다 보면 세상 물정을 모를 수 있고, 나이 든 이들은 그들끼리만 모여 옛일을 되새기며 요즘 세대를 헐뜯거나, 고집스럽고 배타적인 성격으로 굳어갈 수도 있다.

2

젊은이들의 기쁨에 찬물을 끼얹기보다는 그 기쁨을 응원해주면 좋으련만 멀찍이 물러서서 젊은이들의 입장을 생각하지 않는 이들이 있다. 그들은 자신의 젊은 시절을 떠올리기보다는 지금의 청년들에게 자신처럼 침착하고 차분하며 냉정하길 바란다. 긴 세월과 경험, 그리고 몸의 쇠약함 속에서 얻은 무거운 판단력을, 이제 막 삶을 시작한 이들에게서도 기대하는 것이다.

젊은이들의 놀이는 유치해 보이고 농담은 가볍게 여겨진다. 물론 곰곰이 생각해보면 20년, 30년 전의 감정으로 돌아가는 일은 쉽지 않다. 그래서 자식을 키우는 부모가 무심코 가혹한 말이나 부당한 평가를 내리는 일도 생긴다.

그래서 가능한 한 오래도록 젊은 마음을 지키며 살아가려 애써야 한다. 머리에 눈이 내리고, 혈관 속 피가 천천히 흐르며, 심장이 그만큼 차분해진다 해도, 젊은이들이 봄날을 마음껏 누리는 모습을 따뜻하게 지켜보자. 우리의 겨울이 깊어질수록 그들의 봄은 더 환하게 빛나야 하니까.

우리가 젊었던 시절을 떠올려보자. 지금은 주름진 노파가 된 어느 소녀의 미소 하나에 마음이 흔들리던 순간이 있었다. 음악이 흐르고, 춤이 시작되면 온몸이 설렜고, 웃음과 농담 하나에 근심이 사라졌던 때도 있었다. 달콤한 예감과 설렘, 희망이 하루하루를 채우던 시절이 분명히 있었다.

그래서 나는 다시 한번 말하고 싶다. 우리 아이들, 손자와 손녀들이 그런 행복을 오래도록 누릴 수 있도록, 우리가 먼저 그들의 기쁨 속으로 다가가자. 아이들과 청춘들이 환한 웃음으로 다가와 우리를 기억할 때 따뜻한 사람으로 남게 하자.

나 역시 젊은 시절, 다정하고 사랑스러운 노부인들과 함께 지내며 행복했던 기억이 많다. 만약 그때 선택할 수 있었다면, 나는 정말로 어떤 예쁜 젊은 아가씨들보다 그 노부인들과 함께 시간을 보내는 쪽을 택했을 것이다. 연회에서 젊다는 이유로 어리석은 미인 옆에 앉아야 할 때면, 항상 그 노부인 옆에 앉을 수 있었던 신사들이 부러웠다. 그들은 분별 있고 명랑한 노부인들과 이야기할 수 있었으니까.

하지만 젊은이들에게 다가가려는 친절이 지나치면, 보는 이마저 어색해진다. 나이 든 사람이 제 나이를 잊고 학생처럼 굴거나, 여든을 넘긴 부인이 스무 살 처녀처럼 옷을 차려입고 젊은 남자들과 춤을 출 때, 그 모습은 안쓰럽고도 민망하다. 세월의 무게를 내려놓고, 젊은 무리 속에서 사랑을 얻으려 하거나 경쟁하려 드는 순간, 젊은이들의 눈빛은 달라진다. 처음엔 웃으며 받아들이는 듯하지만, 곧 마음속 거리를 둔다. 그리고 마침내는 웃음 뒤에 조롱이 따라온다. 나이 든 사람이 자기에게 어울리는 자리를 지키지 못하면, 더 이상 존경받지 못한다. 품위를 잃은 노인은 젊은이들의 기억에 존엄한 어른으로 남지 않는다. 그 자리는 안타깝게도 웃음과 가벼운 농담이 대신 차지하게 된다.

젊은이들과 잘 어울리기 위해선, 그저 방해가 되지 않는 것만으로는 부족하다. 삶의 지혜와 경험을 조심스럽게 건네며, 곁에 있는 것만으로도 유익한 사람이 되어야 한다. 하지만 그것이 설교가 되어선 안 된다. 교훈을 일방석으로 밀어붙이거나, 모든 낡은 생각을 고집하는 태도로는 마음을 얻을 수 없다. 젊은이들의 즐거움을 빼앗거나, 존경을 강요하고 예의를 따지며 지루하게 구는 일은 피해야 한다. 한 걸음 물러서서 스스로를 절제하고, 젊은이들이 먼저 다가올 때까지 기다리는 편이 낫다. 다행히도 바른 생각을 가진 젊은이들은 친절하고 단정한 어른을 알아본다. 그들이 먼저 다가와 인사를 건넨다. 긴 시간을 지나온 사람의 이야기는 젊은이들에게 언제나 깊은 울림을 남기고, 어쩌면 그것만으로도 오래도록 마음에 남는 한 장면이 된다.

5

이제는 반대로 젊은이들이 나이 든 이들과 어떻게 지내야 하는지 이야기해보려 한다. 요즘은 시대가 바뀌어 젊은이들이 나이 든 이들을 예전만큼 공경하지 않는 세상이 되었다. 어린 나이에도 책을 많이 읽고, 신문을 접하며 세상에 눈을 뜬 젊은이들은 자신들이 어른 못지않게 똑똑하다고 믿는다. 그래서 예전에는 오랜 세월에 걸쳐 배우고 익혀야 했던 것들을, 이제는 더 빠르게, 더 능숙하게 다룬다. 그러다 보니 어른들 위에 선 것 같은 착각에 빠지기도 한다. 젊은이들은 자신감을 넘어서 때로는 경솔하게 어른들을 깔보기도 한다. 노인들에게 보내야 할 존경 대신 지적하고 훈계하려는 이들도 있다. 나 역시 오래된 세대의 사람이니, 이런 현상에 대해 약간은 옛 방식으로 말할 수밖에 없다. 양해를 바란다.

6

세상에는 오직 시간과 경험을 통해서만 배울 수 있는 일들이 많다. 어떤 학문은 오랜 시간에 걸친 끈질긴 탐구와 차분한 마음을 요구하기 마련이다. 아무리 재능 넘치고 영리한 젊은이라 해도, 나이가 든 이가 지닌 세월과 경험 앞에서는 늘 겸손히 귀 기울여야 한다. 비단 학문뿐만 아니다. 긴 세월을 살아낸 이가 겪어낸 온갖 경험은, 젊은이들의 불안정한 생각을 바로잡고, 덧없는 환상에서 벗어나게 하며, 혈기와 감정에 휘둘리지 않도록 돕는다. 결국 그는 세상과 사람을 더 넓은 시야로 바라볼 수 있는 힘을 지니게 되는 것이다.

젊은이들이여, 언젠가 세월이 흘러 그대들의 머리에 흰 눈이 내려앉을 그날을 생각하라. 아직 남은 인생이 얼마 남지 않은 이들에게 따뜻한 마음으로 편안함을 건네라. 희끗한 머리 앞에서는 일어나 인사하고, 나이 든 이를 공경하라. 지혜로운 어른을 찾아가고, 그들의 조언과 충고를 귀하게 여기라. 세월이 흘러 너희 또한 늙으면, 후배들이 너희를 어떻게 대했으면 좋겠는지 생각하며 그들을 대하라. 물론 세상에는 나이와는 상관없이 철부지 노인도 많고, 일찍부터 깊은 깨달음을 얻은 젊은이도 있다. 예외는 항상 존재한다.

7

아이들과의 관계에 대해서도 생각해보자. 아이들과의 만남은 어른에게 큰 즐거움이다. 그들은 자연 그대로의 사람이다. 이 세상이라는 책에서 아직 아무런 주석도, 장식도 더해지지 않은 진짜 원문을 우리는 아이들 속에서 발견할 수 있다. 아이들은 삶의 굴레에 길들여지기 전, 순수한 시선으로 세상을 본다. 그래서 때로는 어른들보다 더 바르고 정확하게 세상을 판단하기도 한다. 인생을 공부하고 싶은 이라면, 반드시 아이들과 지내며 배워야 한다. 다만 아이들과의 만남에는 늘 조심할 필요가 있다. 그들은 어른들의 말과 행동을 유심히 듣고 지켜본다. 그래서 어른들은 아이들 앞에서 더욱 솔직하고 바르게 행동해야 한다.

언제나 진심을 담아 아이들을 대하라. 다만 억지로 아이의 눈높이에 맞추려 억지스러운 흉내를 내선 안 된다. 또한 아이들을 놀리고 희롱하는 것도 삼가야 한다. 그것은 아이의 마음을 상하게 하고, 성격에 나쁜 영향을 미친다. 아이들은 본능적으로 순수하고 따뜻한 사람에게 끌린다. 반대로, 겉으로 아무리 친절을 베풀어도 진심이 느껴지지 않으면 멀리한다. 이 마음은 책으로 배우는 게 아니다.

부모가 자식을 사랑하는 건 당연한 일이다. 그렇기에 부모의 마음을 얻고 싶다면 그들의 아이에게도 따뜻한 관심을 보여야 한다. 다만 어린이들에게 비위를 맞추며 비굴하게 구는 건 삼가야 한다. 그런 행동은 아이들을 교만하고 버릇없는 사람으로 만들 뿐이다. 어른은 아이를 대할 때 존엄을 지키고 올바르게 인도해야 한다.

특히 조심할 것이 있다. 부모가 아이를 꾸짖는 자리에서 함부로 아이 편을 들지 마라. 그 순간 아이는 자신의 잘못을 고치려 하지 않아도 된다고 생각하고 부모는 곤란한 처지에 놓이게 된다. 아이의 성장을 돕는 일이 아니라 방해가 될 뿐이다.

제2장
가족

_ 가까워서 어렵고
사랑해서 복잡하다

남자와 여자의 결합 다음으로, 세상에서 가장 오래되고 근본적인 인연은 부모와 자식 사이의 관계일 것이다. 물론 아이를 낳는 일이 그 자체로 후손을 위한 의도적인 선물이라고 말하긴 어렵다. 하지만 이 세상 대부분의 사람들은, 누군가 자신을 이 세상에 태어나게 해준 사실에 대해 마음속으로 고마움을 느끼며 살아간다.

부모가 자식을 기르고 돌보는 일이 오직 자유로운 의지에서 비롯된 것만은 아닐지라도, 그 헌신을 의미 없다고 말하는 건 터무니없는 일이다. 부모는 자식을 위해 아낌없이 수고한다. 그 수고를 떠올릴 때마다, 우리 마음 한편에는 본능처럼 따뜻한 고마움이 스며든다. 우리를 뱃속에 품었고, 젖을 먹였으며, 밤새 돌봐주고, 자신이 가진 것을 아낌없이 나눠준 그 사람을 우리는 본능적으로 가깝게 느낀다.

그다음으로 자연스러운 인연은 혈연이다. 같은 피를 나눈 이들은, 같은 핏줄과 비슷한 성정, 비슷한 성장 과정을 공유하며 서로를 묶는다. 이 연결은 낯선 사람에게서 느끼는 감정보다 훨씬 깊고 특별하다. 혈연은 우리와 함께 살아가는 사람들, 더 많은 것을 나눈 사람들이다. 피가 가까울수록 인연은 진하고, 멀어질수록 관계도 느슨해진다.

조금 더 범위를 넓히면, 그 인연은 '고향'으로 이어진다. 고향을 향한 마음은 인간의 본능에 가깝다. 어린 시절을 보낸 들판, 뛰놀던 강가, 함께했던 추억이 있는 이들은 마음속 깊은 곳에 고향을 향한 애정을 품는다. 이 애정이 있어야 사람은 '공동체'라는 가치를 이해하게 된다.

고향도 가족도 없이 떠도는 삶을 사는 사람들에게는 이 감정이 희미할 수 있다. 그러나 뿌리를 가진 사람이라면 누구든 자신을 길러준 땅과 부모를 향한 정을 가슴에 품게 된다.

그런데 요즘 세상은 점점 이런 인연의 끈이 느슨해지고 있다. 사람들은 가족, 고향, 공동체의 소중함을 하나둘씩 잊어간다. 그러면서도 '모든 인류가 형제'라는 공허한 이상만 되뇐다. 이 얼마나 허망한 말인가.

철없는 철학자들은 인간이 굳이 가정을 꾸릴 필요도, 고향을 사랑할 필요도 없다고 말한다. 대신, 인류 전체를 사랑하라고 외친다. 그렇다면 나는 묻고 싶다. 문자를 배우지 않고 책을 읽을 수 있단 말인가? 부모를 사랑하지 않고 온 세상을 사랑할 수 있단 말인가?

요즘 시대는 만병통치약을 좇는 연금술사들, 세계 시민을 자처하는 사람들로 가득 차 있다. 이런 세상이 우리를 어디로 데려가려는 것인가? 머지않아 농부는 논밭을 버리고 도시로 나와, 군주 앞에서 '모두가 평등한 세상'을 연설할지도 모른다.

사람들은 자신에게 불편한 법과 질서를 부정하고, 결국 강한 자가 약한 자를 지배하는 세상이 될지도 모른다. 이웃의 재산을 욕심내고, 아버지의 빚조차 갚을 필요가 없다고 말하는 세상. 결혼이라는 이름조차 사라지는 시대가 올지도 모른다.

그러나 아직 세상은 거기까지 무너지지 않았다. 나처럼 여전히 가족을 사랑하고, 따뜻한 집 안의 온기를 소중히 여기는 이들도 많다. 그래서 지금부터는 가족 간의 바른 관계에 대해 몇 마디 남기려 한다.

2

어떤 부모는 세상일에 쫓겨 아이들과 하루에 겨우 몇 시간 얼굴을 마주할 뿐이다. 즐거움을 찾아 이곳저곳을 떠돌고, 자식들의 삶과 교육은 남에게 맡긴다. 심지어 자식이 다 자란 뒤에도 마치 남처럼 서먹하게 대한다. 이런 부자연스럽고 무책임한 태도가 옳지 않다는 건 따로 설명할 필요도 없다.

반대로 자식에게 과도한 존경과 희생을 요구하는 부모도 있다. 이렇게 억지로 거리를 두면, 부모와 자식 사이에 마음을 나눌 틈이 사라진다. 부모 곁에서 보내는 시간이 자식들에게 고역처럼 느껴진다. 또 어떤 부모는 자식이 어엿한 어른이 되었는데도 여전히 어린아이처럼 대하며, 스스로 결정할 자유도, 판단할 능력도 믿지 않는다.

그러나 부모와 자식 사이의 존중은 꼭 딱딱하고 무거운 거리에서만 생기는 게 아니다. 친근한 사이에서도 존경은 얼마든지 자랄 수 있다. 너무 먼 사람에게는 마음을 열 수 없고, 늘 법조문 같은 말만 하는 사람에게는 누구도 속내를 털어놓지 않는다. 억지로 짓누르면, 자식이 자발적으로 부모를 섬기려는 마음은 점점 사라진다.

더 아름다운 모습은 이렇다. 다 자란 자식들이 아버지 곁에 둘러앉아, 그의 말을 기다리며 마음을 터놓는다. 자식들에게 그는 지혜로운 조언자이자 너그럽고 다정한 친구다. 아버지는 자식들이 누리는 맑고 사소한 기쁨에도 함께 웃고, 그들의 행복을 흐뭇하게 바라본다. 피를 나눈 정, 비슷한 취향, 오래된 추억이 어우러져 가족만의 유대가 깊어진다.

　물론 친밀함이 지나쳐도 문제는 생긴다. 나는 자식의 방탕한 행동에 무턱대고 어울리는 부모를 본 적이 있다. 자식보다 못한 말과 행동으로 아이들의 조롱거리, 혹은 혐오의 대상이 되는 부모도 있다. 부모는 자식에게 본보기가 되어야 한다. 그것이 마땅한 도리다.

3

　요즘 세상에는 부모를 무시하거나 소홀히 여기는 자식이 적지 않다. 사람들 사이의 관계는 점점 느슨해지고, 마음은 제각기 흩어진다. 젊은 이들은 아버지를 고리타분하고 시대에 뒤처진 사람이라 여기고, 딸들은 어머니와 함께 보내는 시간을 따분해한다. 어린 시절, 밤새 곁을 지켜주던 그 손길을 너무 쉽게 잊는다. 울음을 달래며 몇 번이고 등을 두드려주던 밤들, 가족을 위해 허리를 굽히며 애쓴 아버지의 하루를 떠올리지 않는다.

　하지만 마음이 바른 이들은 그런 은혜를 저버리지 않는다. 말하지 않아도, 자연스럽게 부모를 따르고 존경한다. 내가 지금 이 말을 전하고자 하는 대상은 그런 이들이 아니다. 혹시 부모에게 부끄러운 모습이 있었다 해도, 그것을 드러내어 상처 주지 말고 조용히 감싸주길 바란다. 바깥에서는 언제나 부모를 공경하라. 한 사람의 말과 태도에는, 그 부모가 함께 비친다는 것을 잊지 마라. 부모를 정성껏 모시는 이에게는 하늘의 복이 따른다. 사람들의 존경도 자연스레 따라온다.

　가장 가슴 아픈 일은 부모가 서로 다투며 자식의 마음을 둘로 나누는 일이다. 아이가 누구 편에 서야 할지 몰라 마음 한쪽이 찢기는 순간이다. 그러나 지혜로운 부모는 자식이 그런 괴로움에 놓이지 않도록 스스로 조심할 것이고, 착한 자식은 그런 상황에서도 끝내 마음을 잃지 않고, 조용히 중심을 지켜낼 것이다.

4

가끔 이런 말을 듣는다. "차라리 남이 낫지. 친척만큼 못 믿을 사람도 없다." 그런데 나는 이 말이 지나치다고 생각한다. 친척 사이에도 무정한 이가 있고 남처럼 대하는 이도 있다. 부유하거나 지위가 높으면 공손하게 대하면서, 가난하거나 몰락한 친척은 못 본 척 외면하는 사람도 있다. 하지만 우리 역시 친척에게 너무 큰 기대를 품기도 한다.

지금처럼 복잡한 세상살이 속에서, 누구나 자기 가족을 돌보는 것만으로도 버겁다. 그럼에도 어떤 친척은 자신은 빈둥대며 살면서, 부유한 친척이 늘 자신을 챙겨줄 거라 믿는다. 그런 기대는 무리다. 아무리 능력 있는 사람이라 해도 모든 부탁을 다 들어줄 수는 없다. 그러다 보면 정작 도와야 할 다른 사람을 외면하게 되기도 한다.

가족끼리 속 깊은 정은 나누되 너무 기대지도 기대게 하지도 말자. 도움은 고마움 속에서 나오는 것이지 의무는 아니다. 한편 내가 능력이 있다고 해서 무턱대고 한심한 친척부터 챙기지 말자. 그보다 더 절실하고 더 나은 사람을 외면하게 될 수 있다. 오래된 관계일수록 서로 더 조심해야 한다. 아무리 가까운 사이라 해도 단점을 쉽게 내보이다 보면 어느 순간 장점마저 흐려진다. 그러고는 마음이 멀어진다.

덧붙이고 싶은 말이 하나 더 있다. 지방의 큰 집안이나 중소도시에서는 가족끼리만 어울리고, 외부 사람을 쉽게 끼워주지 않는 경우가 많다. 그렇게 담을 쌓고 살다 보면, 바깥에서 온 이가 무심코 그 틈에 섞였을 때, 어쩐지 외롭고 어색한 사람이 되고 만다.

마지막으로 두 가지 조언을 하고 싶다.

첫째, 늙은 고모나 삼촌들이 조카를 여전히 어린애처럼 구박하고 간섭하며 잔소리를 하는 경우가 많다. '잔소리 많은 고모' 같은 말이 괜히 생긴 게 아니다. 그러지 말자. 따뜻하고 부드럽게 대하면, 조카들은 마음을 다해 돌볼 것이다.

둘째, 특히 소도시나 제후도시에서는 가족끼리 자주 부딪히고 다투는 일이 잦다. 어쩔 수 없이 자주 마주치면서 서로 헐뜯고 지내면, 삶이 괴로워진다. 차라리 예의를 지키며 적당히 거리를 두자. 그리고 진심이 통하는 사람과 친구가 되는 편이 훨씬 낫다.

제3장
부부

_ 사랑과 존중과 이해로
함께 걸어가는 길

1

사람이 인생에서 맺는 가장 깊은 인연은 부부 사이일 것이다. 그 첫걸음은 언제나 신중하고 현명한 선택에서 시작된다. 서로에게 기쁨이 되어줄 사람을 만나는 것, 그것이 함께 살아갈 무게를 덜어내는 가장 든든한 출발이다.

하지만 서로 맞지 않는 두 사람이 얽히는 순간, 인생은 끝없는 인내와 희생으로 이어진다. 마음이 다르고, 바라보는 방향이 다른 두 사람이 억지로 함께 살아간다면, 그 삶은 끝이 보이지 않는 고통이 된다. 탈출구 없는 쇠사슬처럼, 그 결말은 어쩌면 죽음이어야만 끝나는 비극일지도 모른다.

더 비극적인 건 이 끈이 한쪽만의 냉랭함과 불만으로도 충분히 조여온다는 사실이다. 가슴에서 우러난 사랑도 없이, 집안 사정이나 외부의 압박, 순간적인 외로움이나 얕은 욕망 때문에 맺어진 관계는 결국 서로에게 깊은 상처만 남긴다.

사랑 없이 맺어진 결혼은 한쪽만 일방적으로 받으려 들고, 의무와 책임은 점점 흐려진다. 그래서 부부라는 긴 여정을 함께할 사람을 고를 땐, 무엇보다도 지혜와 신중함이 필요하다. 그 선택이 곧 삶을 결정짓기 때문이다.

2

그런데도 세상을 들여다보면 많은 결혼이 뜨거운 청춘 한가운데서 이루어진다. 이성보다 감정과 욕망에 이끌려 아직 앞날을 내다보지 못하는 어린 마음으로 '운명'이니 '영혼의 반쪽'이니 하는 말을 믿으며 맺어지는 경우가 많다. 그런데도 놀랍게도, 그렇게 시작된 부부들 속에서도 종종 진한 행복이 피어난다. 어찌 된 일일까?

그건 자연이 우리에게 남겨준 묘한 선물 덕분이다. 젊은 날의 사람들은 미숙하고 서툴지만 그만큼 마음이 유연하다. 아직은 서로를 다듬어 갈 여지가 많다. 날이 선 돌도 부드러운 물살에 오래 부딪히면 언젠가는 둥글어진다. 젊은 부부는 서로의 차이를 깊게 새기지 않는다. 뜨겁게 부딪히고, 금세 풀어지며, 조금씩 더 많이 받아들이게 된다.

게다가 삶은 젊은 부부에게 바쁘고 크고 작은 일들을 쉴 새 없이 던진다. 함께 꾸리는 살림, 아이를 돌보는 일, 닮아가는 습관과 일상의 흐름 속에서 두 사람은 점점 하나가 된다. 처음엔 다르던 두 마음도 이내 버무려지고, 섞이며, 함께 굴러간다. 기쁨은 두 배가 되고, 고민은 반으로 나눠진다.

하지만 세월이 흐르면 이야기는 달라진다. 삶의 무게가 어깨를 누르고 성격이 굳어진다. 중년에 접어들면, 사람은 자신의 방식에 더 많이 기대게 된다. 쉽게 양보하지 않고, 새로운 것을 받아들이는 마음도 식는다. 그래서 나이 들어 늦게 꾸린 가정일수록 서로를 이해하고 배려하기가 쉽지 않다. 물론 예외는 있다. 인격이 깊은 사람은 나이가 들어도 여전히 넓고 부드러운 품을 지닌다. 먼저 손을 내밀고, 먼저 내어줄 줄 안다. 하지만 그런 이는 흔치 않다. 부부가 서로에게 기쁨이 되고자 한다면 가능한 한 젊고 사고가 유연한 시절에 인연을 맺는 것이 낫다.

3

나는 부부 사이의 행복이 반드시 기질이나 취향, 사고방식, 능력, 취미가 완전히 일치해야만 가능한 건 아니라고 생각한다. 경우에 따라서는 그런 차이들이 더 큰 조화를 이루기도 한다. 물론 그 차이가 극단적이거나, 가치관의 핵심에서 충돌하거나, 나이 차가 지나치게 크다면 이야기는 다르다.

부부란 공동의 이익으로 묶인 관계다. 한쪽의 불편이 곧 다른 쪽에게도 고스란히 전해진다. 이런 점에서 보면, 남편의 성급하고 불같은 기질은 아내의 온화하고 느긋한 성격으로 다스려질 수 있고, 그 반대도 마찬가지다. 하지만 만약 두 사람이 나란히 사치나 허영, 낭비벽, 혹은 지나친 오지랖이나 무절제한 자선활동에 빠진다면, 그 가정은 오래 가지 못한다.

우리는 흔히 청춘의 시절, 소설 속 주인공처럼 자신의 분신과도 같은 배우자를 꿈꾼다. 하지만 때로는 부모나 후견인의 반대가, 그런 허황된 짝사랑에 꼭 필요한 균형추가 되어주기도 한다. 배우자 선택에 대한 이야기는 이쯤에서 마무리하겠다. 사실 이 정도 말도 내가 여기서 하려던 이야기에 비하면 충분히 넘치는 셈이다.

4

부부는 매일 얼굴을 마주하며 살아간다. 서로의 단점도, 기분도 누구보다 잘 안다. 작은 실수 하나가 상대를 불편하게 만들 수 있는 사이이기도 하다. 그래서 일상에서 서로가 서로에게 지루하거나 짜증 나는 존재로 변하지 않도록 늘 조심해야 한다. 여기서 필요한 건 억지로 자신을 꾸미는 가식이 아니다. 다만 상대가 불쾌해할 만한 행동이나 말은 애초에 삼가려는 세심한 배려가 중요하다. 부부 사이라고 해서 예의가 필요 없는 건 아니다. 가까운 사이일수록 더 세련된 예절이 필요하다.

대화 주제도 신경 써야 한다. 똑같은 이야기를 반복해 지루해지지 않도록 마치 외운 듯한 말만 반복해 대화가 메마르지 않도록 주의해야 한다. 내가 아는 한 남자는 늘 같은 농담을 아내에게 반복했다. 아내는 남편이 그 얘기를 꺼낼 때마다 지친 얼굴을 숨기지 못했다.

책을 읽고 세상을 보고, 생각해야 한다. 그래야 새로운 이야깃거리가 생긴다. 하지만 하루 종일 아무 할 일 없이 마주 앉아 있는 부부라면, 이런 이야기들도 금세 바닥나고 만다. 결국 이들은 나눌 말이 없어 카드 게임으로 시간을 때우거나, 습관처럼 함께 술을 마시게 된다.

그래서 남편이라면 일정한 일과가 있어야 한다. 하루 중 몇 시간은 책상 앞에 앉아 일하거나 외출하는 것이 좋다. 가끔은 집을 비우는 일도 필요하다. 짧은 여행이나 바깥일로 잠시 떨어져 있으면, 아내는 다시 남편을 기다리게 된다. 그렇게 잠시 떨어졌다가 다시 만나는 부부는, 하루의 끝자락에 나란히 앉아 가정을 위한 이야기를 나누며 조용하고도 따뜻한 시간을 가질 수 있다. 부부 사이에도 절제된 거리 두기가 필요하다. 스스로를 상대에게 그리운 존재로 만들어야 한다.

또한 겉모습도 중요하다. 집 안이라고 해서 남편과 아내가 지저분하거나 단정치 못한 모습을 보이는 것은 바람직하지 않다. 시골에서 흔히 보게 되는 모습처럼, 거친 말투와 투박한 행동, 더러운 옷차림으로 서로에게 실망을 주지 않아야 한다. 어떻게 아내가 매일 그런 남편을 가장 가까이에서 바라보며 여전히 그를 존경하고 사랑할 수 있겠는가? 결국 부부 생활이 희생으로만 느껴지고, 의무감으로만 이어질 때, 그 안에 진짜 행복이 머물 수는 없다.

⌜5⌟

나는 모든 사람들에게, 모든 관계에서 하나의 원칙을 말하고 싶다. 부부 사이에도 마찬가지로 적용되는 원칙이다. 그것은 바로, 자신의 의무를 누구보다 성실하고 철저하게 다하라는 것이다. 그래야만 자연스럽게 존경과 사랑을 받는다. 일시적인 매력으로 얻은 관심은 오래가지 않지만, 책임을 다하는 사람은 깊은 신뢰와 인정을 얻게 된다.

하지만 그 의무는 어느 한쪽에만 국한되지 않는다. '모든 면에서' 충실해야 한다. 어떤 남자는 검소하고 성실하며 일도 잘하지만, 몰래 자주 술에 취한다. 어떤 여자는 자신이 정숙하다고 믿지만, 자식 교육에는 무관심하다. 진심으로 존경받고 싶고, 진정한 애정을 원한다면, 부부는 서로에게 모든 면에서 더 나은 사람이 되어야 한다.

우리는 흔히 자신이 관심 없는 악덕만 비난하고, 정작 스스로 소홀한 덕목은 가볍게 넘긴다. 마치 평생 아이를 방치한 여인이 젊은 여성의 실수 하나를 두고 큰소리로 꾸짖는 것과 같다. 그러니 부부가 서로를 오래도록 사랑하고 존경받고 싶다면 각자의 자리에서 맡은 바 의무를 성실히 다하라. 그것이 함께 사는 삶을 지키는 가장 확실한 길이다.

6

살다 보면 부부 사이에 낯선 사람이 잠깐 매력적으로 다가오는 순간도 생긴다. 신혼의 열기가 식고 나면 누구든 한 번쯤은 배우자보다 더 매력적으로 느껴지는 타인을 마주하게 된다. 특히 자주 마주치지 않는 사람일수록 좋은 모습만 보여주기 마련이라 그 인상은 더 선명하게 남는다.

하지만 그런 감정은 오래가지 않는다. 배우자가 제 자리를 지키고 있고, 터무니없는 질투나 의심으로 상황을 더 악화시키지만 않는다면, 그 감정은 자연스럽게 사라진다. 억지로 사랑이나 존경을 강요할 수는 없다. 감시받는 사랑은 짐이 되고, 억압은 갈망을 키운다. 완벽한 감시는 이 세상에 존재하지 않는다. 사람은 원래 손에 넣기 어려운 것일수록 더욱 갈망하게 마련이다.

이런 이유로, 상대의 관심을 끌기 위해 질투를 유발하는 어설픈 계략은 피해야 한다. 부부는 서로를 깊이 존중하는 관계이지, 유치한 심리전을 벌이는 상대가 아니다. 아내가 남편에게, 남편이 아내에게 진심 어린 의심을 품게 만든다면, 서로 간의 존경도 무너지고 만다. 그리고 상대가 '이건 나를 떠보려는 수작'임을 눈치채는 순간, 그 틈은 더 깊은 골이 되어버린다.

혹시 배우자가 잠시 마음의 동요를 겪더라도, 그럴수록 묵묵히 자신의 자리를 지키며 의무를 다하는 것이 중요하다. 결국 마음은 제자리로 돌아오게 되어 있다. 이성적으로 생각해보면 알 수 있다. '저 사람이 아무리 멋지다 해도, 나와 함께 세월을 나누고, 고난과 기쁨을 함께 이겨 낸 사람은 내 남편, 내 아내뿐이다.' 이 깨달음은 반드시 돌아온다. 그리고 그 순간의 화해는 더없이 달콤하다. 그간의 모든 아픔을 조용히 씻어내고, 다시 서로를 향해 마음을 여는 기쁨이 찾아온다.

7

　따라서 우리는 타인에게서 느끼는 순간적인 설렘이나 흔들림 앞에서도 스스로를 지킬 줄 알아야 한다. 특히 마음이 여리고, 욕망이 거세게 흔들리는 젊은 시절이라면 더더욱 그렇다. 만약 당신이 아내보다 더 마음이 끌리는 여성을 마주했거나, 그 여자가 당신의 가정에 위협이 될 것 같은 불길한 기분이 든다면, 그 만남은 망설이지 말고 멀리하는 것이 현명하다. 특히 세련된 말과 행동으로 사람을 휘어잡는 '여우 같은 여자'는 더욱 조심해야 한다. 그들은 당신의 가정을 일부러 무너뜨릴 의도가 없더라도 당신의 마음을 가지고 노는 데서 묘한 쾌감을 느낄 수 있다. 그렇게 무심코 던진 말 한마디와 눈짓 하나가 누군가의 삶을 흔들고 많은 가정을 불행으로 몰아넣는 일이 실제로 일어난다.

　나이가 들고, 인생의 경험이 쌓인 사람이라면 그 반대의 방법도 가능하다. 그 매혹적인 타인을 오랫동안 곁에서 지켜보다 보면 그의 단점들이 하나둘 눈에 들어오기 시작한다. 그러는 사이, 아내가 지닌 본질적인 가치가 다시금 또렷하게 보이기 시작한다. 힘든 일이 닥쳤을 때, 기쁨과 슬픔을 나눌 때, 결국 언제나 내 편이 되어주는 사람은 내 아내, 내 남편뿐이라는 사실을 새삼 깨닫게 된다. 위기를 맞은 순간에도 우리는 함께 키운 자식들을 바라보며 처음 사랑하던 그 시절을 떠올릴 수 있다. 그렇게 자연스레 서로를 향해 다시 돌아가게 된다.

8

무엇보다 부부 사이에서 가장 어리석은 생각은, 결혼했으니 서로의 마음속에는 오직 단 한 사람만 있어야 한다는 믿음이다. 남편은 세상 누구와도 가까워지면 안 되고, 아내는 오직 남편만을 사랑해야 한다는 강박은 지나친 억압일 뿐이다. 결혼은 두 사람의 삶을 묶는 일이지만, 그 마음까지 꽁꽁 묶어두어야 하는 것은 아니다. 특히 나이 차이가 크거나, 한쪽이 여러 면에서 더 많이 희생하고 있는 관계일수록 더욱 그렇다.

배우자가 잠시 외부의 누군가와 따뜻한 대화를 나누며 삶의 무게를 덜고, 다시 가정으로 돌아와 새롭게 힘을 얻는 일도 있을 수 있다. 그런 순간을 무작정 비난하고 몰아붙이면, 마음은 더 멀어지고 관계는 되돌릴 수 없는 곳까지 나아갈 수 있다. 그런 때야말로 묵묵히 받아들이고, 따뜻하게 품어줄 줄 아는 지혜가 필요하다. 관계란 그런 순간에 진짜 깊어지고, 그런 품이 서로를 다시 집으로 불러들이는 법이다.

9

친구를 고르듯, 사람마다 즐거움을 느끼는 방식이나 취미도 제각각이다. 앞서 말했듯, 나는 부부가 꼭 성격이나 기질, 취향까지 같아야 행복하다고는 생각하지 않는다. 하지만 배우자에게 취향을 억지로 강요

받으며 살아가는 일은 견디기 힘든 고통이다. 가장 안타까운 순간은, 내가 감동하고 마음이 움직였던 아름다운 예술작품이나 책, 혹은 숭고한 생각과 느낌을 인생의 동반자와 나눌 수 없을 때다. 그가 내 감성을 이해하지 못하고, 심지어 내가 누구와 교류하는지도 통제하려 한다면, 그건 더 이상 부부라 부를 수 없는 관계다. 그것은 삶의 동반자라기보다, 감정의 감옥이다.

특히 남편은 가장이라는 이유로 아내가 납득하지 못할 선택이나 만남을 해야 할 때가 있다. 그럴수록 더 중요한 것은 서로를 향한 존중과 이해다. 부부는 함께 살며 조금씩 닮아가기도 하고, 상대가 좋아하는 것을 배우려 노력하게 되기도 한다. 그 과정이 자연스럽게 이루어진다면 더없이 좋은 일이다. 하지만 시간이 지나도 상대가 여전히 무지하고 고집스럽게 머물러 있다면, 그때부터 진짜 불행이 시작된다. 그리고 그제야 문득 깨닫게 된다. '그가 나와 같은 마음으로 세상을 바라보았다면 얼마나 좋았을까?' 서로의 차이를 줄이는 노력은 억지로 만들어져서는 안 된다. 사랑과 존중이 바탕이 될 때, 그 차이도 조용히 메워지기 시작한다.

10

그렇다면 만약 마음의 유혹을 넘어서, 실제로 다른 사람과 잘못된 관계로 빠지려는 순간이 온다면 어떻게 해야 할까? 이 지점부터는 누구나 스스로 묻고, 스스로 답해야 한다. 충동적인 성향, 약한 절제력, 유혹하는 타인, 매혹적인 외모와 기회, 이 모든 조건이 한 번에 맞물려 찾아올 때, 반대로 내 아내나 남편은 무뚝뚝하고 병약하며, 더 이상 매력적으로 보이지 않을 때, 우리는 과연 어떤 선택을 해야 할까?

정답을 찾기는 쉽지 않지만, 나는 이렇게 말하고 싶다.

스스로를 방종과 욕망에 익숙해지지 않도록 다스리며 살아야 한다. 부부 사이에서도 절제와 품위, 사려 깊음을 유지해야 한다. 익숙한 관계일수록 애정 표현이 무뎌지기 쉬우니 그런 표현에도 신선함을 더하려는 노력이 필요하다. 오래된 와인이 시간이 지날수록 깊은 맛을 품듯, 함께 보내는 시간을 소홀히 여기지 않는다면, 부부 사이의 사랑도 천천히, 그러나 오래도록 깊어질 것이다. 시간이 흐르고 나이가 들면, 욕망은 자연스레 한결 순해지고, 이성의 통제에 귀 기울이게 된다.

11

부부란 서로에게 마음을 여는 사람들이다. 아무 말 없이도 믿을 수 있어야 하고, 말할 때는 숨김이 없어야 한다. 그러나 그렇다고 모든 것을 다 나눠야 한다는 건 아니다. 세상에는 때로 입을 다물어야 할 일이 있고, 때로는 말할 수 없는 고요한 사정이 있다.

남편은 오래전부터 가정의 대표로 불려왔고, 아내의 조언자가 되도록 운명지어신 사리라 여겨진나. 아내의 성급한 한 걸음이 결국은 남편의 짐이 되곤 한다. 국가는 책임을 묻는 대상이 남편뿐이며, 아내는 여전히 시민사회의 독립된 주체로 인정받지 못한다. 그렇기에 아내가 제 역할을 다하지 못하면, 그 무게는 남편의 어깨에 내려앉고, 그로 인해 온 가족이 비난과 수치의 그늘 아래 놓인다. 세상은 남편의 방종보다 아내의 실수에 더 차갑고 무겁게 반응한다. 여성은 외부의 평판에 더 깊이 얽히며, 비밀을 품는 일은 사회적으로도 남성에게 더 기대되는 미덕이다. 그래서 아내가 남편 몰래 어떤 일을 도모하고 그 사실을 숨기게 될 때, 그 결과는 대체로 바람직하지 않다.

남편은 사정이 다르다. 그는 국가와 연결된 존재로서, 자신이 아닌 타인의 비밀을 지켜야 할 상황에 자주 놓인다. 그 비밀을 누설하면 피해는 곧장 타인에게로 번지고, 가정은 그 여진에 흔들린다. 또 그는 전체적인 시야로 집안을 다스려야 하기에, 계획을 쉽게 드러내거나 흔들리게 둘 수 없다. 때로는 세상의 시선조차도 감당하지 않으면 안 되는 자리에 있다. 그런 남편이 항상 모든 것을 아내에게 이야기하고 나누기는 어렵다.

하지만 이 모든 것도 절대적인 원칙은 아니다. 세상에는 아내의 말 없이 한 걸음도 내딛지 못하는 남편이 있고, 수다스러운 남편과 과묵한 아내도 있으며, 여성이 친구에게 털어놓은 비밀이 남편의 권한 밖에 있는 경우도 있다. 이런 모든 상황에서 무엇이 옳은지는 정직함과 신중함이 판단할 것이다. 말보다 마음이 앞서야 하고, 판단보다 믿음이 더 깊어야 한다.

그러나 단 하나, 무너져서는 안 될 원칙이 있다. 마음속에 불신이 고요히 스며들고, 솔직함을 강요해야 하는 순간이 오면, 부부의 평온은 서서히 허물어진다. 남편이 아내의 편지를 몰래 열어보고, 그녀의 서랍과 서류를 뒤지기 시작하면, 사랑은 그 순간 이미 다른 이름으로 바뀐다. 그런 행동으로는 진실에 도달할 수 없다.

신뢰는 섬세한 실과 같아, 한 번 끊기면 다시 매듭짓기 어렵다. 예의와 배려의 긴장감이 사라진 자리에는 감시도 무력해진다. 남편이 아내에게 간통의 혐의를 씌우는 순간, 그는 스스로 자신에게 '배신당한 자'의 뿔을 씌우는 셈이다. 의심은 사람을 눈멀게 만들고, 아무것도 아닌 것을 죄로 보이게 한다. 결국 그런 불신의 말로는 거의 언제나 속임수와 파국으로 향한다.

┌─────┐
│ 12 │
└─────┘

나는 모든 이성적인 사람이 쉽게 이해할 수 있으리라 생각되는 이유에서, 부부가 집안의 모든 일을 함께 처리하자는 생각을 그다지 권하지 않는다. 각자 맡은 바 역할과 책임의 범위를 분명히 정해두는 것이 좋다. 아내가 남편을 대신해 왕에게 올릴 보고서를 작성하고, 남편이 손님이 오는 날이면 주방에 들어가 거위를 굽고, 크림 디저트를 만들고, 딸들의 옷차림을 챙겨야 하는 집안이라면 대체로 일이 잘 돌아가지 않는다.

그런 상황에서는 혼란이 생기고, 하인들 사이에서 비웃음거리가 되기 쉽다. 서로가 서로에게 의지하면서도, 동시에 모든 일에 간섭하고, 모든 것을 알고 싶어 할 수 있으나 이렇게 되면 질서가 무너지고 아무것도 제대로 되지 않는다. 모양새도 안 좋고, 실속도 없는 일이다.

┌─────┐
│ 13 │
└─────┘

돈의 관리를 두고 보자면, 나는 신분 있는 남편들이 흔히 하는 방식,

즉 아내에게 일정 금액을 정해주고 그 돈으로 살림을 꾸려가게 하는 태도에 찬성하지 않는다. 이런 식은 결국 이익을 갈라놓는 결과를 낳는다. 아내는 일종의 하녀 같은 위치로 밀려나게 되고, 점점 이기적인 생각에 빠지기 쉬우며, 절약을 우선하게 되고, 남편이 입맛이 까다롭다고 느끼며, 남편이 좋은 친구를 식사 자리에 초대하기라도 하면 못마땅한 얼굴을 짓게 된다.

반대로 남편 쪽에서는 생각이 섬세하지 못하면, 자신이 많은 돈을 들이고도 너무 초라한 식사를 하고 있다고 느끼게 되고, 또 지나치게 조심스러우면, 괜히 요리 하나 더 요구했다가 아내를 곤란하게 만들까 봐 그것도 주저하게 된다.

그러니 만약 당신의 집에 가사 전반을 담당하는 가정 관리인이나 살림을 책임지는 사람이 따로 없는 한, 당신의 아내에게 일정한 지출권한을 부여하라. 생활 형편에 맞는 금액을 정해주고, 그것을 집안의 운영비로 사용하게 하라. 그 돈이 다 쓰였을 경우에는 아내가 직접 와서 더 요청하게 하면 된다. 만약 지출이 과하다고 느껴진다면, 그에 대한 내역을 요구하면 될 일이다. 그 자리에서 함께 고민하고, 어디에서 지출을 줄일 수 있을지 함께 의논하라.

그리고 당신의 재정 상태를 아내에게 숨기지 마라. 대신, 소소한 즐거움이나 옷차림, 조용한 선행을 위한 용도로 사용할 수 있는 소액의 돈은 따로 정해주되, 그 부분에 대해서는 일일이 계산서를 요구하지 마라. 그 돈만큼은 그녀의 자유로 남겨두는 것이 좋다.

14

좋은 살림살이는 부부가 함께 이루는 행복의 가장 기본이자 핵심이다. 그러니 혹시 혼자 살던 시절에 낭비하는 버릇이 조금이라도 있었다면, 결혼과 동시에 그것부터 끊어내야 한다. 절제된 생활을 몸에 익히고, 집안을 다스리는 데 힘써야 한다.

혼자일 때는 세상이 버겁지 않다. 가난도, 부족함도, 모멸과 외면도 감당할 수 있다. 손발만 성하면 세상 어디든 나아갈 수 있다. 모든 걸 뒤로하고 세상의 어느 외딴 구석에서 손으로 일하며 살아가는 것쯤은 어렵지 않다.

하지만 아버지로서, 남편으로서 허술한 살림이 가족을 가난 속에 빠뜨렸을 때, 그는 자신을 바라보는 가족들의 눈빛을 마주하게 된다. 그들은 그의 보살핌을 바라고, 먹을 것을, 입을 것을, 교육과 즐거움을 원한다. 그런데 그는 내일 먹일 빵조차 구할 길이 없고, 이제 막 성장한 딸들이 입은 누더기가 금세 해어질 걸 생각하며 절망에 빠진다.

그의 체면, 직장에서의 승진, 아이들의 미래가 일정한 품격 있는 생활, 어쩌면 약간의 화려함까지 요구하는데, 그런 모든 것들을 감당할 능력이 턱없이 부족할 때 (선낭포에 잡혀 있는 은식기를 손님 접대를 위해 하루만 빌려오고, 식사가 끝나면 그걸 다시 가져갈 아이가 아래층에서 기다리고 있을 때) 그는 점점 더 조여온다. 채권자와 변호사가 그를 몰아붙이고, 고리대금업자는 그의 힘 빠진 지갑 끝을 조여온다.

그렇게 몰린 사람은 몸과 마음이 병들고, 짜증과 절망에 휘둘린다.

그는 현실을 잊기 위해 방탕에 빠지고, 속으로는 불안한 양심이 그를 갉아먹으며, 겉으로는 아내의 원망이 그를 들볶는다. 아이들의 흐느낌은 악몽 속에서도 그를 깨운다. 부유하고 교만한 이들의 경멸 어린 시선은 희망의 마지막 불빛마저 꺼버린다. 용기도, 위로도 사라진다. 친구들은 등을 돌리고, 원수들과 질투하는 자들의 비웃음은 그의 신경 하나하나를 부수어버린다.

이 지경에 이르면, 가정의 기쁨이란 그림자조차 남아 있지 않다. 그는 끝내, 자신이 이 불행으로 끌고 들어온 가족들과 눈 마주치는 것조차 두려워하게 된다. 그러니 부부 중 누군가에게 낭비하는 성향이 있다면, 아직 늦지 않았을 때, 그 끔찍한 상황을 막기 위한 조처를 하는 것이 지혜다.

돈을 더 잘 다룰 줄 아는 사람이 가계부를 맡고, 집안을 다시 바로 세우기 위한 예산을 꼼꼼히 짜서, 그것을 성실히 따르라. 절제는 필요하지만, 가능한 한 작은 즐거움 정도는 허락하라. 그래야 낭비하던 이도 그 절제와 희생을 견뎌낼 수 있을 것이다.

15

그렇다면 부부 중 누가 더 경제적으로 여유 있는 편이 나은가? 만약 둘 중 하나만 가능하다면, 나는 남편 쪽이 재정적으로 더 안정된 경우에 손을 들어주겠다.

물론 가장 바람직한 것은, 부부 모두 어느 정도의 재산을 갖추고 함께 삶의 기반을 다져 나가는 것이다. 그래야 한 사람만의 희생이나 의존으로 관계가 기울지 않는다. 하지만 현실적으로 불균형이 생길 수밖에 없다면, 가족을 책임지는 위치에 있는 사람이 더 많은 몫을 감당하는 것이 자연스럽다.

만약 남편이 재산 많은 아내를 만나게 된다면, 그는 무엇보다 그 관계가 불균형하거나 종속적인 양상으로 흐르지 않도록 스스로를 잘 다스릴 필요가 있다. 이런 경계를 지키지 못한 채 시작된 결혼이 오래도록 건강하게 유지되는 경우는 드물다.

내가 만약 큰 재산을 가진 배우자와 결혼하게 된다면, 나는 두 배로 절제하고 성실히 살아가며, 내 욕심이 크지 않음을 보여줄 것이다. 나 자신에게는 최소한만을 쓰고, 그마저도 내가 스스로의 노력으로 감당할 수 있음을 증명할 것이다. 생활비는 내가 직접 내고, 상대의 재산에 대해서는 단지 관리자로서의 역할만을 맡을 것이다.

생활 수준은 재산에 걸맞게 꾸릴 수 있겠지만, 그것이 나의 허영심에서 비롯된 것이 아님을 분명히 할 것이다. 두 가지 반찬만으로도 충분히 만족할 수 있다는 것, 하인의 도움 없이도 살아갈 수 있다는 것, 내 두 다리로도 먼 길을 갈 수 있다는 것을 행동으로 보여줄 것이다.

그런 후에야, 나는 집안의 운영자이자 공동의 미래를 설계하는 사람으로서, 그 재신의 사용과 운용에 대한 실질적인 결성권을 낱겠다고 이야기할 수 있을 것이다.

16

남편이 아내보다 더 현명해야만 하는가? 이 질문 또한 중요하지 않은 것은 아니다. 좀 더 면밀히 살펴보자. '현명함'과 '이성'이라는 개념은 그 모든 관계와 변화 형태를 포함하여 항상 똑같은 방식으로 이해되는 것은 아니다. 남자의 현명함은, 여자의 그것과는 전혀 다른 성격이어야 하며, 만일 이 현명함이 세상 경험이나 학식과 같은 것으로 오해된다면, 남성과 여성 양쪽에서 그것을 동일하게 기대하는 것은 어리석은 일이다.

나는 여성에게 디테일에 강한 정신, 섬세함, 무해한 약은 수단, 신중함, 재치, 인내, 순응과 끈기를 요구한다(이 모두가 또한 분명히 '현명함'의 일부이기 때문이다). 하지만 이러한 특성은 항상 남성의 본성과 일치하지는 않는다. 반대로 나는 남자가 모든 상황에서 더 예측력이 있고, 침착하며, 단호하고, 흔들리지 않으며, 편견에 덜 휘둘리고, 더 인내심 있고, 더 교양이 있기를 기대한다.

하지만 그 질문은 좀 더 일반적인 의미로 받아들여야 한다. 즉, 만약 부부 중 한 사람이 지적으로 부족하고, 현실에서 필요한 지식이 결여되어 있다면, 과연 남편이 그 약한 쪽이어야 하는가, 아니면 아내가 그러해야 하는가?

내 대답은 주저할 것 없이 이렇다.

나는 지금까지 단 한 번도, 아내가 명백히 집안의 전권을 쥐고 지배한 가정이 현명하고 행복하게 운영되는 것을 본 적이 없다. 중간 정도의 재능을 지닌 남자가 가정을 이끄는 편이, 지혜로운 여성이 독점적으로 주도하는 가정보다 대부분 더 나은 결과를 낳는다. 물론 예외는 있을 수 있겠지만, 나는 그런 경우를 알고 있지 않다.

여기서 말하는 것은, 고귀한 남편의 마음을 정서적으로 사로잡는 섬세한 영향력과는 구별되는 것이다. 현명한 여성에게 그와 같은 영향력을 부여하는 것을 누가 마다하겠는가? 이성적인 남자라면 누구나, 스스로 온화한 지적을 필요로 할 때가 있음을 인정할 것이다. 하지만 아내가 모든 것을 장악하는 배타적 지배는 자연의 섭리에 어긋난다.

여성은 신체적으로 더 약하고, 순간적인 즐거움에 쉽게 끌리며, 중요한 순간에 감정에 휘둘릴 가능성이 크다. 게다가 교육이나 사회적 관습도 집안의 책임을 남편에게 지우는 경향이 있다. 이런 여러 요인들이 아내가 보호받기를 원하게 만들고, 남편에게는 그 책임이 자연스레 주어진다. 그런데 더 현명하고 강한 사람이 오히려 더 약하고 어리석은 사람에게 기대야 한다면, 그것만큼 어이없는 일도 없을 것이다.

탁월한 지성을 지닌 여성들이 권력욕으로 인해 어리석은 남편을 원하거나 선택한다면, 이는 결국 자기 발등을 찍는 결과를 낳는다. 그런 결혼의 결과는 십중팔구 권태, 가정의 혼란, 그리고 둘 중 한 사람에 대한 사회적 멸시이며, 결국 그것은 부부 모두에게 타격이 된다.

반면, 가정의 가장으로서의 역할을 제대로 감당할 능력도 없고, 정신적으로 미성숙하여 집안의 주인이 될 수 없는 남성은, 차라리 독신으로 남아 병원에서 요양하거나 신앙식을 얻어 조용히 사는 편이 낫다. 그렇지 않으면 아이들과 하인, 이웃들 앞에서 웃음거리가 될 것이다.

내가 아는 한 우유부단한 군주는 완전히 아내에게 지배당했다. 어느 날 그녀가 외출을 준비하자, 그는 몰래 성문 안 마당으로 내려와 마부에게 조심스레 물었다. "내가 함께 가는지 부인도 알고 있나?" 그런 모습은 조롱의 대상이 될 뿐이다.

누구도 그런 남자와는 진지한 일이나 거래를 하고 싶어 하지 않는다. 그의 의지, 우정, 사물을 바라보는 관점이 모두 아내의 기분과 신호, 질책에 따라 움직이는 사람은 이미 주체가 아니다. 자신의 편지조차 가정교사의 검토를 받아야 하고, 집안의 중요한 결정도 부엌 살림살이처럼 사사건건 허락받아야 하는 사람은, 더 이상 집안의 주인이 아니다.

물론 아내에 대한 예의는 중요하다. 그러나 남편은 그 예의 속에서도 자기 품격을 잃어서는 안 된다. 어떤 남자는 무슨 일에나 아내와 상의해보겠다고 말하고, 늘 그녀의 외투를 들고 쫓아다니며, 그녀 없는 모임에는 참석하지 못하고, 아내가 얼굴을 마음에 들어하지 않는다는 이유로 오래된 하인을 해고한다. 그런 남편은 아내조차 경멸한다.

17

이 삶에는 참으로 감당해야 할 고난이 많다. 겉보기에 가장 행복해 보이는 사람조차도 마음속 깊은 곳에는 저마다 다른 형태의 고통을 품고 살아간다. 그것이 실제든 상상이든, 자초한 일이든 외부로부터 온 것이든 상관없다. 고통은 언제나 고통이기 때문이다.

그러나 그 앞에서 의연히 버티고, 절실할 때 현명한 조언을 건네며, 남편이 짊어진 짐을 함께 들어줄 수 있는 강인한 여성을 만나는 일은 쉽지 않다. 대부분은 시기와 상황을 가리지 못한 불평이나, "그때 그렇게 하지 않았더라면…." 하는 쓸모없는 말, 혹은 부당한 비난으로 오히려 고통을 더 무겁게 만든다.

큰 불행이 아닌 사소한 근심쯤은 조용히 마음속에 품고 있는 편이 나을지도 모른다. 성숙한 마음은 안다. 사랑하는 사람까지 괴롭게 만든다고 해서 자신의 고통이 덜어지는 것은 아니라는 걸. 오히려 짐이 더 무거워질 뿐이다. 그렇다면 누군들 차라리 침묵하지 않겠는가. 폭풍이 몰아치는 자리에선, 혼자 등을 돌리고 바람을 맞는 편이 나을 수도 있다.

하지만 만약 신이 당신에게 도무지 감출 수 없는 큰 시련, 재난, 병, 혹은 불의한 자들의 박해를 안겼다면, 그때는 마음속 모든 의연함을 끌어올려야 한다. 용기를 다잡고, 당신의 반려자에게 함께 마셔야 할 쓴 잔을 조금이라도 덜 쓰게 하라. 당신의 감정을 조심하고, 당신의 불안이 그녀의 고통이 되지 않도록 해야 한다.

감당할 수 없을 만큼 마음이 무거워질 때는, 조용히 방으로 물러가라. 거기서 울어도 좋고, 기도해도 좋다. 철학과 신에 대한 신뢰, 희망, 그리고 지혜로운 결단으로 스스로를 다잡아야 한다. 그 후에는 다시 일어나, 이마를 펴고, 더 약한 사람을 위한 위로자가 되어라.

세상에는 영원히 지속되는 불행이란 없다. 아무리 큰 고통도, 그 사이사이에 숨 쉴 틈은 있다. 그리고 불행에 맞서 싸우는 그 자체에 깃든 어떤 영웅성은, 때때로 그 고통마저 잊게 하는 기쁨을 준다. 또 누군가를 위로하고, 다시 일어서게 하려는 그 마음은, 놀랍도록 우리를 고양시키며 말로 표현할 수 없는 맑고 깊은 기쁨으로 가슴을 채운다. 나는 그것을 직접 겪은 사람으로서, 이 말을 전한다.

18

우리는 이미 한 가지에 의견을 같이했다. 성격이나 기질이 꼭 같아야 행복한 결혼이 되는 것은 아니라는 점이다. 하지만 그럼에도 불구하고 마음이 무거워지는 순간이 있다. 남편에게는 소중하고 흥미로운 것들이, 아내에게는 아무 의미도 없어 보일 때다. 아내가 진심으로 공감해주지 않고, 무관심으로 일관할 때, 그 상황은 슬프게 느껴진다.

더 속상한 일은 따로 있다. 기쁨이든 아픔이든, 감정이 북받칠 때든, 미래를 함께 꿈꾸고 싶을 때든, 무언가 함께 나누고 싶은 열망이 생겼을 때, 그것을 이해해줄 사람을 집 밖에서 찾아야 한다는 사실이다.

마음속에 간직해온 생각을 조심스럽게 꺼내 보이려 할 때, 옆에 있는 사람이 그 마음을 차가운 말로 식혀버리면 외로움이 깊어진다. 상상 속의 기쁨을 나누고 싶을 때마다 누군가 물을 끼얹고, 감미로운 기대에서 벗어나려는 찰나에 거칠게 현실로 끌어내리고, 공들여 나눈 이야기를 무심하게 끊어버리고, 애써 가꾼 마음의 밭을 아무렇지 않게 짓밟는 삶은 참으로 외롭다.

그렇다면 이런 상황에서는 어떻게 해야 할까?

우선 바뀌지 않을 사람에게 끊임없이 가르치려 하거나, 이해받기 힘든 말을 계속 꺼내는 일은 피해야 한다. 감정이 상할 수 있는 순간이나, 아내가 당신을 곤란하게 만들 수 있는 상황은 되도록 만들지 않는 것이 좋다. 그렇게 하면 큰 행복을 얻지는 못하더라도, 불필요한 갈등은 피할 수 있다. 그만큼 삶은 더 조용하고 평온해질 수 있다.

19

만약 운명이나 어리석은 선택 탓에, 도덕적으로 문제가 크거나 나쁜 습관에 깊이 물든 사람과 평생 함께 살아야 한다면 어떻게 해야 할까? 예를 들어, 아내가 늘 신경질적이고 적대적으로 굴며, 시기심과 인색함, 터무니없는 질투로 남편의 삶을 괴롭게 만든다면? 혹은 성격이 교활하고 음흉해서 사람들에게 멸시당하고, 방탕하거나 먹는 것에 집착한다면?

많은 경우, 젊은 시절 사랑이라는 이름으로 이런 함정에 빠진다. 결혼 직전, 악마도 가장 아름다운 얼굴로 나타난다는 말이 있다. 혹은 남편의 무심하거나 잘못된 태도가 아내 안에 숨어 있던 나쁜 성향을 자라나게 했을 수도 있다. 상황마다 해결 방법은 다르기 때문에 하나하나 정답을 제시할 수는 없다. 하지만 나는 이렇게 조언하고 싶다.

첫째, 자신의 평안을 지키는 길부터 찾아야 한다. 만약 아내가 도무지 나아질 가능성이 없다면, 불필요한 다툼이나 불평에 힘을 쓰지 말고 조용히 앞으로의 계획을 세워야 한다. 이혼을 고려할 것인지, 아니면 참고 살아야 할지를 냉정하게 따져봐야 한다.

결정을 내렸다면, 그 뒤에는 아내의 순간적인 변화나 달콤한 말에 흔들리지 않아야 한다. 무엇보다 아무리 화가 나더라도 거친 말이나 행동은 절대 피해야 한다. 그 순간 이미 상황은 절반쯤 잘못되고 만다. 아내가 도리를 저버릴수록 남편은 더 신중하고 책임감 있게 행동해야 마음의 평화를 지킬 수 있다.

둘째, 아이들과 하인들, 그리고 세상의 시선을 생각하라. 가정의 불화를 밖으로 드러내지 않는 것이 중요하다. 싸움이 잦은 집에서 아이들이 건강하게 자라긴 어렵다. 만약 갈등을 감출 수 없다면, 아이들을 믿을 수 있는 사람에게 맡기는 것이 낫다. 하인들 앞에서 다투는 일도 삼가야 한다. 하인은 부부싸움을 보면 꼭 서로의 편을 가르고, 그 이야기를 밖으로 흘린다.

마지막으로, 세상이 부부 문제를 알게 되면 잘못이 없는 남편도 비난받을 수 있다. 그러니 속사정은 외부에 함부로 털어놓지 마라.

20

하지만 꼭 이런 문제에 끼어들고 싶어 하는 사람들이 있다. 늘 돕겠다는 얼굴로 나타나는 '친절한' 친구들, 남녀를 불문한 수다스러운 노인들, 사촌이나 이모, 조카 같은 온갖 친척들이 그렇다.

만약 당신이 요청하지도 않았는데 누군가 집안일에 참견하려 한다면, 단호하게 거절해야 한다. 확고한 태도로, 그런 간섭은 받아들이지 않겠다는 입장을 분명히 해야 한다.

마음이 맞는 부부는 중재자 없이도 잘 지낸다. 반대로, 서로에 대한 존중이나 신뢰가 없는 부부 사이에서는 누구도 중재 역할을 제대로 해낼 수 없다. 오히려 상황만 더 어지럽게 만든다.

그중에서도 특히 조심해야 할 사람이 있다. 세상 모든 걸 안다고 생각하면서, 무지한 채 끼어들기를 좋아하는 '시어머니'들이다. 이들은 자기가 무엇을 모르는지도 모르면서, 모든 일을 통제하려 하고, 판단하려

들며, 사소한 일까지 간섭한다. 심지어 가정부나 요리사와 손을 잡고, '사랑'이라는 이름으로 이웃의 사생활까지 캐묻는다.

만약 불운하게도 이런 '골칫덩이'를 함께 맞이하게 되었다면 그가 당신의 가정에 끼어들려는 바로 그 순간, 단호하게 끊어야 한다. 한 번에 확실히 거절해서, 다시는 그런 마음을 먹지 않도록 해야 한다.

물론 예외도 있다. 며느리를 딸처럼 아끼고, 딸의 결혼생활을 따뜻하게 지지하며, 그 아내의 훌륭한 성품이 바로 시어머니에게서 물려받은 것임을 알게 되는 경우도 있다. 그런 경우에는 더 깊은 존경과 예의를 다해야 마땅하다.

원칙은 분명하다. 부부 사이의 갈등은 어디까지나 부부 두 사람이 해결해야 한다. 정말 극단적인 경우가 아니라면, 외부에 털어놓아서는 안 된다. 필요하다면 차라리 법의 판단을 받는 게 낫다. 제삼자를 중재자로 두는 것은 대개 아무런 도움이 되지 않고, 오히려 상황을 더 나쁘게 만든다.

남편은 자신의 집에서 주인이어야 한다. 이것은 자연의 이치이자 이성의 요구다. 집의 주인에게는 논쟁이 아니라 책임이 주어진다. 그는 단순히 함께 사는 동등한 판단자가 아니라, 그 위에서 가족을 지키는 존재나. 아내가 너 시혜로워서 남편을 마음으로 이끈다 해도, 겉으로 드러나는 남편의 권위는 흔들리지 않아야 한다

21

부부 사이의 행복을 가장 깊이 흔드는 일은 혼인의 신의를 저버리는

것이다. 도덕적으로 보나, 종교적·사회적 원칙으로 보나, 남편이든 아내든 부정은 똑같이 비난받아야 할 일이다. 그러나 그 결과만 놓고 보면, 아내 쪽의 부정은 더 큰 파장을 일으킨다.

아내의 외도는 가정을 무너뜨리고, 아이의 출생에 대한 정당한 권리를 흐리게 만들며, 남편의 고유한 권리까지 부정하게 되기 때문이다. 이 점에서 볼 때, 전통적으로나 자연의 질서 안에서나 다처제가 다부제보다 더 용인되어 온 것도 무리가 아니다. 실제로, 거의 어떤 언어에서도 한 여성이 여러 남편을 두는 경우를 지칭하는 표현은 찾아보기 어렵다.

남편은 가정의 중심이다. 그래서 아내의 부정은 그 남편에게까지 수치심을 안긴다. 하지만 그 반대의 경우는 종종 그렇게 여겨지지 않는다. 그렇다고 남편의 잘못이 덜하다는 뜻은 아니다. 문제는, 이런 상황에서 어떻게 대응하느냐이다.

상대의 외도를 의심한다고 해서 곧바로 분노하거나 공격적으로 몰아붙이는 것은 현명하지 않다. 상대의 마음을 되찾고 싶다면, 더 조용하고 따뜻한 태도가 필요하다. 사람의 마음은 강요나 위협으로 움직이지 않는다. 진심 어린 관심과 애정으로만 다시 돌아올 수 있다.

만약 누군가 육체적 소유만을 바란다면 그것은 결혼의 가장 천박한 형태에 불과하다. 사랑이나 존중 없이 이어지는 관계는 결국 서로를 속이게 마련이다. 그런 상황에서는 들키지 않는 한 서로에게 큰 손실이 되지 않을 수도 있다. 프랑스 사람들 말처럼 '간통을 알게 되었을 때는 그나마 작은 문제이고, 모르면 아무 일도 아니라는 셈'이 될 수도 있다.

더 나쁜 것은, 확실한 증거도 없이 의심만으로 상대를 몰아붙이고, 자꾸만 불신의 눈길을 보내는 일이다. 이것은 어떤 배우자에게든 마음의 상처를 남기고, 결국 진짜 멀어지게 만드는 가장 빠른 길이 된다.

부정이 확실하고 그 수치심을 더는 감출 수 없게 되었다면, 이혼 외에는 길이 없다. 법의 도움을 받든, 조용한 합의로 끝내든, 관계를 정리할 수밖에 없다. 물론 그렇게 한다고 해서 완전히 깨끗해지는 것은 아니다. 수치의 흔적은 쉽게 사라지지 않는다.

이혼은 신중해야 할 일이다. 오랜 시간을 함께한 부부가 가볍게 결별을 택한다면, 사회적 존경을 잃기 쉽다. 특히 자녀가 있다면 더욱 조심해야 한다. 부모의 이혼은 자녀의 교육과 인생 전체에 깊은 상처를 남길 수 있다.

그러니 부부가 서로를 조금이라도 견딜 수 있고, 다시 회복할 가능성이 있다면, 가능한 한 참고 기다리고 인내해야 한다. 무엇보다 그 갈등이 사회적으로 드러나지 않도록 조심하는 것도 중요하다.

22

하지만 지금까지 말한 모든 조언은 주로 중산층 사람들에게 더 잘 맞을 것이다. 아수 높은 지위에 있거나 매우 부유한 사람들은 대체로 '가정의 행복'이라는 것에 큰 의미를 두지 않는다.

그들은 영혼이 바라는 소박한 만족을 잘 느끼지 못하며, 대부분 배우자와도 서로 거리감을 두고 지낸다. 그러니 이들에게는 내가 언급한 가정 내에서의 도리보다는, 세련된 교양 수준에서의 예절만 지키면 된다.

게다가 이들은 자신들만의 도덕률을 따르는 경우가 많으므로, 내가 이 장에서 전한 말들이 그들에게는 크게 적용되지 않을 것이다.

제4장
연인

_ 사랑에 빠졌을 때
알아야 할 것들

　사랑에 빠진 사람과 이성적인 대화를 나누는 건 애초에 쉽지 않다. 그들은 다른 취한 사람들과 마찬가지로, 제대로 된 소통이 어려운 상태다. 세상은 그들에게 오직 사랑하는 사람 하나뿐이고, 나머지는 모두 흐릿하거나 아예 없는 것처럼 느껴진다.

　하지만 조금만 인내심을 가지면, 이들과도 얼마든지 잘 지낼 수 있다. 그들이 사랑하는 사람에 대해 끝없이 말하더라도 지루해하지 말고, 어리석은 말이나 변덕에도 타박하지 말자.

　만약 그 사랑이 비밀 연애라면 모르는 척 눈치껏 행동하면 된다. 온 동네가 다 아는 일이라도, 모른다는 듯 자연스럽게 넘어가면 된다. 무엇보다 중요한 건, 그들의 질투심을 건드리지 않는 것이다. 이 한 가지만 잘 지켜도 큰 문제는 피할 수 있다.

　이쯤에서 이 이야기를 마무리할 수도 있겠다. 하지만 조금 더 덧붙이자면, 만약 여러분이 인생에 대해 진지한 조언을 나누고 싶거나, 믿을 만한 친구를 찾고 싶다면, 사랑에 빠진 사람은 피하는 게 좋다.

　반대로, 감정적으로 함께 웃고 울 사람, 보증 없이 돈을 빌려줄 사람, 구독 신청서에 아무 생각 없이 사인할 사람, 남을 쉽게 도와줄 사람, 억울한 이를 감싸줄 사람, 혹은 시를 읽고 음악을 칭찬하며 낭만적인 장난을 나눌 사람이 필요하다면, 그때는 사랑에 빠진 이들이 제격이다. 그들은 감정이 풍부하고, 마음이 열린 상태이기 때문이다.

사랑에 빠진 사람들에게 그들 사이의 관계를 두고 규칙을 세우려 하는 건 별 의미가 없다. 사랑에 빠진 이들은 이미 이성을 잃은 상태이기 때문이다. 마치 제정신이 아닌 사람에게 시를 읊으라 하거나, 복통을 앓는 이에게 맑고 고운 목소리로 울라고 요구하는 것과 다르지 않다. 그럼에도 불구하고, 만약 그들이 이성의 소리에 조금이라도 귀를 기울일 수 있다면, 해줄 수 있는 조언이 아주 없지는 않다.

첫사랑은 인간의 마음가짐과 삶을 송두리째 뒤흔드는 큰 사건이다. 한 번도 사랑을 해본 적 없는 이들은 연인들 사이에서 피어나는 황홀한 기쁨을 알지 못하고, 반대로 마음을 너무 쉽게 주고받은 사람들은 그 감각을 잃어버리고 만다. 나는 언젠가 이 감정에 대해 글로 남긴 적이 있다. 지금도 그보다 더 나은 말을 떠올리지 못하겠다. 그래서 그 글을 이곳에 그대로 옮긴다.[*]

> 첫 고백이라는 건 참 이상한 일이다. 여러 사람과 사랑 흉내를 내본 사람이라면, 다시 누군가를 좋아하게 돼도 감정을 살짝 드러내는 일쯤은 어렵지 않다. 상대도 이미 그런 말에 어떻게 반응해야 하는지 잘 안다. 그녀는 처음엔 의심한다. '혹시 나를 놀리는 건 아닐까?' '소설 속 남자 주인공 흉

---

* 『철학자의 방황 또는 루트비히 폰 젤베르크의 이야기』 제1부, 108쪽.

내를 내는 걸까?'

그러다 그가 간절히 다가오면, 마지못해 받아들이는 척하며 말한다. "내 마음을 봐서라도, 억지 고백은 하지 말아줘요." 그러면서 얼굴이 붉어진다며 부끄러워한다. 그 순간, 남자는 사랑에 빠진 눈으로 그녀를 바라보며 품에 안고 싶지만, 그녀는 그 자유를 허락하지 않는다. 대신 조심스럽게 말한다. "당신을 믿어요. 그러니 내 볼 한쪽만 허락할게요."

사랑은 매일 아주 조금씩 나눠야 오래 간다. 어느 날 분위기가 무르익어도, 괜히 작은 다툼을 꺼내 관계를 잠시 멈추기도 한다. 이 '의례적인 거리 두기' 속에서 사는 사람들은 사실 진짜 감정을 느끼지 않는다. 혼자 있을 때는 그 연극을 스스로 비웃고 내일은 어디까지 나아갈지 머릿속으로 계산해본다. 그렇게 사랑의 고통 속에서도 살은 오르고 얼굴에는 윤기가 흐른다.

하지만 죄 없고 순수한 두 마음이 처음으로 사랑에 물들 때는 전혀 다르다. 그들은 말로 표현하긴 어려워도 온몸으로 그 감정을 느낀다. 서로 눈빛으로 수없이 말을 주고받았지만 입에선 아무 말도 나오지 않는다.

젊은 남자는 애틋한 눈빛으로 여인을 바라보고 그녀는 조용히 얼굴을 붉힌다. 남자가 다른 여인과 웃으며 대화하는 모습에 그녀는 속상해하고, 그녀가 다른 남자에게 속삭이기라도 하면 그는 모른 척 뒤돌아선다. 질투와 오해가 말을 타고 스며들고, 이내 용서와 화해가 뒤따른다. 서로를 향한 권리를 눈빛으로 확인하며, 누가 보고 있을까 경계하고, 조심스럽게 내일의 약속을 나눈다.

하지만 고백은 여전히 입 밖으로 나오지 않는다. 수없이 기회가 있었지만 매번 머뭇거렸다. 손을 한번 잡아보는 데도 명분이 필요했고 용기는 끝내 부족했다. 마음속엔 초조함이 쌓이고, 상대의 감정을 의심하게 된다. 그렇게 말도 못 한 사랑이 온 동네 소문이 된다.

마침내 가슴속에서 오래 맥동하던 그 말이 떨리는 목소리로 흘러나온다. 숨 막히는 속삭임 속에서 두 손이 조심스럽게 맞잡힌다. 그 순간, 두 사람은 오직 서로만을 위한 존재가 된다. 세상은 사라지고, 연인이 미소 짓기만 해도 어디서든 당당해진다. 사랑하는 사람 곁에 있다는 사실만으로 삶의 고통조차 가볍게 느껴진다. 그 순간에는 병도 가난도 괴로움도 없는 것처럼 느껴진다. 모든 생명이 조화를 이루고 평화가 번지고 세상의 나른함마저도 사치처럼 여겨진다.

오, 그대들이여. 이런 황홀한 시절을 겪어본 적이 있다면 말해다오. 이보다 더 달콤한 꿈이 있을까? 세상의 모든 즐거움 가운데, 이토록 순수하고 자연스럽고, 아무에게도 해를 끼치지 않으며, 이렇게 충만하고 평화로운 기쁨이 또 있을까?

아, 하지만 이 마법은 오래가지 않는다. 얼마나 자주, 얼마나 갑작스럽게 우리는 이 엘리시움의 꿈에서 깨어나는가.

4

결혼 안에서의 질투는 평화를 해치는 위험한 독이다. 그러나 사랑하는 연인 사이의 질투는, 때로 관계에 생기를 불어넣는다. 사소한 다툼 뒤에 찾아오는 화해만큼 달콤한 순간도 없고, 그런 감정의 파도는 두 사람을 더 깊이 엮는다. 하지만 경계해야 한다. 특히 질투 많은 여인, 그중에서도 당신이 마음을 거둔 이거나, 아직 당신을 포기하지 못한 이의 분노는 조심해야 한다. 아무리 정중하게 대하고, 침묵으로 마음을 다해도, 그녀가 당신을 무서워하지 않는다면, 그 분노는 오래도록 당신을 따라다닐 것이다.

5

여성을 비하하는 이들은 말한다. 여자는 남자처럼 전적인 충성과 헌신으로 사랑하지 않는다고. 그녀들의 사랑은 허영심, 호기심, 모험심, 혹은 단순한 육체적 욕망에서 비롯되며, 그런 충동이 충족되는 동안에만 유지된다는 것이다.

하지만 그와 반대되는 시선을 가진 이들도 있다. 이들은 여성이 사랑에 빠졌을 때 보여주는 마음이 얼마나 깊고, 끈질기며, 뜨거운지를 강조한다. 앞선 이들이 여성은 감각에 민감하고 정서적 자극에 쉽게 휘둘리며, 고귀한 감정에는 서툴다고 본다면, 반대편은 가장 순수하고 숭고한 사랑(욕망도, 심지어 열정조차 넘어선 신성한 불꽃 같은 사랑)이야말로 여성의 마음에 가장 깊이 깃들 수 있다고 말한다.

어느 쪽이 옳은지는, 여성의 마음을 더 깊이 이해한 이들이 판단할 문제다. 나 역시 오랜 세월 여성들과 교류하며 이들을 가까이 지켜봤지만, 그 경험만으로 섣부른 결론을 내리고 싶지는 않다.

이 주제를 말할 때는 두 가지 질문을 나눠 생각해야 한다. 하나는 여성의 사랑이 처음 어디서 비롯되는가, 다른 하나는 사랑에 빠진 이후 그 감정이 어떤 성격을 띠게 되는가이다. 이 두 질문은 결코 같지 않다. 하지만 한 가지는 분명히 말할 수 있다. 남성이 사랑에서 여성보다 더 깊은 충실함과 헌신을 보인다고는 결코 생각하지 않는다. 인류의 역사에는 여성이 사랑하는 이를 위해 얼마나 강하게 버텼고, 얼마나 큰 고통을 감수했는지를 보여주는 이야기들이 수도 없이 존재한다. 깊고 변함없는 사랑을 받는 것, 그것만큼 큰 행복이 또 있을까.

물론 가벼운 마음은 남녀 모두에게 있다. 새로움에 끌리는 건 인간의 본능이다. 매력적인 누군가의 등장으로 지금의 감정이 흔들리는 일도 있다. 그러나 현실에서 더 자주 배신하는 쪽이 누구인지를 묻는다면, 남성의 책임이 적다고만 보기는 어렵다. 단지 그 사실이 잘 드러나지 않고, 세상의 관심을 덜 받을 뿐이다. 어쩌면 남자는, 한 사람에게 평생 자신을 묶는 일이 본능적으로 더 어려운 존재인지도 모른다. 그 이유가 무엇인지, 왜 그런 경향이 생기는지에 대해서는 지금 이 자리에서 다룰 문제가 아닐 것이다.

6

진실한 사랑은 조용한 행복 속에서 그 자체로 충만한 기쁨을 누린다. 사랑은 스스로를 드러내려 하지 않으며, 때로는 그 안에 깃든 기쁨조차 의식하지 못한 채 흐른다. 가장 아름다운 순간은 아직 말로 고백하지 않았지만, 눈빛과 표정만으로 이미 모든 마음이 오간 때다. 사랑이 깊을수록 말은 그 고귀한 감정을 깎아내릴 수 있다. 어떤 마음은 입 밖으로 나오는 순간, 더 이상 그 깊이를 나눌 수 없게 된다. 설명하지 않아도 알 수 있는 마음, 말없이 바라보며 나누는 암묵의 동의, 그것이야말로 가장 단단한 유대일 수 있다.

7

젊은 시절, 마음이 이성을 앞질러 달리는 그 시절에, 많은 이들이 성급한 혼인 약속으로 스스로 인생의 불행을 부른다. 사랑에 취한 청춘은, 그 결단이 인간이 내릴 수 있는 약속 가운데 가장 무겁고, 가장 위험하며, 무엇보다도 되돌릴 수 없는 것임을 잊는다.

그는 열정에 눈이 멀어, 진정으로 함께 살아갈 사람이 아닌 전혀 다른 사람과 평생을 약속한다. 그리고 시간이 흐른 뒤 이성이 깨어났을 때, 그 사람을 다른 눈으로 보게 되고, 결국 스스로에게 지상의 지옥을 만든다. 혹은, 사랑의 열기에 모든 것을 내맡긴 채 현실을 충분히 생각지 못하고, 결혼과 함께 따르는 고통과 책임, 부족함 앞에 무너진다. 사랑하는 사람과 함께하면서도, 삶의 무게는 더 무겁게 다가오고, 운명의 타격은 두 배가 된다. 또는 결혼 서약 앞에서 비로소 눈을 뜨고 약속을 저버린다면, 그때부터는 죄책감이 평생의 짐이 된다.

그러나 이런 경고가, 사랑에 휩싸인 이에게 과연 얼마나 닿을 수 있을까? 이와 관련된 더 구체적인 이야기는 다음 장, 제14절과 제15절에서 이어가겠다.

8

사랑과 친밀함으로 인해 마음이 한 사람에게 깊이 묶여 있다가 그 인연이 (운명이든, 배신이든, 혹은 어떤 불가피한 사정이든) 끊어지게 되었다면 이후 절대 비열하게 굴지 마라. 상처받은 감정이 분노와 원한으로 번져 추한 복수로 이어지게 두지 마라. 그녀가 믿고 맡긴 편지나 비밀을 악용해서는 안 된다.

한때 마음 깊이 사랑했던 여인을 뒤돌아서서 헐뜯고 해코지하는 남자라면, 그는 누가 봐도 경멸받아 마땅한 사람이다. 실제로 외모나 성격이 특별히 뛰어나지 않음에도, 연애에서의 신중함과 침묵을 지키는 태도만으로도 여성들의 깊은 호감을 얻는 남자들이 얼마나 많은가?

제5장
여성

_ 다정하게
거리를 유지하는 법

이 장의 시작에서 한 가지는 분명히 해두고 싶다. 굳이 밝히지 않아도 좋을 말이지만, 오해를 피하고자 덧붙인다. 이 장에서 내가 여성의 성격에 대해 다소 비판적인 이야기를 하더라도, 그것이 여성이라는 존재 전체에 대한 나의 존경심을 조금도 훼손하지 않음을 말해두려는 것이다. 여성의 약점을 감춘 채 장점만을 늘어놓는 건 비겁한 아첨일 뿐이고, 나는 그런 글을 쓰려는 게 아니다. 그렇다고 해서, 많은 작가들처럼 여성의 결점만 골라서 들추려는 것도 아니다. 나는 인간관계에 대해 쓰고 있다. 그렇다면 상대의 약점을 이해하고, 그에 맞춰 다가가는 법을 아는 것도 중요한 일이다. 남성과 여성, 젊은이와 노인, 귀족과 평민, 모두 저마다의 약점을 갖고 있다. 나는 이 책에서 그 점들을 솔직히 다루되, 동시에 그들과의 관계를 아름답게 만들어주는 미덕 역시 빠뜨리지 않을 것이다.

교양 있고 덕망 있는 여성들과의 교제는 청년을 온전히 성장시키는 데 무엇보다도 큰 역할을 한다. 그들과 함께 시간을 보내다 보면 성격의 거친 모서리는 자연스레 깎여나가고, 사람됨에는 한결 섬세하고 온화한 빛이 스며든다. 여성들과 교류해본 적 없는 사람은 삶의 참된 기쁨을 놓치기 쉽고, 사회 속에서도 자연스럽게 어울리기가 어렵다. 나는 여성을 깎아내리거나 가볍게 여기는 사람과는 마음을 나눌 수 없다. 내게도 여성들과의 교류는 인생에서 가장 고요하고 다정한 시간을 안겨주었다. 여러 번 세상에 실망하고 사람들에게 상처받았어도, 여전히 내 안에 남아 있는 너그러움과 애정, 인내심은 모두 그런 만남 덕분이라 생각한다.

3

여성들은 자신과 감정적으로 잘 통하는 남자를 단번에 알아보는 특별한 감각을 지니고 있다. 여성들이 단지 외모에만 끌린다는 말은 오해다. 실제로 잘생겼지만 여성에게 별다른 인기를 얻지 못하는 이도 있고, 반대로 외모가 특별히 뛰어나지 않아도 여성들의 호감을 사는 사람도 있다. 지혜롭다고 해서, 재치 있다고 해서 반드시 환영받는 것도 아니다. 단순한 아첨이나 공손한 태도로 여성의 마음을 얻을 수 있다고 생각한다면 착각이다. 여성들과 잘 어울리는 법은, 그들과 직접 어울리며 배우는 특별한 감각이자 기술이다. 이걸 익히지 못하면 아무리 외모와 지성, 재능을 갖췄다 해도 여성들에게 매력을 느끼게 하긴 어렵다.

물론 이런 능력을 악용해 여성의 신뢰를 저버리는 사람도 있다. 그러나 그렇다고 여성과의 교류 자체를 부정할 이유는 없다. 여성들과 좋은 관계를 맺기 위해 필요한 것은 약간의 부드러움, 사려 깊은 배려, 자연스럽고 과하지 않은 친절함, 그리고 말보다는 눈빛과 태도에서 우러나는 섬세한 언어다. 다만 이 부드러움이 남자다움을 해치거나 경박하게 보이지 않도록 주의해야 한다.

여성들은 본능적으로 자신을 지켜줄 수 있는 든든한 남성에게 끌린다. 아무리 강인한 여성이라도, 연약하거나 병약한 남성을 곁에 두면 자연스럽게 거리감을 느끼기 마련이다. 물론 다친 이에게 동정은 하겠지만, 남자다움이 부족하면 애정이 오래가지 않는다.

여성들이 방탕한 남성에게 호감을 보인다는 비난도 있지만, 그 안에는 이해할 만한 이유가 있다. 여성은 본능적으로 남성의 활력과 대담함, 능동성을 매력으로 느낀다. 다만 이 관용이 잘생긴 남성에게만 국한되는 경우가 많다는 점은 사실이다.

또한 여성들은 남성의 단정함과 세련된 옷차림을 중요하게 여긴다. 옷차림의 작은 실수도 금세 눈치채고, 그 일면을 보고 사람을 평가하기도 한다.

여러 여성에게 같은 말과 태도로 접근하지 마라. 여성은 자신만을 특별하게 대우해주길 바란다. 동시에 같은 구애를 다른 이에게도 한다는 사실이 드러나는 순간, 그녀는 마음을 닫고 만다.

8

비슷한 아름다움이나 학식을 지닌 두 여인이 한자리에 앉게 되면 분위기가 어딘가 어색해지기 쉽다. 그 자리가 조용히 흘러가는 듯해도 세 번째 여성이 등장하는 순간 긴장감은 눈에 띄게 커진다. 특히 셋 중 한 사람이 특정 분야에 대해 자부심이 있다면 그와 비슷한 장점을 지닌 다른 여성을 과하게 칭찬하는 것은 삼가야 한다. 경쟁 관계에 있는 여성을 높이 평가하는 일은 더욱 조심해야 한다. 사람은 누구나 자신이 뛰어난 분야에서 독점적으로 인정받고 싶어 한다. 여성들은 특히 그렇다. 그 분야가 아름다움이든 세련됨이든 재능이든 학식이든 마찬가지다.

또한 여성과 대화할 때 그녀를 다른 사람, 특히 자녀나 지인과 닮았다고 말하는 일도 피하는 것이 좋다. 여성들은 자신이 어떻게 보이고 싶은지에 대해 고유한 환상과 기준을 갖고 있기 때문이다. 어떤 이는 순수하고 천진한 인상을, 다른 이는 우아하고 위엄 있는 이미지를, 또 어떤 이는 지적이거나 병약하고 연약한 인상을 선호할 수 있다. 이런 작고 사적인 허영심은 누군가를 해치지 않는다. 서로 존중해준다면 관계는 더 따뜻해질 것이다.

9

대부분의 여성은 끊임없이 즐거움을 추구한다. 진지하고 과묵한 사람보다, 재치 있고 유쾌한 대화를 나눌 수 있는 상대에게 더 쉽게 마음을 연다. 그리고 무엇보다, 자신에 대한 칭찬을 즐긴다. 때로는 다소 억지스럽거나 과장된 말도 기꺼이 받아들인다. 어떤 이에게는 나이를 무시하고 젊음을 칭찬하거나, 딸로 착각한 척하는 말도 흐뭇하게 들릴 수 있다. 물론 여성의 나이에 대해 직접적으로 언급하는 일은 가급적 피하는 편이 낫다. 그들이 자연스럽게 빛날 수 있도록 자리를 열어주면, 별다른 말 없이도 당신을 좋은 사람으로 여기게 될 것이다. 사실 이런 성향은 남녀를 불문하고 대부분의 사람에게서 보이는 것이지만, 여성에게서 더 자주, 더 뚜렷하게 나타날 뿐이다.

10

여성들의 성격에서 중요한 부분을 차지하는 것이 바로 호기심이다. 이 점을 잘 이해하고 활용하면 관계를 보다 원만하게 이끌 수 있다. 놀랍게도 여성은 남성보다 더 자주, 더 강하게 호기심을 느낄 때가 많다. 심지어 평소에는 동정심이 많은 사람도 끔찍한 장면이나 무서운 이야기에는 쉽게 끌리곤 한다. 그래서 여성들은 사건 사고, 스캔들, 미스터리한 이야기 등에 관심이 많다. 이로 인해 어떤 이들은 이웃의 사적인 일이나 비밀을 캐는 데 깊이 빠지기도 한다. 체스터필드는 "여성의 호감을 얻고 싶다면 그녀에게 비밀을 털어놓아라"라고 말했다. 물론 아주 작은 비밀이어야 한다. 어떤 여성들은 남성보다 훨씬 더 비밀을 잘 지키기도 한다. 중요한 것은 어떤 비밀이냐에 달려 있다.

11

아무리 훌륭한 여성이라도 감정의 기복이 클 때가 있다. 때로는 이유

없이 변덕스럽게 느껴질 수도 있다. 이는 여성의 신경이 남성보다 섬세하고, 체력적으로도 쉽게 지치기 쉬운 탓이다. 여성이 매일 같은 애정과 관심을 줄 것이라 기대하지 마라. 그러한 기분의 변화는 이상한 일이 아니다. 억지로 달래려 하거나 괜히 분위기를 띄우겠다고 무리한 농담을 건네는 일은 오히려 역효과다. 그보다는 조용히 곁을 지켜라. 인내와 배려로 머물러 있다 보면 그녀는 스스로 마음을 열고 다시 다정한 얼굴로 돌아올 것이다.

12

대부분의 여성은 자신이 가장 아끼는 사람에게도 가끔 장난스럽게 굴거나 괜히 소소한 다툼을 일으키기도 한다. 악의가 아니라 그저 감정의 결에서 비롯된 작은 변덕일 뿐이다. 그런 순간에는 감정을 앞세우지 말고 인내심을 갖고 부드럽게 반응하라. 그러면 그녀는 시간이 흐른 뒤 스스로를 돌아보고, 더 다정하게 당신에게 마음을 표현할 것이다. 그렇게 쌓인 애정은 처음보다 훨씬 깊고 단단할 것이다.

13

여성과의 사소한 말씨름에서 굳이 이기려 들지 마라. 순간의 승리는 기꺼이 양보하는 것이 현명하다. 특히 다른 사람들 앞에서 그녀를 무안하게 만드는 일은 절대 삼가야 한다. 여성은 자존심이 강하다. 그런 모욕은 쉽게 잊히지 않고 오래도록 마음에 남는다. 잠깐의 우월감 때문에 그녀의 자존심을 건드린다면 그 대가는 생각보다 클 수 있다.

고상하지 못한 여인의 복수가 얼마나 무섭고 잔인하며 오래 지속되는지에 대해서는 이미 여러 번 말해졌기에 새삼스레 덧붙일 필요도 없을 것이다. 하지만 실제로, 자신을 모욕당했다고 느낀 여성이 한 남성을 어떻게 끝까지 괴롭히고 쫓아다니며, 믿기 어려울 정도로 끈질기고 교묘한 방식으로 복수심을 불태우는지에 대해서는 여전히 경각심이 필요하다. 그런 증오는 쉽게 사그라지지 않으며, 때로는 상식 밖의 행동까지 이어진다. 나 역시 그런 경험을 한 적이 있다. 젊은 시절, 한순간의 경솔한 선택이 있었다. 사실은 그녀가 먼저 모욕을 주었음에도 불구하고, 결과적으로 그녀는 자신의 허영심과 자존심이 상처를 입었다고 느꼈고, 이후 나는 어디서든 예상치 못한 저항과 방해에 부딪혔다. 나의 주변에는 근거 없는 악의적 소문이 퍼졌고, 무고한 삶의 계획조차 번번이 무너졌다. 나는 조심스럽고 성실한 태도로 삶을 다듬었고, 때로는 나의 잘못을 공개적으로 인정하기도 했지만, 그녀는 끝내 나를 놓아주지 않았다. 결국 나는 다른 이의 도움이 필요하지 않은 조용한 삶, 가정 안에서의 삶을 선택할 수밖에 없었다. 아이러니하게도, 그 여성은 사람들에게 기쁨을 줄 수 있는 능력을 갖춘 사람이었다. 외모와 지성 모두 뛰어났고, 타고난 매력을 지닌 인물이기도 했다.

약한 사람일수록 상처에 더 민감하게 반응하고, 기회를 쥐었을 때 더 강하게 되갚으려는지도 모른다. 자신이 약하다고 느낄수록, 복수심은 더 깊어지고, 그 분노는 쉽게 가라앉지 않는다.

15

마이너스 교수의 「사람이 스스로 사랑에 빠질 수 있는가에 대한 논문」을 읽고 나니, 사랑에 빠지지 않기 위한 방법에 대해 더 보탤 말이 많지 않다. 사랑은 우리가 가장 방심한 순간에 찾아오는 달콤한 고통이다. 그리고 언제나, 이미 늦어버린 뒤에야 사람들은 그 감정에 어떻게 대처할지 고민하기 시작한다. 사랑은 때로 극심한 외로움과 고통, 절망을 불러온다. 특히 감정이 풍부하고 상상력이 풍부한 이들에게는 더욱 치명적이다. 짝사랑의 괴로움, 배신당한 아픔, 이루어질 수 없는 관계가 주는 무너짐은 겪어본 사람만이 안다. 이런 상황을 피하려면, 스스로의 이성을 단단히 다스리거나, 아예 그럴 만한 가능성 자체를 멀리하는 것이 필요하다. 만약 이 모든 감정의 고통을 미리 막아낼 완벽한 해답이 있다면, 그것은 연금술의 비밀을 푼 사람과 다름없을 것이다. 나로서는 솔직히 말해, 그 유일한 방법은 처음부터 사랑에 빠질 가능성이 있는 상황 자체를 만들지 않는 것뿐이다.

16

세상에는 아무런 죄책감도 없이 순수한 소녀를 속이고 유혹하는 남자들이 있다. 그들은 진심인 척 헛된 약속으로 그녀의 마음을 부풀리고, 결국은 일시적인 쾌락만 누린 뒤 떠나버린다. 소녀는 상처와 수치심을 안고 장래까지 잃은 채 슬픔 속에 살아가게 된다. 누구나 그런 남자들을 비난할 것이며, 양심이 있는 사람이라면 결코 그런 짓을 하지 않을 것이다. 하지만 이와는 또 다른 방식의 해로운 행동도 있다. 많은 남자들이 여성과 이야기할 때 반드시 감정을 담거나 은근한 애정 표현을 곁들여야만 매력적으로 보인다고 생각한다. 이런 말과 태도는 여성의 허영심을 키우고, 자신의 매력을 과신하게 만든다. 여자는 그것을 단순한 농담으로 듣지 않는다. 남자의 무심한 말 한마디조차 진지한 구애로 받아들일 수 있다. 그런데 갑자기 태도가 바뀌고 관심이 사라지면, 그녀는 깊은 상처와 절망에 빠진다.

또한 일부 남자들은 단순한 장난처럼 방탕한 말과 행동으로 여성의 호기심을 자극하고, 그들의 감각을 깨운다. 아니면 비현실적인 로맨스만을 주입해 단순하고 평온한 삶을 시시하게 느끼게 만든다. 시골 소녀에게 도시의 화려함을 부추기고, 그녀의 마음을 흔들어 놓는 것도 같은 잘못이다. 나는 단지 유쾌한 사람이 되는 법이 아니라, 유익한 사람이 되는 법을 말하고 있다. 젊은이여, 이 말을 명심하라. 신중하고 책임감 있는 태도로 부모의 신뢰를 얻어라. 그러면 언젠가, 그들은 그대를 기꺼이 딸의 남편으로 받아들일 것이다.

17

나는 이 장에서 요부나 유혹적인 여성들과의 관계에 대해 말해야 마땅하겠지만, 자세히 다루자면 너무 길어질 뿐 아니라, 굳이 말해도 실질적인 효과는 크지 않을 것이다. 이들이 꾸미는 덫은 너무도 다양하고 교묘하다. 나는 사람들이 이 부류의 여성을 역병처럼 멀리하길 바란다. 그러나 불행히도 그런 사람과 얽히게 된다면, 그 순간 내 책의 한 장을 펴 읽으며 이성적인 판단을 할 여유 따위는 없을 것이다. 게다가 이 주제에 대해서는 이미 솔로몬이 더 훌륭히 말해두었다. 그럼에도 몇 마디는 덧붙이겠다. 이런 타락한 여성들은 속임수와 거짓 감정 표현에 능하고, 탐욕이나 허영심, 육체적 욕망, 복수심 같은 욕망을 채우기 위해서는 어떤 수단이든 가리지 않는다. 창녀가 당신을 사랑하는 척한다고 해서, 그 감정이 진심인지 알아내기란 거의 불가능하다. 설령 그녀가 여러 번의 실험을 통과했다 하더라도, 그건 더 큰 이익을 노리고 더 치밀하게 준비한 속임수일 수도 있다. 그녀가 당신의 도움을 거절한 적이 있다 해도, 그것이 진짜 호의였는지, 아니면 결국 전 재산을 움켜쥐기 위한 전략이었는지 의심해봐야 한다.

만약 그녀가 어떤 유혹에도 흔들리지 않고 당신을 배신하지 않았으며, 당신의 명예를 존중하고, 청춘과 아름다움, 이익과 허영심까지 모두 기꺼이 포기하며 당신 곁에 머물렀다면, 그녀는 어쩌면 다른 면에서 고귀하고 따뜻한 마음을 지닌 사람일 수도 있다. 그러나, 제발 믿지 마라. 또 믿지 마라. 정숙과 순결이라는 가장 기본적인 미덕을 쉽게 저버리는 이가, 더 섬세하고 고귀한 도덕적 책임을 존중하리라 기대해선 안된다.

물론 나는 모든 타락한 여성을 똑같은 잣대로 단정하고 싶지는 않다. 진실한 사랑이 길을 잃은 마음을 다시 미덕으로 이끌 수 있다는 믿음도 있다. 위험을 아는 사람이 더 조심할 수 있다는 말도 있다. 하지만, 그런 길에서 진정으로 돌아서기는 여전히 쉽지 않다. 무엇보다도, 사랑하는 이가 세상 사람들에게 비난받고, 그 관계를 숨겨야만 할 때, 그보다 더 비참한 일은 없다.

진실하고 순수한 사랑은 방탕을 막는 가장 좋은 방패다. 교양 있고 품위 있는 여성들과의 건강한 관계는 젊은이의 마음을 정화하고, 타락한 여성들의 간계로부터 보호해준다. 그럼에도 오늘날 우리는 방탕에는 관대하면서, 어린 시절부터 남자들이 조장한 여성들의 실수에 대해 지나치게 가혹한 잣대를 들이대곤 한다. 물론 사회의 안정을 위해 여성에게 더 엄격한 규율이 필요하다는 주장도 있긴 하다.

그러나 생각해보자. 정말 모든 여성이 유혹에 쉽게 흔들리는가? 그런 말은, 모든 판사가 뇌물에 넘어갈 수 있다는 말과 다르지 않다. 인간이라면 누구나 특정한 조건 아래에서 어떤 실수도 저지를 수 있다. 그것은 결국 "우리는 모두 인간이다"라는 말로 귀결된다. 여성들은 아첨과 호기심, 기질, 허영에 더 민감할 수 있고, 사회적으로 더 약한 위치에 있기에 한 번의 실수조차 쉽게 드러나고, 그것을 덮을 기회는 적다. 그렇다면 우리는 더욱 관대해져야 하지 않겠는가? 이제 우리는 보다 고귀한 여성들, 지적이고 교양 있는 이들의 세계로 시선을 옮겨가보자.

18

나는 솔직히 말해, 학식이나 교양에 큰 자부심을 지닌 여성과 함께 앉게 될 때마다 왠지 모르게 긴장하게 된다. 여성들이 자연스럽게 단순하고 따뜻한 본연의 자리에서 빛을 발하는 경우가 많은 걸 떠올리면, 때때로 지나친 학문적 야망은 굳이 필요하지 않아 보인다. 남성과 경쟁하며 오랜 시간 쌓여온 학문을 뒤늦게 따라잡으려는 노력은 때로 무익하게 느껴질 때도 있다. 물론 예외는 있다. 단아하고 품위 있는 태도 속에 깊은 지식과 탁월한 표현력, 철학적 사고를 겸비해 누구보다도 돋보이는 여성들이 있다. 감히 이름을 밝히지는 않겠지만, 나 역시 그런 이들을 곁에서 만나본 적이 있다. 그러나 그런 경우는 드물기에, 나는 평범한 여성이 헛된 야심에 매여 자신의 삶과 주변의 조화로운 행복까지 위태롭게 만들지 않기를 바란다.

나는 여성이 말과 글의 감각을 가꾸고, 절제된 독서를 통해 세련됨을 기르는 것을 결코 나쁘게 보지 않는다. 다만 그것을 직업처럼 여겨 지나치게 많은 분야를 넘나들고, 얕은 지식을 앞세워 티 타임이나 사적인 자리에서 권위적인 말을 쏟아내는 건 불편할 뿐이다. 특히 그런 여성일수록, 주변의 과한 찬사와 아첨에 취해 자신을 오해하게 될 가능성이 크다. 그러다 보면 가사나 자녀 교육, 이웃과의 관계에서 균형을 잃고, 남편과의 생활마저 어긋나 가족 모두가 불행해질 수 있다.

이런 말이 과장처럼 들릴지도 모르지만, 나는 그렇지 않다고 생각한다. 독일에는 수많은 여성 작가가 있지만, 그중 학문에 진지하게 헌신할 만한 재능을 지닌 이는 소수다. 그러나 그들은 지혜롭고 가정에도 충실한 사람들이며, 내가 여기서 말한 유형과는 전혀 다르다. 그들은 결코 이 글을 불쾌하게 여기시 않을 것이다. 물론 님성 직가들 중에도 졸작을 쏟아내는 이들은 많다. 그러나 남성은 적어도 명예나 생계라는 명분을 내세울 수 있다. 여성의 경우, 그럴 이유가 적은 만큼 더 신중해야 하지 않을까. 그렇다면 이런 유형의 여성들과는 어떻게 교류해야 할까? 만약 그녀가 진심으로 지적이고 품위 있는 사람이라면, 그 교제는 큰 기쁨과 유익을 가져다줄 것이다. 하지만 그렇지 않은 경우라면, 나는 단 한 가지를 권하겠다. 인내하라. 그리고 절대로 그녀의 말에 논리로 반박하거나, 그녀의 취향을 고치려 들지 마라. 그렇지 않으면 당신도 곧 그녀의 아첨꾼 무리에 포함될 것이다.

19

여성은 감정과 진심을 감추는 데 놀라운 재능을 지닌 경우가 많다. 특별히 영리하지 않아 보이는 이들조차, 때로는 감정의 숨김과 위장에 능숙함을 보인다. 이런 능력은 때때로 남성의 유혹으로부터 자신을 지키는 방패가 되기도 한다. 유혹하는 남성이 여성의 마음이나 욕망이 자신에게 기울었다는 걸 알아차리는 순간, 그는 이미 절반은 승리한 것이나 마찬가지다. 그러니 여성이 본심과 다르게 행동한다고 해서 그걸 비난해서는 안 된다. 우리는 그 점을 늘 염두에 두고 여성과 교류해야 한다. 겉으로 냉담하다고 해서 무관심하다고 단정 짓지 말고, 공개적으로 다정하다고 해서 특별한 애정을 품고 있다고 믿지도 마라. 그런 태도는 진심을 숨기려는 의도일 수도 있고, 아니면 그저 기분이나 장난, 혹은 고집의 표현일 수도 있다. 여성의 마음을 진정으로 이해하려면, 섬세한 심리를 연구하고 오랜 시간 함께하며 경험을 쌓아야 한다. 이 짧은 글에서 다 풀어낼 수 있는 주제가 아니다.

20

나는 이 자리에서 일명 '노련한 요부들', 그러니까 아름다움과 찬사의 권리를 마치 법률처럼 오래된 관행으로 굳혀 확신하는 이들, 다섯 해에 한 번만 생일을 맞는다고 주장하며, 혹시라도 검열관이 된다면 가장 먼저 달력을 압수할 것 같은 이들에 대해서는 굳이 말하지 않겠다. 또 겉으로는 근엄하고 냉정한 듯 보이지만, 비공식적인 자리에선 전혀 다른 모습으로 돌변하며, 흔히 가벼운 이들이 말하길 "과묵하고 대담한 남자들이 가장 쉽게 성공하는 대상"이라고 일컫는 그 여성들에 대해서도 침묵하겠다. 그리고 이웃들의 평판을 파고들고, 그것을 퍼뜨리는 일을 마치 신앙적 의무라도 되는 듯 여기는 완고한 중년 여성들에 대해서도 굳이 언급하지 않겠다. 이 모든 부류를 굳이 자세히 다루지 않음으로써, 이 글을 이유로 그들 모두를 적으로 만들고 싶지 않기 때문이다. 나는 이런 종류의 비난에 동참하지 않는다.

21

그렇기에 내가 그동안 일부 여성들의 약점에 대해 언급했더라도, 그것은 그 미덕을 더욱 빛나게 하기 위한 대비였을 뿐이며, 그들의 가치를 폄하하려는 의도는 전혀 아니었다. 지혜롭고 고귀한 여성들과의 교류는 인간관계 중에서도 가장 크고 깊은 기쁨을 안겨준다. 그들과 함께하는 순간은 내 삶의 가장 빛나는 시간이었고, 그 기억은 지금도 내 마음속에 따뜻한 울림으로 남아 있다.

그들의 감성은 섬세하고도 따뜻하며, 놀라울 정도로 빠르게 타인의 마음을 이해하고 공감할 줄 안다. 얼굴빛만으로도 상대의 속마음을 읽어내는 그 능력, 일상에서 스치는 배려 하나조차 소중히 여기는 마음,

천진하고도 사랑스러운 유머 감각, 그리고 때로는 누구보다 통찰력 있게 본질을 꿰뚫는 자유로운 시선, 모든 것이 나에겐 감탄과 감사의 대상이었다. 또한 삶의 어려움 앞에서 흔들리지 않고 함께 견디며, 아픔을 나누고, 고요히 옆을 지키며, 위로와 보살핌으로 곁을 밝혀주는 그들의 태도에서 나는 진실한 인간성과 깊은 미덕을 본다.

나는 이 글의 마지막에 이르러, 그 모든 고귀한 여성들에게 다시 한번 경의를 표하고 싶다. 내가 말한 그 어떤 비판보다, 이 한 문장이 더 진심이다. 당신들은 내가 가장 진심으로 존경하고 사랑했던 존재들이다.

제6장
친구

_ 우정이라는 관계의
온도 지키기

1

친구에게 어떻게 행동해야 할지를 논하기 전에, 먼저 '누구를 친구로 삼을 것인가'가 중요하다. 왜냐하면 모든 우정의 질은 그 시작에서 결정되기 때문이다. 가장 오래 지속되는 우정은 대개 어린 시절에 맺어진 관계다. 그 시절에는 의심도 적고, 작은 일에 민감하게 반응하지 않으며, 마음이 자연스럽게 열려 있어 감정을 나누고 유대감을 쌓기가 훨씬 수월하다. 서로의 성격은 쉽게 맞춰지고, 기꺼이 양보하며 조율해가며, 함께 보낸 수많은 시간과 무심코 공유한 기쁨, 청춘의 기억들이 관계를 단단히 묶어준다. 여기에 습관과 필요가 더해지면, 시간이 흐를수록 이 유대는 더 깊어진다. 그리고 만약 그중 한 사람이 먼저 세상을 떠난다면, 남겨진 사람은 더욱 강한 애정과 그리움으로 이 우정을 간직하게 된다.

하지만 성인이 된 후의 친구 사이는 사뭇 다르다. 여러 번의 실망과 상처를 겪은 뒤 우리는 점점 마음을 닫고, 쉽게 믿지 않게 된다. 이성의 판단이 앞서며, 감정보다 신중함이 우선된다. 새로운 사람에게 마음을 여는 일이 쉽지 않고, 관계를 맺기까지도 오래 걸린다. 더 많은 것을 요구하게 되고, 친구를 고를 때 기준은 까다로워진다. 화려한 겉모습에는 감동하지 않고, 깊은 유대나 진정성, 오래도록 헌신할 수 있는 관계인지를 먼저 따진다. 게다가 성격은 이미 굳어져 있고, 사고방식도 뚜렷하기에 타인의 가치관이나 삶의 태도와 부딪힐 가능성도 많다. 삶이 복잡해지고 인간관계도 다양해지면서, 굳이 새로운 친구를 만들려는 여유나 의지도 점점 줄어든다.

　그러니 젊은 날 맺은 친구가 있다면, 시간이 흘러 멀어졌더라도 다시 관계를 이어가려는 노력을 해보는 것이 좋다. 옛 인연은 새로운 인연보다 훨씬 깊고, 더 쉽게 마음을 나눌 수 있는 토대를 갖고 있기 때문이다. 그런 우정은 오랜 세월에도 불구하고, 여전히 당신에게 따뜻한 위로와 기쁨을 줄 수 있다.

2

　우정을 오래도록 지키기 위해선 나이나 신분이 비슷해야 한다는 말이 있다. 사랑은 감정에 끌려 전혀 어울릴 것 같지 않은 사람들을 이어주기도 하지만, 우정은 서로의 성격이나 생각이 잘 맞아야 가능하다고들 한다. 왜냐하면 사람은 살아온 환경에 따라 각기 다른 정서를 갖게 되고, 그 차이가 클수록 마음을 나누기가 어렵기 때문이다.

　이 말에도 일리는 있다. 하지만 나는 나이나 신분이 크게 달라도 진심으로 이어진 우정을 본 적이 있다. 젊은 나이에 어른처럼 깊은 생각을 하는 사람도 있고, 나이가 많아도 마음이 젊고 유연한 사람도 있다. 교양과 절제, 독립적인 생각을 가진 사람은 가난해도 품위 있어 보이고, 반대로 욕심 많고 비열한 사람은 지위가 높아도 천해 보일 수 있다.

　다만 분명한 것은, 오래가는 우정을 위해선 마음과 생각이 어느 정도 맞아야 한다는 점이다. 능력이나 지식의 차이가 너무 크면 서로 이야기를 나누기 어렵고, 공감도 잘 되지 않는다. 내 기분을 이해하지 못하고, 내 처지를 전혀 헤아리지 못하는 사람과는 깊은 관계를 맺기 어렵다.

어떤 사람은 존경의 대상이 될 수는 있어도, 진심으로 사랑하거나 사랑받기엔 거리감이 생긴다. 좋은 우정이란 서로 비슷한 만큼 주고받는 관계다. 한 사람이 지나치게 우위에 서면, 우정의 균형은 무너지고 만다. 그런 관계는 쉽게 오래가지 못한다.

3

왜 아주 귀족적이고 부유한 사람들은 진정한 우정의 의미를 잘 모를까? 그들은 마음 깊은 곳에서 우러나오는 감정을 덜 느끼기 때문이다. 그들에게 중요한 것은 욕망을 채우고, 자극적이고 화려한 즐거움을 좇으며, 끊임없이 향락을 즐기고, 아첨과 칭찬, 존경을 받는 것이다. 같은 신분의 사람들과는 질투나 시기심, 경쟁심 때문에 가까워지기 어렵고, 자신보다 높은 사람들에게는 오직 이익이나 야망을 위해 다가간다. 반대로 신분이 낮거나 가난한 이들은 너무 멀리 있는 존재처럼 여겨져서, 그들의 말을 진지하게 듣거나 그들과 자신을 동등하게 생각하기조차 어렵다. 설령 매우 고귀한 인품을 지닌 이라고 해도, 언젠가는 자신이 더 나은 존재라고 믿게 되고, 그 순간 우정은 점차 사라지게 된다.

4

신분이나 재산, 나이, 능력이 비슷하다고 해서 다 친구가 되는 건 아니다. 정말 오래갈 우정을 원한다면, 그 사람의 기질을 잘 살펴야 한다. 순간적인 감정에 쉽게 휩쓸리는 사람, 그때그때 기분 따라 말과 행동이 바뀌는 사람은 친구로 삼기 어렵다. 쾌락이나 술, 도박 같은 유흥에 빠져 사는 사람, 명예나 돈만 좇으며 자기 자신만을 중요하게 여기는 사람, 원칙 없이 주변 분위기에 휘둘려 누구에게든 쉽게 물드는 사람 역시 마찬가지다. 이런 사람은 그저 어울릴 수는 있어도, 어려운 시기까지 함께 갈 진짜 친구가 되기는 어렵다. 어느 순간 희생이나 인내가 필요한 일이 닥치면, 그들은 당신을 떠날 것이다. 결국 혼자 남아, 배신당했다고 느낄지도 모른다. 하지만 그건 그들이 나빠서만이 아니라, 처음부터 그런 사람을 친구로 선택한 당신의 책임이기도 하다. 우리는 종종 누군가를 내 기준과 상상으로 포장하고, 그 기대 속에서만 관계를 이어간다. 그러다 어느 순간 현실이 기대와 다르다는 걸 깨닫고 실망한다. 그러나 잘 보면, 처음부터 그런 사람은 그런 사람이었던 것이다.

"친구를 가지는 가장 확실한 방법은 친구를 필요로 하지 않는 것이다."라고들 말한다. 그러나 감정을 지닌 사람이라면 누구나 친구가 필요하다. 세상에서 진정한 친구를 찾는 일이 정말 그토록 어려운 일일까? 나는 사람들이 생각하는 것만큼 어렵지 않다고 본다. 다만 감상적인 젊은이들이 우정에 대해 지나친 기대를 품기 때문에 그렇게 느끼는 것이다. 만약 우리가 친구에게 극단적인 헌신이나 비합리적인 희생, 모든 것을 내던지며 무조건 내 편이 되어주기를 기대하고, 내 잘못까지도 감싸고 허락해주기를 바란다면, 그런 친구는 천 명 중 한 명도 찾기 어려울 것이다.그러나 우리의 생각과 감정에 대체로 공감하고, 작은 차이쯤은 너그러이 받아들이며, 우리의 기쁨을 함께 나누고, 우리를 사랑하면서도 우리의 단점을 인식할 수 있는 사람. 고난 속에서도 우리를 떠나지 않고, 정의롭고 선한 일에는 끝까지 함께하며, 반드시 필요한 순간 우리를 위해 자신이 감당할 수 있는 범위 안에서 기꺼이 희생할 준비가 되어 있는 사람이라면, 그런 친구는 분명히 있을 것이다. 많지는 않겠지만, 진심 어린 사람이라면 인생에서 한두 명쯤은 만날 수 있다. 그것만으로도 충분하지 않겠는가?

6

이제 그런 소중한 친구를 만났다면, 반드시 그 인연을 지켜라. 당신이 운 좋게 출세해서 친구보다 더 높은 자리에 올라섰다고 해서, 혹은 그 친구가 다른 사람들에게 크게 인정받지 못한다고 해서, 그를 부끄러워하지 마라. 가난하거나 덜 알려졌다고 해서 친구를 창피하게 여겨서는 안 된다. 다른 친구가 더 인정받는다고 그를 질투해서도 안 된다. 하지만 친구에게 지나친 기대를 걸거나, 그가 해줄 수 있는 것 이상을 바라지 마라. 친구는 당신만큼 예민하거나 활기찬 사람이 아닐 수도 있다. 그의 입장과 상황을 이해해야 한다. 그를 위해 기꺼이 싸우되, 정의와 올바름을 넘어서지 마라. 친구를 위한다고 해서 다른 이의 미덕을 무시하거나, 더 나은 사람을 제쳐두고 억지로 친구를 내세워서는 안 된다. 그가 잘못했을 때는 무턱대고 두둔하지 마라. 그의 실수를 감싸기 위해 상대방을 공격하거나 일을 키우는 것도 바람직하지 않다. 만약 그가 큰 위기에 처했고, 당신이 그의 몰락까지 함께 감당해야 할 상황이라면 신중하게 돕는 편이 낫다. 하지만 그가 정당하지 않은 비난을 받고 있다면, 그 누구도 곁에 없어 외로울 때라도, 당신만은 그의 곁에 남아 가능한 한 그의 명예를 지켜줘야 한다.

그가 불운을 겪거나 나쁜 사람들 때문에 억울하게 무너졌을 때에도 마찬가지다. 그 자리를 떠나지 말고 절대 다른 무리와 험담하거나 비웃지 마라. 때로는 친구에게 조심스럽게 충고할 필요도 있다. 하지만 그 충고가 고통만 더할 뿐이라면 굳이 말하지 않아도 된다.

7

역경 속에서도 곁을 지키는 친구는 매우 드물다. 당신이 그 드문 친구가 되어라. 가능하다면 도와주고, 감싸주고, 자신을 조금은 희생할 줄 알아야 한다. 물론 그럴 때에도 정의와 지혜를 잊지 말아야 한다. 그리고 다른 이들이 당신을 위해 똑같이 희생하지 않는다고 해서 불평하거나 원망하지 마라. 그들이 반드시 악의를 품고 있는 것은 아니다.

앞서 말했듯, 감정에 쉽게 휘둘리는 사람은 신뢰하기 어렵다. 완전히 단단한 성품을 지닌 사람, 작은 욕심조차 없는 사람은 세상에 거의 없다. 그들은 당신을 아끼면서도, 당신과 가까이 지내는 일이 자기 평판에 어떤 영향을 줄지 신경 쓴다. 당신이 어려움에 부닥쳤을 때, 그들이 한발 물러서거나, 친구보다는 조언자나 후견인처럼 굴더라도 탓하지 마라. 현실은 냉정하고, 많은 사람들이 살아남기 위해서는 누군가의 인정이나 도움을 필요로 한다. 그런 사정을 이해하지 못하고 하나하나 따지기 시작하면, 결국 끝까지 곁에 남을 사람은 거의 없을 것이다.

당신이 겪는 어려움이 실은 당신 자신의 실수나 경솔함 때문이었다면, 친구들이 그것을 지적하고 싶어 할 수도 있다. 그들은 당신이 잘나가던 시절에는 당신에게 잘 보이려고 아첨했지만, 이제는 당신을 이전만큼 높이 보지 않을 수 있다. 나 역시 화려했던 시절에는 수많은 사람들이 내게 찬사를 보냈지만, 그들이 정말 진심을 가진 사람은 아니었다는 걸 뒤늦게 깨달았다. 하지만 그렇다고 해서 그들을 모두 위선자나 나쁜 사람으로 단정할 수는 없다. 어떤 이들은 비겁했지만, 또 어떤 이들은 단지 시대의 흐름에 흔들렸을 뿐이었다. 그들은 내 모습을 다시 돌아보게 만들었고, 나의 부족함을 알게 해주었다. 결과적으로 그들이야말로 나에게 더 진실한 친구였다는 것을 알게 되었다.

8

'고난 속에 동지를 찾는 것이 위안이다'라는 말이 있지만, 감정 없는 원칙은 공허할 뿐이다. 이미 고통을 겪고 있는 사람에게 세상엔 나처럼 괴로운 이가 많다는 사실이 과연 무슨 위로가 될 수 있을까? 오히려 그런 말은 불행을 더 크게 만들 뿐이다. 우리가 괴로움을 털어놓는다고 해서 고통이 줄어드는 것도 아니다. 그런 하소연은 말이 고픈 노인들에게나 일시적인 위안이 될 뿐이다. 나는 이 책 제1부 제1장에서 고통을 다른 사람에게 털어놓는 일이 과연 바람직한가에 대해 이야기한 바 있다. 그때는 인생의 지혜와 신중함이라는 관점에서 말했지만, 친구와의 관계에서는 여기에 한 가지 더, 섬세한 배려가 필요하다. 마음이 여린 친구가 괜한 아픔을 함께 짊어지지 않도록, 우리의 괴로움을 가능한 한 감추는 것이 좋다.

물론 억지로 참기 어려운 순간도 있다. 고통이 너무 커서 입 밖으로 내지 않으면 견디기 어려울 때, 혹은 친구가 조용히 다가와 애정 어린 눈으로 우리의 아픔을 읽어줄 때는 예외다. 그런 상황이라면 말해도 된다. 그러나 그렇지 않다면, 친구의 평안을 지키기 위해서라도 불필요한 고백은 삼가는 것이 좋다. 단, 친구가 진심으로 우리를 도울 수 있는 위치에 있다면, 그때는 반드시 이야기해야 한다. 그것이야말로 진정한 우정이다. 그렇지 않다면 그런 관계를 과연 친구라 부를 수 있겠는가?

9

친구가 자신의 괴로움을 털어놓을 때는 깊은 공감으로 귀 기울여야 한다. 이미 지나간 일에 대해 이랬어야 했다, 저랬어야 했다며 훈계하지 마라. 일이 벌어진 뒤에는 비난보다 위로가 먼저다. 당신이 도울 수 있다면 실제로 도와주고, 마음의 짐을 덜어줄 수 있는 일을 하되, 무턱대고 감상에 젖어 함께 울기만 해서는 안 된다. 그가 다시 용기를 내어 이 세상의 허무한 고난을 이겨낼 수 있도록 힘을 북돋워야 한다. 근거 없는 희망으로 그를 속이거나 공허한 기대만 부풀려서는 안 된다. 대신, 지혜로운 사람이 걸어야 할 길이 무엇인지 함께 고민하고 찾도록 돕는 것이 진짜 위로다.

10

친구 사이에서는 어떤 가식도 있어서는 안 된다. 눈치를 보거나, 세상의 관습에 얽매이거나, 과장된 친절이나 불신으로 거리를 두어서는 진정한 우정이 자라기 어렵다. 진짜 친구라면 믿음과 솔직함이 먼저다. 하지만 한 가지 꼭 기억해야 할 점이 있다. 아무런 이익도 없고, 잘못 새어나가면 해가 될 수 있는 이야기까지 무조건 털어놓는 건 어리석은 일이다. 누구든, 아무리 믿음직한 친구라도 모든 비밀을 완벽하게 지킬 수 있는 존재는 아니다. 특히 남의 비밀은 우리의 것이 아니며, 어떤 비밀은 아무리 가까운 사이더라도 말하지 않아야 할 경우가 있다. 우정은 진실함 위에 세워지지만, 신중함이라는 벽이 그것을 지켜준다.

11

진짜 친구 사이엔 아첨 같은 건 없어야 한다. 그렇다고 해서 사소한 배려나 부드러운 말투까지 없애야 한다는 뜻은 아니다. 말 한마디, 태도 하나가 서로의 마음을 따뜻하게 해줄 수 있다면, 그건 우정의 일부다. 하지만 어떤 사람들은 자신을 향한 칭찬이 줄고, 상대가 자신과 다르게 생각한다는 이유만으로 마음을 닫는다. 그들 앞에선 다른 사람의 장점을 이야기하는 것조차 불편해진다. 예민하고 자존심이 강한 탓이다. 이들이 어리석은 행동을 하거나, 편견에 사로잡히거나, 해로운 습관에 빠져 있을 때, 그 부분을 지적하면 조심스럽게 말한다 해도 바로 기분이 상한다. 모욕당했다기보다는 상처받았다고 느낀다. 스스로를 너무 아끼다 보니 진심 어린 조언조차 받아들이지 못하는 것이다. 그런 사람들과는 그들이 듣고 싶어 하는 이야기밖에 할 수 없다. 그들은 종종 이렇게 말한다.

"부탁인데 그 얘긴 그만하자. 다시 떠올리고 싶지 않아. 어차피 달라질 것도 없잖아. 나도 내가 잘못했을지 모른다는 걸 알아. 어쩌면 다르게 행동해야 했겠지. 하지만 자꾸 이야기하면 너무 힘들어. 내 건강, 내 평온함이 무너져. 내 약한 신경으론 버틸 수 없을 거야."

안타까운 일이다. 성숙한 사람이라면 어떤 문제든 피하지 않고 마주할 용기를 가져야 한다. 그런 태도 없이는 깊은 우정도 어렵다. 친구 사이에는 솔직함이 필요하다. 듣기 좋은 말뿐 아니라, 때로는 불편한 진실도 주고받을 수 있어야 한다. 진실이 아프더라도, 그것이 관계를 깊게 만든다. 다만 진실을 말할 때는 조심해야 한다. 무례하게 밀어붙이거나, 지나치게 훈계하듯 말하거나, 상대를 불안하게 만들 정도로 몰아세우면 안 된다. 특히 그 말이 지금 상황에 도움이 되지 않는다면, 굳이 꺼내지 않는 편이 낫다.

12

앞서 나는 친구 사이의 평등을 깨뜨리는 요소가 우정을 해칠 수 있다고 말했다. 그런 점에서 보면, 은혜를 베푸는 사람과 그 은혜를 받는 사람의 관계는 우정과 가장 거리가 먼 관계일지도 모른다. 한 친구가 다른 친구에게 지나치게 많은 호의를 베풀면, 받는 쪽은 그에게 얽매인 듯한 기분을 느끼게 되고, 이런 감정은 원래 자유롭고 자발적으로 맺어져야 할 우정의 본질과 어긋난다. '고마움'이라는 감정이 의무처럼 끼어들기 때문이다. 우리는 은혜를 베푼 친구에게 다른 이들처럼 솔직하게 말하지 못하게 되고, 때로는 상대도 예의를 생각하다 보니 평소 같으면 거절했을 부탁을 쉽게 거절하지 못한다. 어떤 사람에게는 호의를 베푸는 것보다 받는 것이 훨씬 더 어렵고 불편한 일일 수도 있다.

한쪽에 '빚진 마음'이 쌓이게 되는 것이다. 그리고 이 빚은 시간이 갈수록 두 사람 사이의 균형을 무너뜨린다. 한쪽이 부담을 느끼기 시작하면, 우정은 점점 의무감에 가까운 관계로 변하고 만다. 특히 은혜를 받은 사람이 어느 순간 그 친구의 편에 설 수밖에 없게 되는 상황이 오면, 그것은 더 이상 우정이 아니라 뇌물에 가까운 거래가 되어버린다. 그래서 나는 이런 상황을 피하라고 말하고 싶다. 특히 금전이 관련된 문제라면, 가급적 친구가 아닌 다른 사람에게 도움을 요청하라. 금전 문제는 우정을 시험에 들게 하기에 가장 쉬운 일이다.

물론 예외도 있다. 만약 그 부탁이 친구에게 큰 부담이 되지 않고 그도 언제든 비슷한 도움을 받을 수 있을 만큼 대등한 입장이라면, 그 친구가 당신의 상황을 가장 잘 이해하고 있는 사람이라면, 그가 아니면 다른 누구에게도 안전하게 도움을 받을 수 없는 상황이라면, 그때는 망설이지 말고 도움을 청해도 된다. 이럴 때조차 머뭇거리다 끝내 말하지 않는다면 오히려 친구의 신뢰를 저버리는 일이 될 수도 있다.

13

부부 사이에서 언급했던 몇 가지 원칙은 친구 사이에도 그대로 적용된다. 친구와 너무 자주 만나거나 지나치게 가까워지면 되려 서로에게 싫증을 느끼기 쉽다. 이를 피하려면 앞서 부부 관계에서 말했던 것처럼, 적절한 거리를 유지하는 것이 중요하다. 친구와의 만남이 너무 일상이 되어버리면, 그 소중함을 쉽게 잊게 된다. 또한 자주 얼굴을 보다 보면, 친구의 작은 단점들이 점점 더 눈에 띄게 된다. 누구에게나 부족한 점은 있기 마련이지만, 항상 함께 있다 보면 이런 사소한 단점들이 불편하게 느껴지기 시작한다. 부부는 '평생 함께 살아야 한다'는 의무감이나 가족이라는 끈으로 애정을 유지하지만, 친구 관계에는 그런 구조적인 장치가 없기 때문에 더욱 조심해야 한다. 마음이 넓고 관대한 사람이라면 이런 감정에서 금세 벗어날 수 있다. 때로는 잠시 거리를 두는 것만으로도 그 친구가 얼마나 특별한 사람인지 새삼 깨닫게 되기도 한다. 하지만 굳이 그런 불편한 감정이 생기기 전에, 미리 조심하는 편이 훨씬 현명하다. 친구 사이에서도 예의는 꼭 필요하다. 무심한 말투, 지나치게 편한 행동, 외모를 소홀히 하는 태도는 피해야 한다. 또 자신의 기분이나 취향에 맞춰달라고 친구에게 강요해서도 안 된다.

누군가와 너무 가까워지다 보면 그 사람이 없는 삶은 상상조차 하기 싫어질 때가 있다. 하지만 세상일은 뜻대로 흘러가지 않는다. 언젠가 이별할 수도 있고, 예상치 못한 상황으로 떨어질 수도 있다. 그러니 슬프지만, 사랑하는 사람과 언제든 헤어질 수 있다는 사실을 받아들일 준비도 해야 한다. 현명한 사람은 자신의 삶을 타인의 존재에 전부 기대지 않는다. 그 누구도 우리의 인생을 대신 살아줄 수는 없기 때문이다.

14

멀리 떨어져 있어도 늘 따뜻한 친구로 남아야 한다. 그렇지 않으면, 그 친구가 당신 곁에 있었던 이유가 그저 당신의 즐거움을 위해서였다고 오해할 수 있다. 실제로 많은 사람들이 그렇다. 연락을 소홀히 하지 말자.* 짧은 편지 한 장 쓰는 데 얼마나 큰 노력이 들겠는가? 하루에 15분조차 낼 수 없는 사람이 과연 얼마나 있을까? 단 한 줄이라도 친구에게는 큰 위로가 될 수 있고 당신 자신에게도 마음의 힘이 된다. '요즘 정신이 없어.', '글 쓸 기분이 아니야.' 같은 말은 변명에 가깝다. 친구에게 보내는 편지는 멋진 말로 가득한 연설문이 아니다. 마음에서 우러난 진심 한마디면 충분하다. 그렇게만 해도 몸은 멀리 있어도 마음은 언제나 가까이 있을 수 있다.

15

사람은 때때로, 사랑에서처럼 우정에서도 질투를 느낀다. 하지만 그 마음은 다정함이라기보다 시샘에서 비롯된 것이다. 우리가 아끼는 사람이 다른 이들에게도 사랑받고, 그의 가치가 널리 인정받는다면, 그건 기뻐할 일 아닌가. 그가 우리뿐 아니라 좋은 사람들과도 마음을 나누고, 함께 즐거운 시간을 보낸다면, 그것 역시 우리에게 복이 되는 일이다. 그렇다고 해서 그가 우리를 잊거나 등을 돌리는 건 아니다. 그가 더 넓고 좋은 관계를 맺을수록 우리와의 관계도 더 깊어질 수 있다. 만약 우리가 그에게 타인의 좋은 점을 보지 못하게 막는다면, 과연 그게 우

---

* 이 지점에서 누가 오해를 할 수 있겠는가? 하지만 실제로 그런 일이 있었다. 어떤 평론가는 이 구절을 두고 이렇게 평했다. '그저 예의로 쓴 몇 줄의 편지 따위가 친구에게 도움이 되겠는가.' 그 말은 맞다. 하지만 내가 과연 그런 말을 했던가? 내 의도는 이렇다. 우리 주변에는 글을 쓰지 않더라도 진심으로 우리를 아끼는 이들이 있다. 그렇기에 나는 그들에게, 그 따뜻한 마음에 더해, 때때로 몇 줄의 글로 자신이 느끼는 바를 친구에게 전하면 좋겠다고 말했을 뿐이다. 같은 평론가가 지적한 또 다른 문장, "누구든 당신을 만났다면, 그가 떠나기 전에 무언가 유익하거나 다정한 말을 들려주도록 하라.", 이 역시 나는 개정판에서 좀 더 분명하게 다듬었다.

리 자신을 더 깊게 만드는 일일까?

16

친구에게 속한 모든 것, 즉 재산, 사회적 평판, 건강과 명예, 아내의 품위, 자녀의 순수함과 교육 등은 당신도 신성한 것으로 여겨야 한다. 당신은 그것들을 소중히 여기고 해치지 않도록 배려해야 하며, 어떤 상황에서도 상처를 주지 않도록 조심해야 한다. 아무리 강한 욕망이나 격렬한 충동이 일더라도 이 신성함은 결코 침범되어서는 안 된다.

17

사람마다 타고난 재능도 다르고, 마음을 표현하는 방식도 다르다. 감정을 자주 드러낸다고 해서 마음이 깊은 것은 아니며, 언제나 열정적으로 안긴다고 해서 충직한 친구인 것도 아니다. 도리어 지나친 감정은 오래가지 못한다. 겉으로 드러나는 찬사보다, 말없이 이어지는 존경이 더 깊고 단단하다. 그러니 누구에게나 똑같은 방식의 우정을 기대하지 말고, 과장도 아첨도 없이, 꾸준한 애정과 충심으로 친구를 바라보아야 한다. 안타깝게도 많은 사람들은 친구의 진심보다는 자신을 얼마나 치켜세워주느냐로 사람의 가치를 판단하고, 자신을 돋보이게 해줄 사람 곁에만 친구를 두려 한다.

18

억지로 친구를 사귀려 하지 마라. 선해 보인다고 해서 아무에게나 먼저 다가가려 하지 마라. 세상은 아무리 선의라 해도 지나치게 들이대는 사람을 본능적으로 경계하게 되어 있다. 그저 조용히, 정직하고 슬기롭게 자신의 길을 걸어가라. 마음속에 남을 향한 따뜻한 애정을 품고 있다면, 언젠가는 반드시 누군가의 눈에 띄게 되어 있다. 그러다 보면 어느 순간 마음이 통하는 이들과 자연스레 만나게 될 것이다. 그들은 당신에게 조용히 형제의 손을 내밀 것이다.

19

어떤 사람들은 평생 단 한 명의 진정한 친구도 없이 그저 스쳐 지나가는 인연만을 남긴 채 살아간다. 그런 이들은 처음부터 깊은 관계를 갈망하지 않거나, 타인을 신뢰하지 못하거나, 스스로의 마음이 차갑고 까칠하거나, 혹은 허영심과 갈등으로 가득 차 있기 때문이다. 또 반대로 누구에게나 마음을 쉽게 열고 모든 이와 친구가 되려는 이들도 있다. 하지만 너무 쉽게 던져진 마음은 누구에게도 깊이 받아들여지지 않는다. 우리는 이 두 극단 중 어느 쪽에도 머물지 말자.

20

가장 가까운 친구 사이에서도 오해는 생길 수 있다. 그 오해를 오래 품고 있거나 엉뚱한 이들이 중간에서 말을 보태면 작은 틈이 큰 갈등으로 번지기 쉽다. 특히 처음에 서로 깊이 신뢰했던 사이일수록 상처는 더 크게 느껴지고 원망도 더 깊어진다. 그래서 세상에는 참 안타깝게도 맑고 좋은 사람들끼리 등지고 돌아서는 일이 많다. 친구의 행동이 마음에 걸린다면 누구의 말을 듣기 전에 직접 마주 앉아 솔직하게 마음을 나누는 것이 가장 좋다. 진심이 있다면 말은 반드시 통해서 오해가 풀리게 되어 있다. 정말 선한 친구라면 그 대화를 피하지 않을 것이다.

21

그런데 친구가 우리를 속이면 어떻게 해야 할까? 시간이 지나면서 우리가 잘못된 믿음을 가졌고, 결국 그런 믿음을 줄 자격이 없는 사람에게 마음을 줬다는 걸 알게 되면 말이다. 하지만 생각해보면 그런 실망은 종종 우리 스스로 만든 결과다. 우리는 누군가와 처음 가까워질 때, 비슷한 취향이나 호감, 순간적인 감정이나 상대의 친절에 쉽게 마음이 움직인다. 그 순간 우리는 그 사람을 실제 이상으로 이상화하고, 기대가 너무 커져 나중에는 실망하게 된다. 처음부터 그 사람을 천사처럼 완벽하게 생각 놓고, 나중에 인간적인 약점을 보게 되면 낯선 사람보다 더 가혹하게 평가한다. 마치 '내가 틀린 판단을 한 게 아니다'라고 스스로를 설득하려는 듯 말이다.

친구에게 너무 많은 걸 기대하지 말자. 기대가 너무 크면, 실수 하나에도 쉽게 실망하고 화가 난다. 관대해지자. 우리도 언젠가 누군가의 관용이 필요할 수 있다. 함부로 판단하지 말자. 나중에 우리도 그런 판단을 받을 수 있으니 말이다. 그리고 생각해보자. 우리가 친구의 도덕성을 심판할 자격이 정말 있을까? 친구가 지켜야 할 것은 그저 진심, 애정, 그리고 필요할 때 도움을 주는 마음이다. 그 이상의 도덕적 기준을 요구할 이유는 없다. 이 세상에 완벽한 사람은 없다. 백 살까지 살아도 그런 사람은 찾기 힘들 것이다.

한편 누군가 친구에 대해 험담을 늘어놓을 때, 특히 성격이 약하거나 악의적인 사람이 떠도는 소문을 우리 귀에 들려줄 때, 그 말을 너무 쉽게 믿지 말자. 오늘은 어떤 사람을 칭찬하다가도, 내일은 누군가의 말 한 마디에 완전히 돌아서는 사람들이 있다. 수년간 믿어온 친구를, 아무 근거 없는 소문 하나에 의심하고 배신하는 그런 사람들, 그런 변덕스럽고 신뢰할 수 없는 이들의 우정은 잃어도 아쉬울 것이 없다. 겉으로 보이는 모습은 얼마든지 오해를 살 수 있다. 말하지 못할 사정이 있었을 수도 있고, 해명할 기회조차 없었을 수도 있다. 하지만 진정으로 바른 사람이라면 그런 잘못을 하지 않는다. 그는 그런 행동을 하지 않을 거라는 믿음 하나면 충분하다.

물론 친구가 실제로 우리를 배신했을 수도 있다. 우리가 잘못 믿었고, 신뢰를 악용당했으며, 그 대가로 배은망덕을 받았을 수도 있다. 그렇다면 그는 더 이상 우리의 친구가 아니다. 그러나 그렇다고 해서 그를 다른 사람보다 더 미워할 이유는 없다. 한때 친구였으니, 조심스럽게 대해줘야 하지 않느냐고 말하는 사람들이 있다. 하지만 그건 진짜 배려심에서라기보다 '내가 사람 보는 눈이 틀리지 않았다'는 자존심 때문이다. 우리가 그를 신중히 대해야 하는 이유는 단 하나다. 인간은 원래 약한 존재이고, 감정이 섞이면 판단이 쉽게 지나칠 수 있기 때문이다. 하지만 그가 우리를 속였다고 해서, 그 죄가 다른 사람보다 더 무겁지는 않다. 그도 그냥 잘못을 저지른 평범한 사람일 뿐이다.

제7장
윗사람과 아랫사람

_ 상하관계 생존 매뉴얼

인류 대다수가 약함과 가난, 폭력, 그리고 여러 현실적인 제약 속에서 소수의 사람들에게 복종하며 살아가야 한다는 사실만으로도 이미 가슴 아픈 일이다. 더 나아가 때로는 인품이나 능력 면에서 더 나은 이가 인품이 미성숙한 사람의 지시를 따라야 하는 현실까지 존재한다. 그렇다면 약한 이들의 삶을 조금이라도 더 견디기 쉽게, 덜 고달프게 만들어주는 것이야말로 권력을 맡은 자의 최소한의 도리다. 자신의 유리한 처지를 헛되이 쓰지 말고, 타인을 위한 배려와 책임의 방식으로 사용해야 하지 않겠는가?

실제로 많은 사람들은 마치 태어날 때부터 노예가 되기로 정해진 듯 살아간다. 고귀하고 진실한 정신, 위대한 감정은 오직 극소수에게만 허락된 유산처럼 보이기도 한다. 하지만 이런 현실을 인간의 타고난 본성 탓으로만 돌려서는 안 된다. 그보다는 잘못된 교육 방식, 사치와 독재에 물든 시대의 분위기 속에서 그 원인을 찾아야 한다. 오늘날의 사회는 과도한 욕망을 끊임없이 부추기고, 사람들은 점점 더 남에게 의존하게 된다. 돈과 쾌락을 좇는 데 익숙해지면, 사람은 어느새 저속한 욕망에 휘둘리며 살아간다. 그리고 자신에게 '꼭 필요한 것'이라 믿는 것을 얻기 위해 굽실거리고 비굴하게 빌며 체면을 내려놓는다. 그러나 절제와 검소함, 그 안에서야말로 모든 미덕과 자유가 시작된다는 사실을 기억해야 한다.

3

비록 많은 이들이 숭고한 뜻을 품지 못하고, 깊은 감정에 무딜 수는 있어도, 그렇다고 모두가 고마움을 모르는 건 아니다. 진짜 가치를 알아보지 못하는 것도 아니다. 당신이 리더라면 꼭 기억해야 한다. 당신 곁에서 함께 일하는 이들은 당신이 정말 현명한 사람인지, 아니면 그들 능력에 기대고 있는지 이미 알고 있다. 그들에게 지나치게 엄격하게 굴고, 마땅한 보상조차 주지 않으며, 아첨하는 사람을 정직한 사람보다 가까이 둔다면, 그들은 당신이 존경받지 못하는 사람이라는 걸 다 알고 있다. 만약 당신이, 정작 본인도 감당하지 못할 일을 그들에게 요구하고, 그들의 건강과 삶, 도덕적 안녕에는 관심도 두지 않으며, 그들의 몫까지 쥐어짜 절망하게 만들고, 병들고 늙은이를 거리낌 없이 내친다면, 그들은 당신을 두려워해서 따르는 것이 아니다. 이미 마음속으로는 당신 곁을 떠난 것이다.

당신이 밤늦도록 술자리를 즐기는 동안, 한겨울 비 내리는 길에서 부하들이 묵묵히 당신을 기다려야만 한다면, 당신의 오만은 조롱거리가 되고, 당신의 분노는 모욕으로 되돌아올 것이다. 그들이 아무리 정성껏 일해도, 따뜻한 말 한마디 건네지 않는다면, 그 순간부터 당신은 그들에게 '사람 대 사람'으로서의 존중을 잃는다. 당신은 알고 있을 것이다. 곧고 정직한 태도, 사람을 향한 따뜻한 마음, 품위와 일관성, 그것이야말로 사람의 마음을 얻는 길이라는 것을. 함께 일하는 이들은 그 누구보다도 당신의 본모습을 자주, 오래 지켜보는 사람들이다. 겉으로 꾸민 태도는 그들에게 오래 통하지 않는다.

예로부터 이런 말이 있다. "윗사람이 그러하면, 아랫사람도 그러하다." 오랜 시간 함께한 조직이라면 더더욱 그렇다. 허세 가득한 부하는 으레 과장된 상사를 따라 하고, 겸손한 리더 곁에는 예의 바른 직원이 모인다. 차분하고 질서 있는 곳에는 성실한 사람이 남고, 다툼 많고 어수선한 곳에는 나태한 이들이 모이게 마련이다. 리더라면 말로만 훈계하려 하지 말고, 먼저 스스로가 본보기가 되어야 한다. 진심으로 믿고 따를 사람을 곁에 두고 싶다면 그것이 가장 확실한 방법이다.

4

모든 속내를 다 보여주고, 사적인 영역까지 깊이 끌어들이는 것이 꼭 좋은 일은 아니다. 필요 이상으로 후하게 대하며 그들을 사치에 익숙하게 만들거나, 일을 제대로 나누지 않고 방임하는 것도 옳지 않다. 금전이나 자원을 지나치게 맡겨 유혹의 기회를 주는 것 역시 경계해야 한다. 리더가 스스로 권위와 질서를 내려놓고, 과하게 친근한 농담이나 허물없는 말투로 구성원과의 경계를 허물면, 그 결과는 뻔하다. 백 명 중 단 한 명 있을까 말까, 그런 느슨한 분위기 속에서도 흐트러지지 않고 절제를 지킬 사람은 매우 드물다. 사람의 마음은 생각보다 쉽게 흔들린다. 분위기가 풀어지고 경계가 흐려지면, 이를 악용하려는 사람이 반드시 생긴다. 그런데도 그런 분위기가 반드시 리더에 대한 애정이나 진심으로 되돌아오는 것도 아니다.

일관되고 차분한 태도, 질서 안에서의 온화함, 품위 있고 단정한 말과 행동이야말로 진정한 신뢰를 쌓는 바탕이 된다. 구성원들에게는 그들의 노고에 합당한 보상이 주어져야 하고, 한 번 한 약속은 철저히 지켜져야 한다. 규칙을 세우되, 엄격함 속에도 사람을 향한 온기를 잃지 않는 여유, 리더라면 그런 균형을 갖춰야 한다. 또한 구성원들에게 맡기는 일은 그들 스스로에게도 의미 있는 것이어야 한다. 당신의 허영심을 채우는 데 그들을 소모하지 말고, 그렇다고 무기력하게 시간을 보내게 두어서도 안 된다. 그들이 자신을 가꾸고, 단정하게 살아가며, 스스로의 삶에 필요한 기술을 익혀나갈 수 있도록 도와야 한다. 그리고 기회가 닿는다면, 그들의 더 나은 미래를 위해 당신이 든든한 뒷배가 되어야 한다. 그들의 건강과 올바른 삶, 품격 있는 행동을 살피는 것이 당신이 진심으로 신뢰받고 오래도록 존중받는 리더가 되는 길이다.

5

요즘 우리가 말하는 '세련된 생활양식'은, 리더와 구성원이 하인이 함께 누릴 수 있는 가장 근본적인 기쁨인 따뜻한 공동체의 온기를 앗아가 버렸다. 리더의 권위는 형식적인 것이 되었고, 그가 느낄 수 있는 인간적인 기쁨도 사라졌나. 이세 사람들은 함께 일하는 이들을 가족의 일원이 아니라, 언제든 교체 가능한 임시직처럼 여긴다.

직원들도 마찬가지다. 조금이라도 더 편하고 보수가 좋은 자리가 보이면 언제든 떠날 채비를 한다. 일터에서의 관계는 일과가 끝나면 완전히 단절되고, 그들이 어디서 어떻게 살아가는지조차 관심 두지 않는다.

그들의 공간은 대개 어둡고 열악하며, 리더는 벨이 울릴 때에만 그들을 호출한다. 이런 느슨하고 단절된 관계는 결국 리더와 구성원 사이에 보이지 않는 선을 만들고, 신뢰와 애정을 가로막는다. 리더는 인건비를 줄이는 데 몰두하고, 구성원은 그 안에서 조금이라도 더 챙기려 애쓴다. 나이 들어가는 구성원의 미래를 리더는 외면하고, 구성원은 그것을 알기에 불안해진다. 이 구조 안에서는 도덕, 배려, 신뢰 같은 말들이 뿌리내리기 힘들다.

　모든 리더가 이런 냉정한 모습만 가진 것은 아니지만 요즘 같은 세상에서, 리더가 마치 가족의 가장처럼 구성원들과 어깨를 나란히 하며 삶의 이치와 따뜻한 정을 나누는 모습은 드문 일이 되었다. 구성원들 역시 그런 따뜻함을 알아보고 감사할 줄 아는 이들이 점점 줄어들었다. 그렇다 해도 우리는 사람을 포기하지 말아야 한다. 그들을 조직의 일부로 품고, 함께 살아가야 한다. 여러 번 실패하고 배신당한다 해도, 그렇게 살아야 한다. 나 역시 이 길을 오래 걸어왔다. 헛수고처럼 느껴지는 순간도 있었고, 잘 키운 이들이 자만해 내 곁을 떠나는 일도 겪었다.

　때로는 그들이 배신한 것이 아니라, 우리가 현실을 고려하지 않은 채 이상만을 강요했기에 그들을 잃은 것일 수도 있다. 누구나 자유를 원하기 마련이고, 때론 더 큰 자유를 찾아 떠나는 것이다. 하지만 시간이 지나면, 그들은 세상에서 또 다른 리더를 만나고, 그제야 당신과 함께한 시간의 의미를 돌아보게 될 것이다. 결국 우리는 깨닫는다. 기대하지 말 것, 보답을 바라지 말 것. 오직 선한 마음으로 사람을 대할 것. 이 세상에서 모든 수고가 곧장 보상으로 돌아오는 법은 없다. 하지만 돌아가고 돌아가서, 당신의 진심은 결국 누군가의 삶 속에서 자라난다. 당신이 심은 나무에서 직접 열매를 딸 수도 있지만, 멀리 떨어진 곳에서 그 나무가 자라고 있는 모습을 바라보는 기쁨이야말로 진정한 보람이다.

6

리더는 구성원에게 맡은 일을 제대로 하도록 단호하게 지도할 권리가 있다. 하지만 그렇다고 해서 화가 났다고 성인인 직원을 함부로 꾸짖거나, 모욕적인 말을 퍼붓거나, 폭력을 써서는 안 된다. 고귀한 사람은 자신에게 맞서오는 힘에는 정당하게 맞서지만 자신을 방어할 수도 없는 이를 때리는 일은 결코 하지 않는다.

7

다른 조직의 구성원이라 할지라도, 당신은 예의를 갖춰 그들을 존중해야 한다. 그들 역시 자율적인 존재이며, 그들을 낮추어 대하는 것은 당신 스스로의 품격을 떨어뜨리는 일이기 때문이다. 경우에 따라 그들이 섬기는 리더와 당신이 좋은 관계를 맺어야 할 상황이 생길 수도 있다. 무엇보다 기억할 점은, 대부분의 구성원들은 작고 사소한 말에도 민감하게 반응하고 쉽게 상처받는다는 사실이다. 당신에게는 대수롭지 않게 느껴지는 말이나 행동이 그들에겐 깊은 모욕으로 남을 수 있다.

8

여기에서 한 가지 덧붙일 주의사항이 있다. 이발사, 미용사, 모자장 수 등 일상에서 자주 접하는 사람들과의 관계에서는, 말을 지나치게 많이 하거나 불필요하게 가까워지지 않도록 조심할 필요가 있다. 물론 예외도 있겠지만, 일반적으로 이런 직종에 종사하는 사람들은 여러 집의 이야기를 듣고 다니며, 자칫하면 소문을 옮기거나 이간질에 휘말리기 쉽다. 때로는 본의 아니게 좋지 않은 일에 이용당하는 경우도 있다. 이들과는 적당한 거리감과 진지한 태도를 유지하는 것이 가장 현명하다.

9

직장에서 종종 음식을 조금씩 빼돌리거나, 커피나 설탕 같은 물품을 슬쩍 가져가는 일이 벌어진다. 이런 행동을 도둑질이라고 여기지 않는 사람들도 있지만 분명 잘못된 일이다. 그러나 그것보다 더 큰 잘못은, 리더가 그런 유혹이 생길 수밖에 없는 환경을 방치하는 것이다. 이럴 때 가장 효과적인 대응은 두 가지다. 첫째, 리더 스스로 절제된 모습을 보여야 한다. 둘째, 때때로 구성원들과 음식이나 간식 같은 것들을 자연스럽게 나누며 그 욕망을 풀어줄 기회를 만들어야 한다. 그렇게 하면 구성원들도 점점 작은 유혹에 휘둘리지 않고, 스스로 품위를 지키려는 마음을 갖게 된다.

10

이제는 구성원이 리더를 대할 때 어떤 태도를 가져야 하는지에 대해 이야기해보려 한다. 이 주제는 상류층이나 권세 있는 사람들과의 관계를 다룬 장에서 더 자세히 다루겠지만, 여기서는 간단히 원칙만 짚고 넘어가겠다. 구성원이라면 자신이 맡은 일을 책임 있게 수행해야 한다. 약속한 바는 충실히 지켜야 하고, 때로는 기대 이상으로 성실하게 일해야 한다. 리더의 이익을 곧 자신의 이익처럼 여기고, 맡은 바를 언제라도 떳떳하게 설명할 수 있도록 투명하고 질서 있게 일해야 한다. 리더의 신뢰와 친밀함을 개인적인 이익을 위해 남용해서는 안 되며, 함께 일하며 알게 된 리더의 약점이나 비밀을 밖에 드러내는 일도 있어서는 안 된다. 농담이라도, 또는 감정이 격해진 순간이라도, 리더를 향한 무례한 말이나 행동은 삼가야 한다.

그렇다고 해서 스스로를 낮추어 굴종적으로 행동해서는 안 된다. 구성원 역시 인간으로서의 존엄을 지녀야 하며, 리더가 함부로 대하지 못할 만큼의 품위와 태도를 갖추어야 한다. 상대가 마음 깊은 사람이라면, 직위의 높고 낮음을 떠나 진심으로 당신을 존중하게 될 것이다. 또한 보이는 조건에 현혹되어 섣불리 자리를 옮기려 하지 마라. 세상에 편하고 좋은 자리처럼 보이는 곳도, 막상 들어가 보면 어디든 나름의 어려움이 있고, 그 자리만의 고달픔이 있다.

당신이 성실하게 일했음에도 불구하고, 운이 나쁘게도 인정 없고 거친 리더를 만나게 되었다면, 그럴 때는 조용히 참는 법을 익혀야 한다. 불평이나 뒷말 없이 묵묵히 견디되, 더 나은 기회가 찾아왔을 때는 그저 조용히 자리를 떠나라. 돌아서서 원망하거나 험담하지 마라. 다만 예외는 있다. 당신의 명예가 심각하게 훼손당했고, 그것이 공적인 정의의 문제라면, 그때는 단호히 맞서라. 단, 사적인 복수나 비열한 방법이 아니라, 떳떳하고 정당한 방식으로 대응해야 한다. 강자의 압박에 굴하지 말고, 술수에 휘말리지도 마라. 정의가 당신 편에 있다면, 언젠가는 법과 사람들, 그리고 하늘이 당신의 손을 들어줄 것이다. 설령 부당한 권력이 당신의 모든 것을 빼앗는다 하더라도, 당신의 이름과 명예만은 지켜야 한다.

제8장
이웃

_ 이웃과 적정한 거리 찾기

$$\boxed{1}$$

인간관계를 가장 자연스러운 순서대로 살펴본다면, 가족 다음으로 생각해야 할 대상은 동네에서 함께 살아가는 이웃이다. 요즘의 철학자들은 이런 가까운 관계를 중요하지 않다고 여길지도 모르지만, 나는 아직 그 정도로 냉소적이지 않다. 그래서 이렇게 확신 있게 말할 수 있다. 가족 다음으로 당신이 가장 먼저 도움과 조언을 베풀어야 할 대상은 바로 이웃이다. 도시에 살든, 시골에 살든, 좋은 이웃과 따뜻하고 허물없이 지내는 삶은 큰 기쁨이다. 인생에는 사소한 도움이 큰 은혜로 느껴지는 순간이 있고, 바쁜 하루 속에서 나누는 짧은 인사 한마디나 마음이 통하는 이웃과의 대화 하나가 큰 위로가 되기도 한다. 가까운 곁에 있는 이웃이 그런 사람이 되어줄 수 있다면 그 소중함을 외면할 이유가 있을까?

나는 프랑크푸르트 근처의 한적한 곳에서 3년을 보냈다. 그 시절, 바로 옆집에 살던 다정한 가족과 나누었던 우정과 따뜻한 기억은 지금도 마음속에 선명하다. 함께 웃으며 보낸 시간은 너무 짧았지만 그들이 해준 따뜻하고 유쾌한 말들은 내 마음을 밝히고, 사람에 대한 신뢰를 되찾게 했으며 삶의 쓴맛을 덜어주었다. 요즘 도시 사람들은 세련됨이란 이름 아래, 이웃이 누구인지도 모르고 살아간다. 나는 그것이 참 어리석은 일이라고 생각한다. 곁에서 얻을 수 있는 따뜻함을 두고 굳이 먼 곳을 찾아 나설 이유가 있을까? 누군가의 도움이 필요할 때 온 도시를 찾아다닐 게 아니라 곁에 사는 이웃에게 먼저 마음을 열어야 하지 않겠는가? 거리에서 마주치는 아이들이나 마차꾼들은 나를 잘 아는데 정작 옆집 사람은 내 이름조차 모른다는 건 생각만 해도 부끄러운 일이다.

2

같은 건물에 산다고 해서 이웃에게 지나치게 다가가거나, 그들이 불편해할 정도로 부담을 주어서는 안 된다. 원하지 않을 땐 자연스럽게 거리를 두고, 그들의 사적인 일에 함부로 참견해서도 안 된다. 특히 그들의 생활을 몰래 살피거나, 그 내용을 남에게 험담으로 옮기는 일은 절대 해서는 안 된다. 이런 사소한 일들이 쉽게 갈등의 씨앗이 되며, 하인이나 직원들이 이런 분위기에 편승해 분란을 키우는 경우도 적지 않다. 조직을 이끄는 사람이라면, 그런 분위기를 미리 차단하고 단호히 바로잡는 태도가 필요하다.

3

같은 공간을 나누는 이웃이나 같은 건물에서 자주 마주치는 사람들과는 사소한 것일지라도 꼭 지켜야 할 예의가 있다. 작지만 따뜻한 배려들이야말로 서로 간의 평화를 지켜주고 좋은 관계를 이어가는 다리가 되어준다. 밤늦게 쿵쾅거리는 소리를 내거나, 문을 세게 닫는 일, 남의 창 안을 기웃거리거나 마당이나 복도에 쓰레기를 몰래 버리는 일 등 이런 작은 행동 하나하나가 불편과 갈등의 씨앗이 된다는 사실을 잊지 말아야 한다.

어떤 사람들은 빌린 집이나 정원, 가구나 비품 따위를 함부로 써도 된다고 여긴다. 마치 임대료 안에 그런 훼손이 이미 포함되어 있는 것처럼 행동한다. 교양 있는 사람이라면, 자신이 소유하지 않은 것을 일부러 망가뜨리며 즐거움을 느끼지는 않을 것이다. 그것이 남에게 피해를 주고, 결국 자신도 미움을 사게 된다는 걸 알기 때문이다.

제때 비용을 지불하고, 예의 바르며, 청결하고 깔끔하게 지내는 사람은 금방 소문이 나게 마련이다. 그런 사람은 돈이 많거나 지위가 높은 사람보다도 더 환영받고, 더 저렴한 조건으로 집을 빌릴 수 있다. 나 역시 지금껏 가장으로서 살아오면서, 가족들과 함께 집주인이나 이웃과 단 한 번도 다툰 적이 없다. 헤어질 때는 집주인이 눈물을 글썽이며 작별 인사를 하곤 했다. 물론 집주인도 세입자에 대한 배려를 잊지 않아야 한다. 사소한 일마다 트집을 잡거나 불필요한 다툼을 만드는 것은 바람직하지 않다. 특히 자신이 살았더라도 어차피 생겼을 사소한 문제에 지나치게 예민하게 굴며 따지지 않아야 한다.

같은 집에서 살거나 매일 함께 지내야 하는 사람과 사이가 불편해지면 그 감정은 가능한 한 빨리 풀어내는 것이 좋다. 마음에 걸리는 사람이 바로 곁에 있다는 것만큼 일상을 불편하게 만드는 일도 드물기 때문이다.

제9장
주인과 손님

_ 환대와 예의로 관계를
풍성하게 만들기

1

예전에는 손님을 맞이하는 일, 즉 손님을 환대하는 것이 매우 중요한 가치로 여겨졌다. 오늘날에도 인적이 드문 시골이나, 소박한 삶의 방식이 여전히 남아 있는 지역에서는 이 전통이 계속 이어지고 있다. 그런 곳에서는 손님을 따뜻하게 맞는 일이 여전히 신성한 의무처럼 여겨진다. 하지만 화려하고 복잡한 도시 생활 속에서는, 점점 세련된 생활양식이 진심 어린 인간미를 밀어내고 있다. 손님을 대하는 일도 그저 형식적인 예절 가운데 하나로 취급되며, 사람마다 상황이나 기분, 성향에 따라 지키기도 하고 무시하기도 한다.

물론 요즘처럼 사치가 넘치고, 누군가의 선의를 악용하는 일이 드물지 않은 시대에는, 누구든 문을 쉽게 열기보다는 한 번쯤 지갑 사정을 따져보게 되는 것도 이해할 수 있다. 괜히 빈둥거리거나 얹혀살려는 사람에게 집이며 음식이며 술을 내어주었다가 손해를 보는 일이 생기기도 하기 때문이다. 여기서 내가 말하고자 하는 것은 부유층의 손님 접대가 아니다. 그런

경우엔 지루함이나 허영심, 체면이 손님 접대를 주도하며, 주는 이나 받는 이 모두 그 속뜻을 잘 알고 있기 마련이다. 내가 말하고 싶은 건, 우리 같은 평범한 사람들이 손님을 맞을 때 어떤 태도를 가져야 하는지에 대한 것이다. 중산층 또는 일상적인 가정에서 손님을 대할 때 지켜야 할 기본적인 태도와 자연스러운 마음가짐에 대해 이야기해보고자 한다.

　무엇을 내놓든, 양이 많든 적든 중요한 건 당신의 얼굴과 마음이다. 손님에게 대접하는 건 음식이 아니라 태도다. 겉치레 대신 정성과 진심이 있어야 한다. 낯선 이를 맞을 때도 마찬가지다.

　반짝이는 상차림보다 따뜻한 환대가 훨씬 값지다. 여행 중인 사람에게는 값비싼 음식보다 따뜻한 대화와 의미 있는 만남이 더 소중하다. 그런 사람이 당신을 만나 한 걸음 더 나아갈 힘을 얻었다고 느끼게 하는 것, 그것이야말로 진정한 환대다.

　갑작스럽게 손님이 찾아왔을 때 당황하거나 불편한 기색을 드러내지 마라. 손님이 눈치를 채는 순간 아무리 좋은 음식과 자리도 불편한 기억이 되고 만다. 준비가 덜 되었다고 짜증을 내거나 이 사람 저 사람을 다그치며 허둥대는 모습은 손님을 민망하게 만들 뿐이다.

　음식을 지나치게 권하거나 "오늘 원 없이 먹고 가세요." 하며 무리한 환대를 하는 것도 손님을 곤란하게 한다. 집 안에서 일어나는 말다툼이나 어수선한 분위기를 그대로 보여주는 것도 피해야 한다.

　손님을 맞이하는 데 있어 가장 중요한 건 무엇을 대접하느냐보다 어떤 분위기를 만들 수 있느냐에 달려 있다. 손님이 기꺼이 입을 열고 싶은 주제를 끌어낼 수 있도록 도와주고, 대화가 자연스럽게 흐르도록 분위기를 살피는 것, 그것이 진짜 대접이다. 조용한 사람은 편안히 이야기할 수 있게 북돋아주고 걱정이 많은 사람은 웃을 수 있도록 가볍게 이끌어라. 모두가 말할 수 있는 자리를 마련해주는 것, 그것이 손님맞이의 품격이다. 그 모든 배려는 억지스러운 친절이 아니라, 진심에서 우러나야 한다. 과장된 친절은 손님에게 당신의 속마음을 떠보게 만들 수 있다.

불편한 사이거나 서로 잘 모르는 이들을 한자리에 억지로 앉히는 일도 피하라. 모든 배려는 손님에게 '부담'이 아니라 '기쁨'이 되어야 한다. 혹시 그날이 손님을 맞기에 썩 좋은 날이 아니더라도, 손님이 그 사실을 알아채지 못하게 하라. 불편한 기색 하나 없이, 여전히 환하게 웃는 당신의 태도에서 손님은 편안함을 느낄 수 있어야 한다. 사람마다 다른 자리에서 빛난다. 어떤 이는 북적이는 분위기를 좋아하고, 또 어떤 이는 조용한 식사 자리에서 편안함을 느낀다. 이 차이를 눈여겨보는 것도 주인의 몫이다.

당신의 집 문턱을 넘은 사람은 누구든 (설령 평소 사이가 불편한 사람이라 해도) 당신의 공간 안에서 안전하고 편안함을 느껴야 한다. 그가 잠시 앉은 그 자리가 마치 자기 집처럼 느껴지게 만들어라. 혼자 있고 싶을 때 혼자 있을 자유도 주고, 당신에게 무엇인가를 빚졌다는 듯한 마음이 들지 않게 배려하라. 손님이 며칠을 머물더라도 처음과 끝이 한결같은 태도를 유지해야 한다. 처음 며칠만 극진하게 대하고, 시간이 흐를수록 성의를 줄여간다면, 그건 진짜 환대가 아니다. 진심은 오래 가야 한다.

3

하지만 손님도 마찬가지로 주인을 배려할 줄 알아야 한다. 오래된 속담에 "생선과 손님은 사흘이 지나면 냄새가 난다."고 했다. 물론 예외도 있지만, 이 말에는 분명한 진실이 담겨 있다. 손님은 언제나 스스로 눈치챌 줄 알아야 한다. 지금 이 자리가 여전히 반가운 자리인지, 아니면 슬슬 부담이 되기 시작했는지를 살필 수 있어야 한다.

모든 사람이 항상 손님을 맞을 준비가 되어 있는 것은 아니다. 누구든 삶이 바쁘고, 속사정이 있기 마련이다. 특히 검소하게 살아가는 이들일수록, 갑작스러운 방문이나 스스로를 손님으로 만드는 상황에 훨씬 더 큰 부담을 느낀다. 그러니 주인의 호의를 당연하게 여기지 말고, 그 은혜에 보답하는 마음으로 스스로를 조심해야 한다. 주인이 하인이나 가족과 무언가 이야기할 일이 있다면 조용히 자리를 비켜주는 것이 예의다. 집 안에서는 말과 행동을 조심하고, 분위기를 따르며, 마치 가족의 일원처럼 조용하고 단정하게 지내야 한다.

지나친 대접을 기대하지 말고, 주인의 집안일에 간섭하지도 마라. 작은 기분이나 투정으로 그 집의 평온한 분위기를 흐리는 일도 피해야 한다. 혹시라도 대접이 기대에 못 미쳤다고 느낀다 해도, 뒷말을 하거나 은근히 비웃는 일은 절대 해서는 안 된다. 그것은 결국 당신의 인격을 스스로 드러내는 일이 될 뿐이다.

4

세상에는 이런 사람들도 있다. 손님을 한 번 대접했다는 이유만으로, 칭찬을 듣고 싶어 하고, 아첨을 기대하며, 심지어 꾸준히 찾아와 주기를 바라는 사람들이다. 마치 자신이 한 대접이 큰일이나 된 듯 착각하는 것이다. 하지만 정말 그럴 만한 일인가? 절제할 줄 아는 사람이라면,

대접을 받았다고 해서 그 이상의 것을 바라지 않는다. 한 끼 맛있게 먹은 것, 그걸로 충분하다. 따지고 보면 그 식사의 값은 그리 크지 않다. 나는 그들이 내게 대접한 고기와 파이만큼, 아니 그보다도 더, 나는 나의 시간과 마음을 소중히 여긴다. 나의 발걸음은 가볍지 않다.

제10장
베푸는 사람과 받는 사람

＿호의와 은혜의 심리학

1

감사는 사람이 지녀야 할 가장 고귀한 덕목 중 하나다. 당신에게 도움을 준 사람이 있다면, 마음 깊이 존경해야 한다. 말로만 고맙다고 하지 말고, 그 마음을 행동으로 보여야 한다. 가능한 한, 언젠가 그를 도울 기회를 찾아 다시 그의 곁에 서라. 그럴 기회가 당장은 없더라도, 당신의 태도 속에 진심 어린 감사가 드러나야 한다. 그가 베푼 도움의 크기를 따지기보다 당신을 향해 내민 그의 선한 마음과 의지를 기억하라. 그리고 당신이 이제는 그의 도움이 필요 없게 되었거나, 그가 어떤 이유로든 어려움에 처해 예전의 자리를 잃었다고 해도, 당신의 감사는 변해서는 안 된다.

2

누군가의 은혜에 보답하겠다는 마음으로 스스로를 지나치게 낮추거나, 그에게 받은 도움 때문에 그의 잘못 앞에서 침묵하는 일은 없어야 한다. 옳고 그름이 분명한 일이라면, 어떤 은혜도, 어떤 권력도 당신의 입에서 진실을 빼앗게 해선 안 된다. 진정한 감사는 그를 위한 진실한 친구로서의 책임을 다하는 데 있다. 때로는 그로 인해 그 사람에게 미움을 받거나 관계가 멀어질 수 있겠지만, 그가 잘못된 길을 가고 있다면 바로잡아 줄 수 있어야 한다. 그것이야말로 가장 진심 어린 보답이다. 누군가 당신을 칭찬하거나 감싸주었다고 해서, 그가 큰 은혜를 베푼 것처럼 생각할 필요는 없다. 당신이 존중받을 만한 사람이라면 그는 그저 당연한 일을 한 것뿐이다. 그런 최소한의 정의조차 실천하지 않았다면 그는 친구에게도, 누구에게도 신의를 다하지 않은 셈이다.

3

우리는 때때로 자신이 큰 은혜를 입었던 사람의 진짜 모습을 뒤늦게 깨닫게 되는 순간을 마주한다. 이런 상황을 피하려면 애초에 함부로 남의 도움을 받지 않는 것이 좋지만, 살아가다 보면 때로는 불가피하게 그런 상황에 처하게 된다. 그럴 때 나는 이렇게 권하고 싶다. 그가 비록 부족한 사람일지라도, 정직과 진실을 해치지 않는 선에서 그를 존중하고, 험담하지 마라. 물론 만일 그가 명백한 죄를 저질렀다면, 그때는 침묵이 능사가 아니다. 옳고 그름에 따라 마땅한 입장을 취해야 한다. 그리고 모든 은혜가 같은 무게를 지니는 것도 아니다. 작고 가벼운 친절이라면 누구에게든 기꺼이 받을 수 있으며, 만일 그가 그것을 지나치게 과시하려 한다면, 그것은 그의 문제일 뿐이다. 하지만 그 은혜가 매우 크고, 내가 그것을 되갚을 수 있을지 확신이 없다면, 받기 전부터 신중히 따져보아야 한다.

4

은혜를 베푸는 방식은 때로 그 행위 자체보다 더 큰 의미를 지닌다. 같은 선행도 어떻게 하느냐에 따라 그 가치는 배가될 수도 있고 무너질 수도 있다. 많은 사람들이 이 섬세한 지혜를 알지 못하지만 꼭 기억해야 할 일이다. 누군가에게 선을 베풀고자 할 때는 그 사람의 마음이 상하지 않도록 하고 그 은혜가 짐처럼 느껴지지 않게 해야 한다. 자신이 베푼 것을 드러내거나 과시하지 말고, 감사 인사를 굳이 요구하지도 말아야 한다. 감사란 억지로 받아내야 할 일이 아니다.

참된 은혜는 알맞은 때에, 자발적인 마음으로, 기꺼이 행해지는 것이다. 누군가의 기쁨에 기여하는 것만으로도 당신은 이미 축복받은 사람이다. 그러나 또 한 가지 명심해야 할 것은, 당신의 선행을 함부로 흩뿌리지 말라는 점이다. 늘 도울 준비는 되어 있되, 억지로 도우려 하지 말고, 그 선행이 반드시 보답받을 것인지 계산하지도 마라. 진심에서 우러난 선행이어야 한다.

무엇보다 은혜를 베푼 이와 마주할 때는, 상대가 당신의 호의를 부담스러워하거나, 당신이 우월감을 내세우려 한다고 오해하지 않도록 각별히 조심해야 한다. 사람들은 은혜 뒤에 숨은 의도를 본능적으로 감지하고 경계하는 법이다. 당신을 찾아와 도움을 청하는 이를 문전에서 내치지 말고, 그의 이야기를 진심으로 들어라. 말을 끊지 말고 끝까지 듣되, 당신이 도와줄 수 없다면 그 이유를 솔직히 밝혀라. 다만 거짓된 핑계나 허황된 약속으로 그를 돌려세우는 일만은 절대 피해야 한다.

5

가르침과 배움은 인간이 받을 수 있는 은혜 중 가장 깊고 소중한 것이다. 누군가가 우리를 더 현명하게 만들고, 더 선하게 이끌고, 더 좋은 사람으로 살아가도록 도와주었다면, 우리는 그에게 평생 고마움을 잊지 말아야 한다. 비록 그가 지금 우리가 기대하는 스승의 모든 역할을 다하지 못했을지라도, 그가 건넨 작고 단순한 가르침 하나라도 오래도록 기억해야 한다. 사람을 가르치는 일을 성실히 해온 이들은 그 자체로 존경받아야 한다. 교육은 매우 힘든 일이고, 그 수고는 돈으로도 다 갚을 수 없다. 작은 시골 학교의 선생님이라 해도 자신의 일을 다 하고 있다면, 그는 국가에 큰 보탬이 되는 사람이다. 그가 받는 보수가 작다면, 우리는 그를 향한 존경과 따뜻한 태도로 그 부족함을 채워야 한다. 그런데도 어떤 부모는 자녀를 맡긴 선생님을 하인처럼 대하고, 그를 공손히 대할 줄 모른다. 그들은 그런 태도가 얼마나 무례한 일인지 생각하지 않으며, 그 행동이 자녀의 인격 형성에 어떤 나쁜 영향을 주는지도 알지 못한다.

나는 한 귀족 가문에서 이런 모습을 본 적이 있다. 그 집에서 일하는 선생님은 식탁 끝자리에 조용히 앉아 있었고, 하인들조차 그를 낮게 대했다. 그는 아이들을 가르치는 사람임에도 불구하고, 아이들보다도 못한 대접을 받았다. 나는 그 장면을 보고 기분이 좋지 않았다. 물론 일부 교육자는 교실 밖에서 능력을 제대로 발휘하지 못할 수도 있다. 하지만 그렇다고 해서 교육이라는 직업 전체가 가벼워지는 것은 아니다. 부모가 자녀의 교육을 전혀 준비되지 않은 사람에게 맡긴다면, 그 아이가 제대로 성장하리라 기대하기는 어렵다. 당신이 자녀의 스승으로 믿을 만한 사람을 만났다면, 단순히 고마워하는 마음만으로는 부족하다. 그에게 교육의 권한을 온전히 맡겨야 한다. 그 순간, 당신은 자녀를 돌보는 부모로서 가장 중요한 책임을 그에게 위임하는 것이다.

이 주제는 본래 교육에 대해 다루는 책에서 더 자세히 논의할 수 있겠지만, 여기에서는 이 정도로만 정리하고자 한다.

6

채권자와 채무자의 관계에 대해 길게 말할 필요는 없다. 다만 채무자를 대할 때는 인간적인 존중과 공정함, 예의를 지켜야 한다. 돈을 빌렸다고 해서 그 사람이 당신의 하인이 된 것도 아니고, 당신의 무례함을 모두 감내해야 하는 것도 아니다. 돈 몇 푼으로 사람을 얕보거나 굴욕감을 주려 해서는 안 된다. 반대로 당신이 채무자라면, 약속한 날짜에 반드시 빚을 갚고, 말한 대로 신의를 지켜야 한다. 정당한 이자를 받고 돈을 빌려주는 사람을 탐욕스러운 고리대금업자처럼 취급하지 마라. 상대가 약속을 어기지 않았다면, 그도 당신과 마찬가지로 정당한 거래를 한 것뿐이다. 이런 태도를 지킨다면, 당신은 어디서든 신뢰를 얻게 될 것이고, 언젠가 위급한 상황이 닥치더라도, 기꺼이 당신을 도울 사람을 만날 수 있을 것이다.

제11장
곤란한 처지에 있는 사람

_ 적정한 공감과 적정한 거리

먼저, 우리의 적을 대하는 태도부터 말하고 싶다. 누구에게도 일부러 상처를 주지 말고, 언제나 선의로 행동하며, 남을 돕는 일에 인색하지 말아야 한다. 이치에 밝고 신중하며 곧고 바르게 살아가야 한다. 어떤 경우에도 남을 해치는 일은 하지 말고, 누구의 행복을 짓밟거나 헐뜯는 일도 삼가야 한다. 남의 죄를 알더라도, 특별한 사명이 있거나 누군가를 지켜야 하는 상황이 아니라면 굳이 드러내지 말아야 한다. 그렇다고 해서 적이 생기지 않을 것이라 기대하지는 마라. 하지만 당신은 적어도 이렇게 말할 수 있을 것이다.

"나는 누구에게도 이유 없이 원한을 사지 않았다."

세상 사람 모두에게 사랑받을 수는 없지만, 존경받지 못할 이유는 없다. 세상의 칭송이나 박수 없이도 살 수 있다. 그러나 정직하고 슬기로운 사람은 누구에게서든 최소한의 존중은 받는다. 뜨거운 친구는 서너 명이면 족하다. 사람들의 눈치를 보며 살면 불안은 끝이 없다. 소문과 평판에 휘둘리지 마라. 빛나는 사람일수록 더 많은 험담과 시기를 감수해야 한다. 세상에서 환영받는 이들은 의외로 평범하거나 아첨에 능한 경우가 많다.

한마디의 대화로 적조차 내 편으로 만들 수 있다. 그러나 나는 그것을 비겁한 기술이라 부른다. 바르게 살아가는 사람은 그런 수단에 의지하지 않는다. 나를 잘 알지도 못하고 얼굴 한 번 본 적 없는 이들이, 시정잡배의 험담으로 나를 오해한다 해서 내가 달라지는 것은 없다. 절대 억울함을 세상에 하소연하지 마라. 약한 척하는 순간, 더 많은 자들이 당신을 노린다. 비겁하고 얕은 자들은 약자의 뒤통수를 치려 하고, 그들의 조롱은 작고 하찮아 보여도 마음에 깊이 박힌다. 스스로를 지켜야 한다. 의연하고 단단한 태도만이 적들의 입을 막는다. 이 세상은 본디 다툼으로 가득하다. 누구에게 기대려 하지 마라. 의리는 종종 자신의 안위를 위해 사라진다. 그러니 "나는 잘 지낸다. 나는 든든한 친구가 있다."고 말하라. 그 한마디가 방패가 되어줄 것이다.

적을 향해 말이나 글로 격렬히 맞서려 하지 마라. 그들의 악의와 감정싸움에 휘말리지 마라. 악인은 무관심과 무시가 가장 큰 벌이다. 누군가 당신을 헐뜯거든 흔들리지 말고 당당하라. 세월은 결국 진실을 드러낸다. 심지어 악인 중에도 고귀하고 일관된 태도 앞에 머리를 숙이는 이가 있다. 복수심을 품게 하지 말고, 스스로 수치심을 느끼게 하라. 그래도 그들이 그치지 않는다면, 그때는 당신의 힘을 보여주어야 한다. 다만 음흉한 술수를 쓰지 말고, 악한 자들과 손잡지도 마라. 올곧게 정면으로 맞서라. 단 한 사람의 떳떳한 태도가 천 명의 비겁자를 이길 수 있다. 힘 있는 자일수록 적에게는 단호하되, 패배한 자에게는 자비를 베풀어야 한다. 그가 더 이상 당신을 해치지 못할 때는, 그가 저지른 모든 잘못도 함께 묻어야 한다.

누군가 화해의 손을 내밀면 결코 그 손을 두 번 외면하지 마라. 다시 적이 될 것을 두려워하더라도, 먼저 용서할 줄 알아야 한다. 사람을 용서하는 일은 상대가 먼저 사과했을 때만 가능한 것이 아니다. 말을 꺼내기 전에 먼저 용서할 줄 알아야 한다. 사람의 속은 그가 저지른 잘못 앞에서 드러난다. 그는 어떻게 사과하는가. 즉시 하는가, 뒤늦게 하는가. 공개적으로 하는가, 은밀하게 하는가. 사과하지 않고 오히려 당신을 원망하는 이도 있고, 자신의 잘못을 변명하거나 상황을 비틀어 억지를 부리는 이도 있다. 이런 모든 일은 아이 때부터 그의 성품으로 드러난다.

당신이 누군가에게 상처를 주었다면 가능한 한 빨리 진심을 담아 그 잘못을 바로잡아야 한다. 하지만 어떤 사람은 조금만 다가서도 오히려 교만하고 무례해진다. 이런 이들에게는 섣부르게 사과하지 말고, 차라리 신중하게 거리를 두며 태도로 정중히 바로잡는 편이 낫다. 지위가 높을수록 이 모든 덕목은 더욱 중요하다. 높은 자리에 있는 이가 위기를 맞는 이유는 대개 사소한 이를 깔보다가 시작된다. 작은 이들의 손길에도 큰 이가 무너지는 법이다. 그리고 잊지 마라. 우리의 적은 때로 우리가 못 본 허물을 가장 먼저 알려주는 스승이 된다. 그들의 공격은 우리를 더 단단하게 만들고 우리를 더욱 날카롭게 벼리게 한다.

가장 격렬한 적대 관계는 원래 친구였던 이들과의 싸움에서 비롯된다. 그 안에는 우리의 자존심이 개입되어 있다. 그를 믿었던 과거를 감추기 위해 더 헐뜯고 적대하게 되는 것이다. 그러나 나는 이미 이 이야기의 결론을 앞 장에서 말했다.

2

살다 보면 곤란한 상황에 놓일 때가 있다. 우리가 가까이 지내는 사람들끼리 원수가 되어 서로 등을 지고 있을 때다. 어느 한쪽에 더 가까이

다가가면 다른 쪽과 멀어지고, 괜히 어설프게 중간에 섰다가 둘 다 잃는 일이 생기기도 한다. 이런 상황에서는 무엇보다 신중해야 한다. 그래서 나는 조심스럽게 몇 가지 태도를 권하고 싶다.

첫째, 가능하다면 처음부터 그런 두 사람이나 집단 모두와 동시에 어울리는 일은 피하는 것이 좋다. 서로 반목 중인 이들과 한자리에 앉는 상황은 되도록 만들지 않는 편이 현명하다. 하지만 그럴 수 없다면, 오랜 인연을 단번에 끊을 수 없다면, 한 가지는 분명히 해야 한다. 그들의 싸움에 당신은 끼지 않겠다는 선을 분명히 긋는 것이다. 특히 오랜 시간 친구였던 사람들이 원수가 된 경우라면, 더더욱 거리를 두고 중립을 지켜야 한다. 한쪽이 당신에게 상대방의 험담을 늘어놓더라도, 묵묵히 듣는 데 그쳐야 한다. 이들이 다시 화해하게 될지, 아니면 영원히 등을 질지는 아무도 모른다. 어떤 경우든 당신은 어느 쪽의 미움도 사지 않아야 한다. 부득이하게 입장을 밝혀야 한다면, 이중적인 태도는 절대 피하라. 누구의 편을 들든, 상대를 헐뜯는 말은 삼가고, 정직하고 공정한 태도로 대응해야 한다.

이보다 더 나쁜 부류는 두 사람을 교묘히 부추기며 다툼을 키우는 사람들이다. 자신의 이익이나 재미를 위해 남의 싸움에 기름을 붓는 이들은 가장 비겁하고 부끄러운 무리다. 그리고 싸우는 사람들이 당신과 특별히 가까운 사이라기보다는 그저 안면이 있는 정도라면, 혹은 그 다툼이 오해가 아니라 본래 그들 성격이나 감정, 이기심에서 비롯된 것이라면, 당신이 나서서 화해를 시도할 필요는 없다. 괜히 개입했다가 두 사람 모두의 신뢰를 잃는 경우가 많기 때문이다. 하지만 결국 피할 수 없는 상황이라면, 그때는 절대 강자 편에 서거나 유리한 쪽으로 입장을 바꾸지 마라. 바람이 부는 방향에 따라 겉옷을 뒤집어 입는 일은 스스로의 품격을 무너뜨리는 일이다. 대신 옳고 그름에 따라 판단하고, 당신의 양심이 시키는 대로 행동하라. 그리고 그 선택이 아무리 험난하고 외로워도 당신은 끝까지 그 자리를 지켜야 한다.

3

누군가 병상에 누워 있을 때, 조용하고 세심하며 다정하게 곁을 지켜주는 일이 얼마나 큰 위로가 되는지, 직접 그런 경험을 해본 사람이라면 잘 알 것이다. 물론 병의 종류에 따라 필요한 태도는 달라진다. 어떤 병은 밝고 따뜻한 분위기가 도움이 되고, 또 어떤 경우에는 아무 말 없이 조용히 곁을 지켜주는 것만으로도 충분하다. 그러니 상대의 상태를 먼저 파악하고, 어떻게 도울지 신중히 생각해야 한다.

병이 깊어졌을 때는 사랑하는 친구가 지나치게 정성을 들이는 것보다 훈련된 간병인의 차분한 보살핌이 더 나을 때가 많다. 간병인은 담담하게 꼭 필요한 부분만 도와준다. 반면 가까운 사람은 걱정이 앞서 이것저것 지나치게 챙기거나, 오히려 부담이 되는 방식으로 간호할 수 있다. 걱정스러운 눈빛 하나만으로도 환자는 더 지치고 미안함을 느끼며 마음까지 무거워질 수 있다. 그래서 친구를 돌보고 싶다면, 간병인처럼 조용하고 침착한 태도로 임하라. 환자가 편하게 느낄 수 있도록, 그가 원하는 방식대로 자연스럽게 다가가야 한다. 환자가 신경질을 내거나 짜증을 부려도 섭섭해하지 마라. 그들은 지금 몸과 마음이 동시에 지쳐가고 있는 중이다. 특히 감정이 예민한 사람에게는, 당신의 걱정이나 불안한 기색, 우울한 말이 더 큰 짐이 된다. 밝은 이야기도 그가 지금 함께 누릴 수 없는 것이라면 삼가야 한다.

가끔은 건강한데도 병든 척하는 사람도 있다. 이들을 억지로 설득하거나 조롱하지 말고, 그저 필요한 동정만 건네고 지나가라. 굳이 반응하지 말고, 조용히 다른 이야기로 이끌어주는 것이 현명하다. 어떤 사람은 병약한 모습을 통해 관심과 위로를 얻으려 한다. 하지만 진심 어린 존경은 그런 방식보다 건강하고 당당한 모습에서 비롯된다. 그런 이들에게 말하라. 진짜 칭찬은 동정이 아니라 힘차게 살아가는 모습에서 나오는 법이며, 건강하게 삶을 꾸려가는 이가 더 많은 감동을 줄 수 있다고. 육체의 병이 마음의 슬픔과 절망에서 비롯된 경우라면, 당신은 그 마음을 환하게 비춰줄 수 있어야 한다. 삶의 의욕과 용기를 되찾도록 도와라. 마음속 어둠을 걷어내고 다시 희망이 피어날 수 있게 하는 일이야말로 가장 중요한 간호다.

4

세상에서 가장 조심스럽게 대해야 할 사람은 고통 속에 있는 이들이다. 가난한 사람, 절망에 빠진 사람, 외면당한 사람, 빌려난 사람, 길을 잃고 추락한 사람들. 나는 이들에게 몇 마디 덧붙이고 싶다. 어느 정도 부를 가진 사람이라면 가난한 이를 외면하지 마라. 신이 당신에게 잠시 맡긴 것이 있다면, 그 일부를 그들과 나누어야 한다. 가족의 생계에 지장이 없는 한, 당신의 문을 두드리는 이에게 도움의 손길을 내밀라. 많든 적든, 당신이 줄 수 있는 만큼을 기꺼이 건네되, 그 태도는 정중하고 품위 있어야 한다. 누군가 당신 앞에 섰다면, 그는 어떤 사연으로 그 자리에 왔든 이미 충분히 낮아진 사람이다. 그가 왜 가난하게 되었는지를 묻지 마라. 세상 누구도 자신의 불행에 대해 완전히 무고한 사람은 없다. 그러나 그 이유를 묻는 것은 그를 다시 한번 모욕하는 일이다. 당신이 아무것도 줄 수 없다면, 헛된 말로 희망을 주지 마라. 하인을 시켜 문전에서 돌려보내는 일도 하지 마라. 당신이 직접 나서서 단호하되 따뜻하게 말하라. "오늘은 도와드릴 수 없습니다." 그 말에 차가움 대신 온기가 스며 있어야 한다. 도울 수 있는 상황이라면, 부탁을 들어달라는 그의 애원에 오래 기다리게 하지 마라. 그러나 베푸는 일에 허세를 섞지도 마라. 당신이 가진 것 중 마땅히 나누어야 할 몫이 있다면, 그것을 정직하게 돌려줄 뿐이다. 기억하라. 그가 정말 필요로 하는 것은 당신이 건네는 돈보다, 그의 눈을 바라보며 나누는 따뜻한 말 한마디일 수도 있다. 당신의 다정한 인사가, 그의 굳어버린 마음을 잠시나마 풀어줄 수 있다.

특히 가난하고 힘든 처지에 있는 이들 앞에서는 말과 행동 모두 신중해야 한다. 그들은 세상이 주는 온갖 모멸을 이미 견뎌낸 사람들이다. 쉽게 상처받고, 쉽게 주눅이 든다. 당신만큼은 그런 이들과 다르게 행동해야 한다. 세상에서 누구도 알아보지 않는 이들을, 당신은 직접 존중하라. 단 몇 분이라도, 그들에게 기쁨을 줄 수 있어야 한다. 고통받는 사람의 마음은 세상에 대한 의심으로 가득하다. 그 마음을 열어야 한다. 닫힌 마음의 틈으로 들어가 다시 세상을 향해 나아갈 수 있는 희망을 전해야 한다. 비참한 현실 속에서 살아가는 이들의 삶을 외면하지 마라. 가난한 골목을 피해 가지도 마라. 그들의 삶을 직접 마주해야만, 당신도 진심으로 남의 고통을 이해할 수 있다. 어둡고 좁은 방 안에서, 더 이상 누구에게도 손을 내밀지 못하는 사람이 있다면, 그에게 손을 내밀 수 있는 사람은 바로 당신이다.

오래전 더 나았던 시절을 그리워하며 주저앉은 사람들, 매일같이 손으로 생계를 빚어내면서도 속은 텅 비고 삶이 무너져가는 사람들, 헐벗고 병든 채 차가운 바닥에서 밤을 지새우는 사람들, 바로 그곳에 당신의 시선이 닿아야 한다. 그 자리에 당신의 마음과 정성을 건네야 한다. 그것은 이 세상 어떤 은행도 보장할 수 없는 가장 높은 이율을 남긴다.

가난한 사람은 돈뿐 아니라 용기도 함께 잃는다. 어디서든 밀려나고, 언제나 가장 낮은 자리에 자신을 두게 된다. 그러니 당신이 먼저 그를 존중하라. 그리고 다른 이들도 그렇게 하도록 이끌어야 한다. 물질적인 결핍만이 고통의 전부는 아니다. 마음의 상처가 더 깊은 이들도 있다. 슬픔에 눌린 사람을 대할 때는 무엇보다 섬세하고 조심스러운 태도가 필요하다.

때로는 그저 곁에 앉아 함께 눈물을 흘려주는 것만으로 충분하다. 그들의 짐을 함께 지고, 그저 곁에 있어주는 것만으로도 그들은 다시 살아갈 힘을 얻는다. 하지만 이런 돌봄은 언제나 같을 수 없다. 어떤 순간에는 조용히 지켜보는 것이 최선이고, 어떤 때에는 마음속 고통을 꺼내 말하게 해야 한다. 어떤 사람은 오롯한 고독 속에서만 숨을 돌릴 수 있지만, 또 다른 이는 손을 잡아 끌어주는 사람이 있어야만 절망에서 빠져나올 수 있다.

이 모든 상황에서 필요한 것은 지혜다. 불행한 사람들끼리는 서로에게 기대며 함께 무너지는 경우가 많다. 서로를 위로하지 못하고 더 깊은 절망으로 끌고 가기도 한다. 고통 속에 있는 사람이라면 반드시 자신보다 마음이 단단한 친구를 곁에 두어야 한다. 그와 함께 머물러야 한다. 그래야만 이기적이지 않은, 진짜 위로가 시작될 수 있다.

세상에는 슬픔을 겪은 뒤 그 슬픔에 물들어 마음까지 어두워져, 다른 사람에게 괜히 날을 세우는 이들이 있다. 그러나 진정한 슬픔은 사람을 더 깊고 부드럽게 만든다. 진실한 사람은, 아무리 고통으로 마음이 닫히고 예민해졌더라도, 그 고통을 남에게 퍼붓는 일은 하지 않는다.

억울하게 밀려나고 억눌린 사람들을 지켜야 한다. 다만 그 보호가 그들에게 해가 되지 않도록, 언제나 신중하고 현명하게 행동해야 한다. 겉으로 드러나는 사회적 자리에 주목하지 말고, 말없이 묵묵히 그 자리를 지키는 이들을 살펴야 한다. 목소리를 높이며 자신의 가치를 뽐내는 사람들보다, 조용하고 깊은 사람일수록 자주 외면받기 때문이다.

나는 그런 장면들을 여러 번 목격해왔다. 막 부대로 올라온 신참에게 함부로 구는 장교들, 귀부인들 곁에서 말도 못 하고 숨죽이는 가정교사들, 시골에서 막 올라와 낯선 도시의 허영에 휘둘리는 순박한 소녀들. 그런 모습을 볼 때마다 나는 그들에게 조용히 다가가 말을 건넸다. 내가 가진 힘이 크지는 않지만, 그런 일이야말로 내가 할 수 있는 최소한의 도리라고 생각했기 때문이다.

그리고 나는 그 과정에서 하나의 역설을 알게 되었다. 세상에서 행운을 누리는 사람들은 늘 시기와 질투의 대상이 된다. 하지만 모든 것을 잃고 철저히 무너진 사람들은 연민과 동정을 받는다. 어쩌면 적이 있다는 사실은 아직 당신이 완전히 무너지지 않았다는 뜻일지도 모른다.

이 가운데 가장 안타까운 사람들은 길을 잃고 돌아올 길을 찾지 못하는 이들이다. 그들은 단 한 걸음의 실수로 죄에 얽히고, 결국 스스로를 구원할 마지막 희망마저 놓쳐버린 사람들이다. 이들에게는 단순한 동정만으로는 부족하다. 그들에게는 긴 시간의 인내와 다정한 손길, 그리고 때로는 강한 이끌림이 필요하다.

사람의 마음이 얼마나 쉽게 속고, 얼마나 약하며 무너지기 쉬운지를 떠올려보라. 격렬한 감정과 뜨거운 혈기 속에서, 눈앞의 유혹이 얼마나 그럴듯하고 달콤하게 느껴지는지를 생각해보라. 사람은 단 한 걸음만으로도 깊은 낭떠러지에 빠질 수 있다. 그리고 때로는 그 사람보다 더 잔인한 것이 세상의 시선이다. 그 시선은 아직 악하지 않은 사람을 진짜 악인으로 만들어버릴 수도 있다.

그래서 우리는 누구에게도 쉽게 돌을 던질 수 없다. 어쩌면 우리는 단지 운이 좋아 비슷한 환경에서도 그 유혹을 피한 것뿐일지도 모른다. 그렇기에 나락에 떨어진 사람에게는 반드시 다시 손을 내밀어야 한다. 하지만 그의 마음을 움직이기 위해서는 차가운 도덕 강의만으로는 부족하다. 가르치려 들지 말고, 그의 감정과 마음까지도 따뜻하게 보듬어야 한다.

그가 당신을 존경하고 신뢰할 수 있어야 하고, 당신과 함께라면 새로운 삶을 시작할 수 있다는 희망이 생겨야 한다. 무너진 사람이 다시 일어설 때, 그의 과거보다는 오늘 그의 변화에 집중해야 한다. 당신은 그가 다시 일어설 수 있도록 존경과 지지를 보여줘야 한다. 물론 그가 다시 길을 잃을 수도 있다. 하지만 그때도 포기하지 말고, 또다시 그의 곁에 있어야 한다.

우리가 해야 할 일은 바로 그것이다. 누구도 영원히 타락한 채로 머물지 않는다. 우리는 그가 돌아올 수 있도록 기다려야 한다. 이 말을 들으며 어떤 사람은 비웃을지도 모른다. 하지만 나는 믿는다. 누구든지, 우리가 진심으로 손을 내밀고 기다린다면, 결국 다시 돌아올 수 있다고. 그리고 이 세상 사람들은 반드시 기억해야 한다. 누군가의 지난 잘못 하나로 그를 끝없이 비난하고 밀어낸다면, 결국 그를 완전히 무너뜨리는 진짜 죄인은 바로 당신이 될 수도 있다는 사실을.

제12장
살다가 위기를 겪게 됐을 때

_ 사건은 사람을 드러낸다

1

나는 여러 자리에서 말해왔다. 우리가 살아가며 겪는 모든 일에서 가장 먼저 필요한 것은 침착함과 냉정함이다. 그런데 이 덕목이 특히 절실하게 요구되는 순간이 있다. 바로 우리 자신이나 타인이 눈앞에 위기를 마주할 때다. 그때는 겨우 한순간의 판단이 누군가의 생사를 좌우할 수도 있다.

그러니 머뭇거리며 말만 하지 말고, 행동해야 할 때는 단호하게 움직여야 한다. 마음은 차갑게 가라앉히고, 두려움을 억누른 채 몸을 먼저 움직여야 한다. 아무리 마음이 아리고 감정이 북받쳐 올라와도, 손이 먼저 나가야 한다. 울음을 삼키고 발을 내디뎌야 한다.

불이 번지는 곳, 물이 차오르는 곳에서도 패닉에 빠지면 모든 걸 놓치게 된다. 구하려는 사람이 공포에 휩싸여 발버둥 칠 때는, 때로 그의 동의를 기다리지 말고 강하게 끌어내야 할 때도 있다. 바로 그 순간 정신을 지키는 일이, 생명을 지키는 일과 같다.

밤길을 걷다 예상치 못한 칼부림을 맞닥뜨렸을 때도 마찬가지다. 강도나 도둑 같은 이들은 대개 두려움에 쪼그라들어 있고, 종종 절망에 휩싸여 우왕좌왕한다. 그들은 제대로 저항하는 상대를 예상하지 못한다. 그래서 마음을 단단히 먹고 한 걸음을 먼저 내디딘 사람이, 때로는 열 사람을 압도한다. 하지만 그렇다고 매번 맞서 싸워야 하는 것은 아니다. 싸울지, 재물을 내주고 물러설지는 상황에 따라 다르다. 총을 쥐고 대응할지, 소리를 질러 도움을 요청할지, 조용히 빠져나갈지는 정해진 답이 없다.

그래서 나는 평소에도 차분하게 그런 상황을 머릿속으로 시뮬레이션 해보라고 권한다. 위기는 예고 없이 오기에, 미리 마음속에서 수차례 연습해두는 것이 중요하다. 그렇게 준비해두면 실제 상황이 닥쳤을 때 몸이 먼저 반응한다.

아이들에게도 이걸 가르쳐야 한다. 단순히 "그럴 땐 어떻게 할래?" 하고 묻는 것만으로는 충분하지 않다. 때로는 일부러 가벼운 위기나 당황스러운 상황을 만들어 아이들을 그 안에 놓아야 한다. 그렇게 훈련시켜야 한다. 그래야 아이들도 위기 앞에서 정신을 잃지 않고, 자기 자신을 지킬 수 있다.

2

나는 한때 이런 바람을 품은 적이 있다. 독일의 온갖 지역을 두루 다닌 여행기를 하나 더 보태는 대신, 누군가가 여행의 방식에 대해 알려주는 책을 써주었으면 했다. 어떻게 하면 사람답게, 낭비 없이 유익하고 즐겁게 여행할 수 있는지를 말해주는 책 말이다.

어느 지방에선 마차를 타는 것이 편하고, 어떤 고장에선 말을 빌려 타는 게 낫고, 또 어떤 곳에선 두 발로 걷는 것이 훨씬 세상을 더 깊이 느끼게 해준다는, 그런 실용적인 조언이 담긴 책. 물론 니콜라이 같은 이의 여행기에도 이런 조언들이 흩어져 있긴 하다. 하지만 이런 내용을 모아 하나의 책으로 엮는다고 해서 지나치다거나 쓸모없다고 보진 않는다.

사람들과 더불어 사는 법을 말하는 이 책에서도 여행 이야기를 빼놓을 순 없다. 사람 속으로 들어가는 일 중에서 여행만큼 직접적이고 노골적인 일도 드물기 때문이다. 그래서 짧게라도 이 이야기를 하지 않을 수 없다. 먼저 떠나기 전에는 책과 사람을 통해 자신이 갈 길을 미리 살펴야 한다. 어디에서 무엇을 보고, 무엇을 피해야 할지, 숙소와 식사는 어느 정도가 적당한지. 미리 준비하지 않으면 길 위에서 속수무책으로 당하고, 후회만 남게 된다. 여행 경비 역시 마찬가지다. 머릿속으로 계산한 액수보다 항상 삼분의 일은 더 넉넉히 챙겨야 한다. 그리고 혹시 모를 사태에 대비해, 도착할 곳마다 믿을 만한 사람을 미리 알아두는 것, 그것 또한 여행자의 지혜다.

독일을 여행하다 보면 다른 나라보다 돈 문제로 골치 아픈 일이 자주 생긴다. 지역마다 화폐 기준이 달라서, 금화를 내밀었더니 다음 마을에서는 통하지 않는 은전으로 거슬러주는 일도 흔하다. 숙소 주인이나 장사꾼들은 이런 틈을 놓치지 않는다. 어떤 지방에선 말을 직접 빌리는 것보다 '하우더러'라 불리는 마차꾼을 고용하는 편이 훨씬 빠르고 저렴하다. 반면 다른 지역에서는 마차보다 홀가분하게 말을 빌려 타는 것이 낫다. 때로는 마차도 말도 내려놓고, 오롯이 두 발로 걷는 여정이 진짜 그 땅의 얼굴을 보여주기도 한다.

어떤 여행자는 목적지에만 닿으려 하며 마차를 재촉하기 바쁘다. 여관 식사비를 아끼기 위해서든, 빨리 가야 할 사정 때문이든. 하지만 나는 그 반대로 권하고 싶다. 짧은 여정일지라도 중간에 멈추고, 둘러보고, 그 지역의 공기와 사람을 천천히 음미해보라고. 길에서 마주치는 사람이 마부와 역장뿐이라면, 그 여행이 우리에게 무엇을 남기겠는가? 진짜 그 땅의 표정은 장터와 거리, 들판에서 일상을 살아가는 사람들의 몸짓과 말씨 속에 담겨 있다. 어느 나라나 귀족과 부자들은 엇비슷하다. 하지만 골목과 밭을 채우는 평범한 사람들의 삶에는 그 땅 고유의 온도가 배어 있다.

독일은 지역마다 길과 마차 제도가 제각각이다. 어떤 곳은 길이 잘 나 있어 순탄하지만, 또 어떤 곳은 금세 지체되고, 마차는 삐걱거리고, 사람은 지친다. 그래서 여행자는 미리 살피고 지혜롭게 계획해야 한다. 길 위에서는 무엇보다 인내와 용기가 필요하다. 작은 불편, 궂은 날씨, 어설픈 음식, 예기치 못한 고생에도 쉽게 기분을 상하지 않게 다스리는 여유도 함께 챙겨야 한다.

특히 동행이 있다면 이런 태도는 더욱 중요해진다. 좁은 마차 안에서 신경질적인 사람과 함께해야 한다면 아무리 아름다운 풍경도 고행처럼 느껴질 수밖에 없다. 길 위에서는 사람과 사람 사이의 경계가 흐려지기 쉽다. 평소라면 별말 없이 지나쳤을 사람과도 같은 지붕 아래 머무르게 된다. 그렇다고 낯선 이에게 너무 쉽게 마음을 열거나 무턱대고 믿어서는 안 된다. 여행길엔 모험가도 많고, 사기꾼도 있기 마련이다.

그리고 굳이 정체를 숨기려 하지 마라. 익명으로 다니나 되려 불리해지는 경우가 많다. 또 길 위에서 돈 자랑이나 지나친 치장을 삼가야 한다. 화려함은 여관비만 올리고 남는 게 없다.

허세가 심하면 두 가지 취급을 받기 쉽다. 하나는 어수룩한 부자로 보고 바가지를 씌우는 것이고, 다른 하나는 말썽 많은 모험가쯤으로 여겨져 사람들이 거리를 두는 것이다.

그러니 겉모습은 단정하되, 너무 잘난 티도, 너무 초라한 모습도 피하라. 사람답게 보이는 선에서 멈추는 것이 가장 현명하다. 몸이 편해야 길이 편하고, 옷차림이 불편하면 마음까지 거슬린다. 무엇보다도 자기 몸에 맞는 옷을 준비하는 것이 중요하다. 또한 돈을 아껴야 할 곳과 아끼지 말아야 할 곳을 구별해야 한다. 마부에게는 상황에 맞춰 팁을 넉넉히 주어라. 그들의 입소문 하나가 다음 여정을 얼마나 편하게 만드는지는, 몇 번만 겪어보면 알게 된다.

독일의 마차꾼이나 우편 마부들은 다소 거친 인상을 줄 때가 있다. 그러나 그들의 태도 역시 우리가 어떻게 대하느냐에 따라 달라질 수 있다. 정중하고 품위 있는 태도, 거기에 가볍게 미소 지은 한마디만으로도 그들의 무뚝뚝한 얼굴이 풀리곤 한다. 마차가 손상되었거나 고장이 났을 때는 직접 상태를 확인하는 것이 좋다. 수리공과 마부가 짜고 수리 비용을 부풀리는 경우가 드물지 않기 때문이다. 무엇이든 돈을 꺼내기 전에 한 번 더 눈을 씻고 살펴보는 습관이 필요하다.

여행길에 나서면 여관 주인과 마부가 짜고 여행자에게 특정 여관을 추천하는 일이 흔하다. 하지만 그런 곳이 꼭 합리적이거나 좋은 선택지는 아니다. 마부의 권유만 믿지 말고, 가능하다면 그 지역을 잘 아는 사람에게 미리 물어보는 편이 현명하다.

날이 쌀쌀한 날에는 몸을 덥히는 방법도 알아두어야 한다. 포도식초를 한두 모금 마시는 것은 몸을 따뜻하게 하고, 해롭지도 않다. 여행에 함께 나선 하인들에게도 주의를 주어야 한다. 돌아가는 마부들이 마차에 달린 작은 부품이나 못, 철심 따위를 몰래 챙겨가는 일이 종종 있기 때문이다. 게다가 어떤 마부들은 도로 요금소 관리인과 짜고 일부러 요금소를 지나친 다음, 나중에 두 배로 부풀린 요금을 청구하기도 한다. 이런 수를 방지하려면, 도로를 지날 때마다 당신이 직접 요금을 지불하는 것이 가장 확실하다. 도시에서는 마부들이 마차를 일부러 요란하게 몰며 주목을 끄는 일이 있다. 이것을 억지로 막으려 할 필요는 없다. 차라리 그런 험한 길에서 마차가 고장난다면, 도시 안에서 곧바로 수리할 수 있으니 다행이다. 광야 한복판에서 멈추는 것보다는 훨씬 낫기 때문이다. 다만 수리공과 일을 맡기기 전에는 반드시 조건을 꼼꼼히 따져서 합의해야 한다. 그렇지 않으면, 낯선 곳에서 낭패를 보기 쉽다.

여관 주인도 마찬가지다. 친절하고 값이 합리적이며, 일하는 사람들의 손이 빠르고 조용하다면 손님이 끊이지 않을 것이다. 하지만 언제나 그런 좋은 여관을 만날 수는 없다. 그런 상황이라면 마음의 갑옷을 단단히 입고, 괜한 시비는 피하고, 인내하는 편이 결국 돈과 시간을 아끼는 길이다. 가끔 터무니없이 비싼 식사 값을 요구하는 주인을 만날 수도 있다. 그렇다고 일일이 명세서를 요구하진 마라. 괜히 요구했다가 더 부풀려진 계산서를 받게 될 수도 있다. 괜한 다툼만 길어질 뿐이다.

여관에서 술을 주문할 때는 처음부터 와인을 달라고 하는 것이 낫다. 맥주를 시켰다가 맥주 맛이 별로라는 핑계를 대며 비싼 술을 권하는 경우가 많기 때문이다. 사실 술맛은 어디서나 비슷하다. 허름한 여관에서는 난로가 연기만 피우고 불도 잘 붙지 않는다. 그러면서도 "장작을 뺄까요?"라고 물은 뒤, 사용하지도 않은 장작값을 청구하곤 한다.

잠자리도 기대하기 어렵다. 침대는 짧고, 푸른색 커버를 씌운 베개는 속을 가려놓기 위한 장치에 불과하다. 그럴 때는 차라리 난방을 포기하고, 스스로 챙겨온 침구를 꺼내 깔고 자는 편이 더 낫다. 주인이 "무엇을 드시겠습니까?"라고 묻는다면 주의하라. 치킨이나 팬케이크처럼 따로 준비된 요리를 주문하면 원래 상차림 외에 따로 값을 매기게 된다. 그럴 때는 준비된 것만 내달라고 대답하는 것이 현명하다.

또한 대도시의 이름난 여관이 아니라면 굳이 비싼 외국산 와인을 찾지 말고, 평범한 하우스 와인을 달라고 하는 것이 좋다. 낯선 길 위에서는 소박함이 더 안전하고 이롭다. 그 비싼 와인도 결국 같은 통에서 나올지 모른다. 괜히 값만 부풀려지는 경우가 많다. 식사는 여관방 안에서 혼자 먹는 것보다, 여럿이 함께 식탁에 둘러앉아 먹는 편이 훨씬 낫다. 값도 덜 들고, 분위기도 훨씬 즐겁다.

여행길에서 흔히 마주치는 또 다른 술수가 있다. 말 갈아타는 역에서 식사를 주문하면, 일부러 음식을 늦게 내어준다. 마침내 음식이 나온 바로 그때, 마부가 나팔을 불며 서둘러 출발하자고 재촉하는 식이다. 결국 허둥지둥 음식을 밀어넣고 자리를 뜨게 되는데, 값은 온전히 다 내야 한다. 그러나 꼭 서두를 필요는 없다. 일정에 여유가 있다면, 천천히 식사를 마치고 나서 움직여도 된다.

또 어떤 역에서는 비가 온다, 길이 험하다 같은 핑계를 대며 필요 이상으로 말을 빌리려 한다. 말이 맞든 틀리든, 그들의 말에 진지하게 대응할 필요는 없다. 마부에게 팁을 조금 더 주거나, 여분의 말값을 넉넉히 치르는 쪽이 번거로움을 피하는 현명한 방법이다. 수로를 따라 짐을 배로 옮길 때도 마찬가지다. 뱃사공들은 곧 도착한다고 말하면서도, 중간중간 멈춰서 짐을 더 싣거나 밀수품을 챙기기 일쑤다. 이런 상황을 방지하려면, 반드시 계약서를 쓰고, 주요 조건은 글로 남겨 받아두어야 한다.

또한 말을 타고 여행할 경우라면, 말 먹이는 일을 절대 남에게 맡기지 마라. 직접 마구간을 확인하고, 깨끗하고 넉넉한 공간에서, 다른 말들과 떨어져 제대로 돌봐지도록 챙겨야 한다. 여전히 말을 홀대하고, 여행자에게 무성의한 여관도 많다. 빌린 말을 타고 먼 길을 떠나야 한다면, 그 말이 건강한 상태인지, 며칠간 충분히 쉬었는지 반드시 확인해야 한다. 확신이 없다면, 그 여정은 아예 포기하는 편이 낫다. 말 주인들은 흔히 말한다. "이 말은 아주 성질이 불 같아서, 발만 헛디뎌도 하늘로 뛰어오를 겁니다." 하지만 정작 달려보면, 채찍으로 쳐도, 소리를 질러도 요지부동인 말들이 더 많다.

이쯤에서 말을 접어야 할지도 모르겠지만, 조금만 더 덧붙이겠다. 낯선 말일수록 잘 돌봐주며 타야 한다. 장거리를 갈 때는 말도 천천히 마구간에서 꺼내고, 돌아왔을 때도 천천히 들여보내야 한다. 특히 시골 마을의 다리나 널빤지를 덧댄 좁고 낡은 길은 가능하면 피하는 것이 좋나. 이런 말들이 나 아는 얘기처럼 들릴 수도 있다.

하지만 직접 말을 타고 다녀본 사람이라면 안다. 말 타는 법은 배워서 익힐 수 있지만, 진짜 '길 위의 승마'는 책이 아니라 길 위에서 배워야 한다는 걸. 걱정은 마시라. 책을 괜히 길게 만들려는 건 아니다. 다만 '세상을 살아가는 법'을 다루는 이 책에서 '길 위에서의 삶'을 말하지 않는다면, 그것이 빠진 자리가 더 커 보일 것이다.

나는 걷는 여행이야말로 가장 훌륭한 여행 방식이라고 믿는다. 걷다 보면 자연이 손에 잡힐 듯 가까워지고, 사람들과 어울려 이야기를 나누거나 그들의 삶을 엿볼 수 있다. 길가에 풍기는 풀 냄새, 마을의 뒷골목까지도 온전히 내 것이 된다. 어디서든 쉬고 싶을 때 멈출 수 있고, 마음 내키는 대로 다른 길로 들어설 수도 있다. 걸으면 몸도 단련되고 훨씬 덜 피로하다. 배고픔도, 피곤함도 쉽게 해소된다. 소박한 식사나 거친 잠자리조차 그저 고맙게 느껴진다. 나 역시 여러 번 독일 곳곳을 걸어서 여행했다. 그중에서도 '독일의 낙원'이라 불리는 팔츠 지방을 처음 알게 된 것도 바로 그 길 위에서였다. 그곳에서 보낸 시간은 지금도 내 가슴 한편을 따뜻하게 적셔준다. 그곳에서 만난 이들과의 인연은 내게 평생의 보물로 남아 있다. 이 지면을 빌려 그들에게 깊은 고마움과 애정을 전하고 싶다.

하지만 독일에서 도보 여행은 그리 쉽지 않다.

첫째, 챙길 수 있는 짐이 많지 않다. 책이나 옷, 기록할 것들을 최소한으로 줄여야 한다. 물론 필요한 물건은 다음 목적지로 미리 우편으로 부치는 것도 방법이다.

둘째, 독일 사람들은 걷는 여행자에게 익숙하지 않다. 여관 주인들은 특히 그렇다. 옷차림이 말끔하면 도리어 수상하게 보고, 모험가나 구두쇠쯤으로 여긴다. 옷차림이 초라하면 떠돌이 장인처럼 취급하며 다락방 같은 곳으로 안내한다.

결국 자신이 왜 걸어서 이곳까지 왔는지를 일일이 해명해야 하는 상황이 생긴다. 그래서 동행이 있다면 한결 낫다. 현명하고 쾌활한 친구와 함께 걷는다면, 길은 외롭지 않고 더 멀리도 갈 수 있다. 시골길에서 농부가 '지름길'을 알려줄 때는 조심하라. 이들은 대개 조상들이 다녔던 옛길을 따르기 때문에, 더 나은 길이 있어도 굳이 알려주지 않거나 귀찮아서 설명을 생략한다.

긴 여정을 걸어야 할 때는 아침을 물 한 잔으로 시작하라. 몇 시간 걸은 뒤, 가볍게 커피와 빵으로 속을 채우는 것이 좋다. 포도주를 약간 곁들이는 것도 괜찮지만 독주는 오히려 몸을 무겁게 만든다. 쉬고 싶을 때는 큰길 옆의 나무 그늘은 피하라. 떠돌이들이 쉬어간 자리일 가능성이 높아, 벌레나 불청객이 남겨져 있을 수도 있다.

낯선 숲을 걸을 땐, 돌아오는 길을 걱정해 가지를 꺾어 길목마다 표시를 남겨두라. 그러면 길을 잃지 않고 되돌아올 수 있다. 그리고 무엇보다 중요한 점이 있다. 절대 빈손으로 걷지 마라. 총이든 튼튼한 지팡이든, 길 위에서는 언제나 대비가 필요하다.

3

술과 인간에 관해 생각해보자. 포도주는 사람의 마음을 기쁘게 만든다. 나는 이 음료를 반드시 있어야 흥겨워지는 필수품이라기보다는, 마음이 무거워지고 침잠할 때 내면의 밝은 기운을 되살리는 자극제 정도로 여기는 것이 바람직하다고 본다. 실제로 나 역시 여러 번 이 훌륭한 음료의 덕을 톡톡히 본 경험이 있다. 하지만 세상에서 가장 보기 민망한 광경 중 하나는, 술에 취해 이성을 잃은 사람의 모습이다. 꼭 이성을 완전히 잃지 않았다고 해도 불편한 건 마찬가지다.

술을 못 마시는 사람이 제정신인 채로, 잔이 오갈수록 점점 들뜬 목소리로 떠드는 사람들 사이에 앉아 있어야 하는 상황만큼 불쾌한 일도 별로 없다. 만약 하루 종일 진지한 일로 바쁘게 지내다가 저녁에 우연히 그런 자리에 끼게 된다면, 방법은 두 가지다. 하나는 그들과 어울릴 만큼 잔을 몇 번 기울여 분위기를 맞추는 것, 또 하나는 애초부터 유쾌하고 농담을 잘하는 사람이 되는 것이다.

문제는 술이 사람마다 전혀 다른 방식으로 작용한다는 점이다. 어떤 이는 술을 마시면 유쾌해지고, 어떤 이는 다정하고 따뜻해진다. 반대로 어떤 이는 괜히 슬퍼지거나 말이 줄고, 또 어떤 이는 금세 졸기 시작한다. 어떤 이는 입이 가벼워지고, 또 어떤 이는 사소한 일에도 시비를 걸며 괜히 싸움을 하려 든다. 이 중에서도 특히 경계해야 할 유형은 마지막 부류다. 술버릇이 험한 사람, 술만 마시면 공격적으로 변하는 사람과는 가급적 마주치지 않는 것이 최선이다. 어쩔 수 없이 함께 있어야 한다면, 절대로 맞서지 말고 조용하고 부드럽게 넘겨야 한다.

또 한 가지 기억해야 할 것은, 술김에 한 말이나 약속은 결코 믿을 게 못 된다는 것이다. 술에 약한 사람이 만취했을 때는, 자신의 품위를 지키는 데 특히 더 주의해야 한다. 그런 상태를 틈타 그의 비밀을 캐거나 약속을 받아내는 것은 매우 비열한 짓이다. 무엇보다 중요한 건, 술에 잔뜩 취한 사람과는 절대로 진지한 이야기를 해서는 안 된다는 사실이다. 이런 조언은 굳이 길게 말하지 않아도 누구나 이미 알고 있을 상식일 것이다.

이제 충고에 대해 이야기해보자. 누군가 당신에게 조언을 구할 때, 먼저 그것이 정말 당신이 나서야 할 일인지, 그리고 솔직한 의견을 말하는 것이 적절한 상황인지부터 잘 판단해야 한다. 상대가 정말 진심으로 묻고 있는지도 살펴야 한다. 이미 마음속으로 결정을 내려놓고 겉으로만 묻는 경우도 있고, 비판을 요청하는 척하면서 사실은 칭찬과 지지를 바라는 경우도 있다.

이런 상황이라면 굳이 휘말릴 필요 없다. 쓸데없는 수고를 줄이고 싶다면 사람을 잘 살피는 눈이 필요하다. 조언이 필요하지 않은 자리에서 굳이 충고를 하지 않는다고 해서, 당신이 비굴하거나 아첨하는 사람으로 오해받을 일은 없다.

그렇다고 해서, 명백히 어리석고 옳지 않은 결정에 끌려 들어가 함께 동조하거나 지지해서도 안 된다. 충고를 정중히 거절하는 방법은 얼마든지 있다. 부드럽고 현명하게 선을 긋는 태도를 익혀야 한다. 특히 결혼처럼 인생의 큰 결정을 앞둔 사람에게는, 조언할 때 더욱 신중해야 한다. 괜한 말 한마디가 오래 남을 수 있기 때문이다.

반대로 당신이 누군가에게 조언을 구할 때도 마찬가지다. 이미 마음을 정해둔 채, 듣고 싶은 칭찬만 기대하며 묻는 행동은 삼가야 한다. 진심으로 조언을 구할 때는 마음을 열고, 비판도 감당할 자세가 되어 있어야 한다. 그렇지 않다면, 그건 조언을 구하는 것이 아니라, 위안을 강요하는 일일 뿐이다.

5

임종의 순간이든, 생일잔치든, 그 밖의 어떤 중요한 자리든, 경직된 말투나 과장된 몸짓은 삼가야 한다. 격식을 갖추는 것이 예의일 수는 있지만, 그걸 넘어서면 연극처럼 느껴지고, 상대에게 부담을 줄 뿐이다. 그런 과한 연출은 그 자리에 함께 있는 다른 이들에게도 불편함과 지루함을 안긴다. 겉으로만 번지르르한 허세는 결국 감동을 주지 못하고, 기억에도 오래 남지 않는다. 진심은 조용하고 단단한 모습으로 드러난다. 담백한 말 한마디, 자연스럽고 진솔한 태도가 더 깊은 인상을 남긴다. 특별한 자리일수록 꾸며낸 감정보다, 담백한 진심이 더 크게 울린다.

6

내가 관찰한 바로는, 특히 여성들 사이에서 춤을 출 때 자신의 단점이 드러나는 경우가 적지 않다. 혈기가 오르고 감정이 고조되면 이성이 감각을 다스리지 못하고, 각자의 기질적 약점이 그대로 드러나기 때문이다. 그래서 항상 스스로를 잘 다스릴 줄 알아야 한다. 춤은 사람을 일종의 도취 상태에 빠뜨리고, 그 안에서 우리는 평소 쓰고 있던 가면을 벗게 된다. 감출 게 없는 사람이라면 문제 될 게 없지만, 그렇지 않다면 더욱 신중해야 한다.

춤의 기본 예절에 대해서는 교양 있는 사람이라면 당연히 알고 있을 테니 길게 설명하지 않겠다. 이를테면, 순서를 무시하고 앞으로 밀치지 않기, 여성을 무례하게 다루거나 갑자기 끌어당기지 않기, 손을 맞잡을 때 상대가 윗사람이라면 손등을 위로 가게 배려하는 것 등은 지켜야 할 최소한의 예절이다. 이런 것들이 사소해 보일 수도 있다. 하지만 현실은 다르다. 이런 작은 태도 하나가 누군가에게는 인생의 기회나 평판을 좌우할 수도 있다. 세상은 그만큼 사소한 행동 하나에도 민감하게 반응하는 곳이다.

제3부

세상에서 만나는
다양한 관계

제3부 서문

이 책 제2부의 서문에서 밝혔듯이, 나는 주제를 일정한 순서에 따라 다루고자 했다. 이제 그 계획에 따라, 이 제3부에서는 시민 사회 속에서 서로 다른 신분과 처지에 놓인 사람들과의 관계에서 지켜야 할 예절과 태도를 다루려 한다. 그 순서에 따라, 나는 먼저 세상의 권력자들, 곧 지위 높은 이들에 대한 이야기를 시작할 것이다.

제1장
부자들

_ 돈과 인간관계의 함수

$$\boxed{1}$$

　모든 군주, 상류층, 부유한 이들이 똑같은 결점을 지니고 있다고 말하는 것은 분명 부당하다. 그러나 그들 중 다수가 공유하는 몇 가지 특징(예를 들어, 비사교적이고 냉담하며, 진정한 우정을 맺기 어렵고, 다루기 까다로운 성향)에 대해 말하는 건 과장된 판단은 아닐 것이다. 그들은 어린 시절부터 제대로 된 교육을 받지 못하고, 아첨에 익숙해지며, 주변 사람들의 비위를 맞추는 분위기 속에서 자란다. 결핍이나 곤궁과는 거리가 먼 환경 덕분에, 인간이 서로에게 얼마나 소중한 존재인지, 삶의 고단함을 홀로 견디는 일이 얼마나 힘든지, 공감과 위로의 힘이 얼마나 값진지, 그리고 언젠가 도움을 받기 위해 남을 배려해야 한다는 사실을 배우지 못한다. 그들은 자신을 객관적으로 바라보는 법도 익히지 못한다. 주변 사람들이 두려움이나 기대 때문에 그들의 허물이나 부족함을 지적하지 않기 때문이다. 이로 인해, 자신을 특별한 존재(지배하고 통치하기 위해 태어난 이들)로 여기는 반면, 평범한 사람들은 자신의 이기심과 허영을 채워주는 도구처럼 여기게 된다.

　이처럼 권력자와 부유층 다수가 그러한 경향을 보인다는 전제 위에서, 그들과의 관계를 신중히 준비하는 것이 현명하다. 물론 예외도 있다. 진정한 자존감, 세련된 태도, 너그러움, 교양, 그리고 개인적인 덕목까지 겸비한 이들이 간혹 존재한다. 이는 좋은 교육과 올바른 환경에서 자란 결과일 수 있다. 그런 인물이 군주 중에서도 드물게 나타나긴 한다. 하지만 그런 이들은 극히 소수며, 대개 세상에 잘 알려지지 않는

288　제3부 세상에서 만나는 다양한 관계

다. 언론과 대중 매체의 찬사를 그대로 믿어서는 안 된다. 나는 세상에서 위대한 인물로 칭송받던 사람이, 가까이서 보면 얼마나 보잘것없고 속이 좁은지를 수차례 목격해왔다. 진정 훌륭한 군주란 대체로 조용히 자기 길을 가는 사람들이다. 그들은 사람들의 입에 쉽게 오르내리지 않는다. 칭찬이든 비난이든.

2

권력자나 부유층과의 관계는 그들과 맺고 있는 거리나 처지에 따라 매우 달라진다. 그들의 힘을 빌려야 하거나, 그들에게 의존하고 있는 상황이라면 마음속 진심을 모두 드러내기란 쉽지 않다. 때로는 말을 아끼고, 불편함을 감수하며, 하고 싶은 말을 삼켜야 할 때도 있다. 그렇다고 해도 떳떳하고 올곧은 사람이라면 이런 유연함이 비굴한 아첨으로 흐르지는 않을 것이다. 더구나 상황에 따라, 그리고 상대의 성격에 따라 이 미묘한 거리감은 항상 다르게 작용한다. 그래서 나는 여기서 몇 가지 기본 원칙만 정리해두고, 독자 스스로 자신의 처지에 맞는 방식을 선택해 실천하기를 바란다.

3

어떤 경우에도 통하는 기본 원칙은 이렇다. 권력자나 부유층에게 먼저 다가가지 마라. 먼저 나서면 대개는 가볍게 여겨지기 쉽다. 너무 자주 부탁하거나, 자신이나 타인을 위해 반복적으로 청탁하는 것도 피해야 한다. 그런 태도는 상대에게 부담을 주고, 결국에는 피하거나 싫증

내게 만든다. 그들이 먼저 당신을 찾게 만들어야 한다. 자신을 귀하게 여기되, 그 의도가 드러나지 않도록 자연스럽게 행동하라. 억지스럽지 않게, 계산된 인상이 들지 않게.

4

스스로 고위층이나 부유층과 가까운 사이라고 과시하지 마라. 그들의 친구, 편지를 주고받는 사이, 신임받는 사람, 혹은 영향력 있는 존재인 양 자랑하지 마라. 설령 그런 인연이 있다 하더라도, 그 불편한 영광은 조용히 누리는 편이 낫다.

세상에는 자신의 실제보다 더 높아 보이려 애쓰는 이들이 많다. 이들은 주머니 사정도 고려하지 않은 채 상류층의 사치를 흉내 내고, 자신이 설 자리가 아닌 곳에 억지로 끼어들다가 결국 볼품없이 구르기 마련이다. 그렇게 하다 보면 진실한 친구들과 지혜로운 이들을 멀리하게 되고, 마음 편히 웃을 수 있는 소중한 자리마저 잃는다.

어떤 사람은 한 번 고위층을 집에 초대하기 위해 몇 달을 절약하며 준비한다. 하지만 초대받은 이가 그런 희생을 알 리 없고, 감사할 리도 없으며, 아마 며칠 뒤면 당신의 이름조차 기억하지 못할 것이다. 또 어떤 이들은 그저 상류층의 허영과 공허한 삶의 방식만을 따라 하며, 무료한 바쁨, 속 빈 약속, 외국 흉내, 조잡한 말투와 글씨, 유치한 습관까지 그대로 답습한다. 그러고는 "다들 그렇게 산다."고 말하며 그 모든 어리석음을 합리화한다. 그러나 제발 스스로의 원칙과 태도를 지켜라. 그래야 높은 사람이든 낮은 사람이든 당신을 진심으로 존중하게 된다.

　귀족들의 다정한 얼굴을 너무 믿지 마라. 그들이 웃으며 악수를 건네고, 포옹한다고 해서 당신 인생이 갑자기 바뀌는 것도 아니고, 그 친절이 오래 지속될 거라는 보장도 없다. 그들은 필요할 때만 당신에게 친절할 수 있다. 어떤 이는 그저 심심풀이로, 혹은 다른 사람을 곤란하게 만들기 위한 수단으로 당신에게 미소를 보일 수도 있다. 그러니 이들과 지나치게 가까이 지내지 말고, 항상 일정한 거리를 두고 예의를 지켜라. 그들은 언젠가 스스로를 다시 높은 자리에 올려놓고 당신을 외면할 것이며, 그 순간 당신은 모욕감과 불쾌함을 느끼게 될 것이다. 이는 조심하면 충분히 피할 수 있는 일이니, 미리 마음의 거리를 준비해두어야 한다.

　세상의 권력자들에게 자신을 지나치게 의지하지 마라. 특히 당신의 미래가 그들의 손에 달려 있다면 더욱 조심해야 한다. 힘이 약한 군주의 눈에 들기 위해 그 주변 인물이나 정부情婦에게 아부하는 일은, 젊고 가난한 사람에게는 큰 유혹일 수 있다. 하지만 그런 관계의 끝은 대부분 불행하다. 권력자가 몰락하면 그와 엮인 사람들도 함께 무너진다. 무엇보다 그런 선택으로 정직하고 현명한 사람들의 신뢰와 존경을 잃게 된다면, 결국 잃는 게 더 많아진다. 정직한 길을 가라. 눈에 띄는 성공은 아닐지라도 오래도록 평안하고 떳떳한 삶을 얻을 수 있다.

권력자들의 부탁도 조심해서 들어야 한다. 그들은 한 번 도움을 받으면 그것을 당연한 의무처럼 여기고, 다음에도 똑같이 자신을 내어주기를 기대한다. 그리고 정작 고마워해야 할 때는 쉽게 잊어버린다. 내가 아는 어떤 고위 인사가 연설문을 대신 써달라고 부탁한 적이 있다. 나는 정성을 들여 글을 써주었고, 그는 감격한 듯 나를 껴안으며 비밀로 해달라고 당부했다. 나는 그 말대로 입을 다물었다. 몇 년이 지난 뒤, 그는 나를 불러 이렇게 말했다. "내가 쓴 이 연설로 큰 성과를 거뒀네. 자네도 한번 읽어보게." 그러면서 내 앞에 자랑스럽게 내민 글은, 내가 써준 원고를 그가 자신의 필체로 옮겨 쓴 것이었다. 나는 그 연설문을 받아 집으로 돌아와, 내가 처음 쓴 원고와 함께 다시 그에게 돌려보냈다. 그는 살짝 당황하더니, 웃으며 넘겼다. 이런 일은 그들조차 쉽게 저지르는 흔한 일이다.

무엇보다도 권력자들의 음모에 휘말리지 마라. 일이 실패하면 모든 책임을 당신에게 넘기고, 성공해도 당신을 끝까지 곁에 두지 않는다. 특히 그들의 비밀을 알게 된 사람을 오래 곁에 두는 법은 없다. 그들은 필요할 때만 아는 척할 뿐이다.

대체로 귀족이나 부유층 대부분은 우리가 기대하는 만큼 감사하지도 않고, 약속도 제대로 지키지 않는다. 그러니 그들을 위해 큰 희생을 하지 마라. 그들은 당신의 희생이 얼마나 귀한 것인지 느끼지 못하며, 오히려 세상 사람들이 자신들에게 그런 정성과 선물을 바치는 걸 당연하게 여긴다. 보호를 받기 위해, 혹은 호의를 얻기 위해 당연히 바쳐야 할 조공쯤으로 생각하는 것이다.

나에게도 그런 경험이 있다. 한때 귀한 그림 한 점을 가지고 있었는데, 실력 있는 화가가 100루이의 가치를 매긴 작품이었다. 당시 내 경제 사정으로는 절반 가격만 받아도 큰 도움이 되었을 텐데, 나는 어리석게도, 아니 착하다는 핑계로, 그 그림을 한 공작에게 선물했다. 그에게 애정을 표현하고 싶었고, 오래전부터 지키지 않던 약속을 이번 기회에 떠올려주길 바랐다. 그러나 그는 그저 내 어깨를 가볍게 두드리며 고맙다고 말했을 뿐, 약속은 끝내 지키지 않았다.

몇 년 뒤, 그의 개인 전시회에 갔을 때 그는 내 그림을 다른 사람에게 보여주며 이렇게 말했다. "이거 꽤 값싸게 구했소." 그는 내가 준 것조차 잊고 있었다. 그 순간 나는, 허무하게 흘려보낸 돈과 시간, 그리고 헛된 기대를 떠올리며 깊이 후회했다. 권세가에게 돈을 빌려주거나 빌리는 것도 마찬가지다. 빌려주면 당신은 이용당하는 사람, 돈을 갚지 않아도 되는 사람으로 여겨지고, 빌리면 그 순간부터 그들의 눈치를 보며 살아야 하는 종속 관계가 된다.

9

그들을 더 망치지 마라. 그들의 자존심과 허영, 사치스러운 삶을 부추기지 말고, 혈통이나 특권에 대한 잘못된 믿음을 강화하는 말도 삼가

라. 아첨하지 말고, 때로는 쓴소리도 할 줄 알아야 한다. 다만 그것은 지혜롭게, 감정을 자극하지 않도록 말해야 한다. 억울하게 오해받는 이들을 위해 목소리를 낼 때도, 불필요하게 적을 만들지 않도록 조심하라. 권력자들이 듣는 당신의 말은 생각보다 큰 영향을 줄 수 있다. 그렇기에 가능하다면, 그 말이 선한 영향력을 남기도록 해야 한다.

10

권력자들과 대화할 때는 신중하지 못한 제안이나 확신 없는 계획을 함부로 꺼내지 마라. 그들은 말 한마디에 즉흥적으로 행동하는 경우가 많고, 일이 잘못되면 그 책임을 고스란히 당신에게 돌릴 수 있다. 나도 그런 일을 겪은 적이 있다. 어느 날 한 왕자가 자신의 정원 별채에 올린 평지붕이 너무 무겁다고 불평을 털어놓았다.

그때 나는 우연히 들은 프랑스 기술자의 아이디어가 떠올랐다. 설탕 포장지, 선박용 타르, 자갈을 겹겹이 쌓으면 가볍고 저렴한 이탈리아식 평지붕을 만들 수 있다는 얘기였다. 확신은 없었지만, 참고만 하라는 의미로 전했을 뿐이다. 그런데 훗날 그 왕자가 내 말을 바탕으로 실제로 시도했다가 실패했고, 이후 나를 두고 "믿을 만한 사람이 아니다."라고 비꼬았다는 소문이 퍼졌다.

이처럼 권력자들과 이야기할 때는 말을 아끼는 것이 지혜다. 특히 다른 사람에 대한 부정적인 이야기, 뒷담화는 더욱 조심해야 한다. 그들은 험담을 흥미롭게 듣지만, 정작 그런 말을 한 사람을 마음속으로 경멸한다. 게다가 그 말은 언젠가 다시 돌아와 당신을 곤경에 빠뜨릴 수 있다. 무심코 험담한 그 사람이 훗날 권력자의 결정에 따라 당신의 인생에 영향을 미칠 위치에 있을 수도 있기 때문이다.

권력자들은 좋은 말은 쉽게 잊고, 나쁜 말은 오래 기억한다. 나는 한마디 말이 수년이 지나도록 사람을 괴롭히는 장면을 수도 없이 보아왔다. 특히 조심해야 할 것은 다른 상류층 인사에 대한 이야기다. 귀족과 권력자들은 서로를 시기하고 경쟁하면서도, 남의 입으로 자기 이야기가 오르내리는 걸 극도로 싫어한다. 그럼에도 불구하고, 권력자들은 여전히 즐겁고 유쾌한 분위기를 원한다. 그들의 환심을 사고 싶다면, 그들을 부드럽게 웃게 만들면 된다. 그러나 결코 그들의 광대가 되어선 안 된다. 언제든 불려 가 웃음을 제공하는 어릿광대처럼 행동하지 마라. 권력자들이 당신에게 기대하는 것이 단지 웃음일 수도 있지만, 그 기대에만 맞추다 보면 당신의 품격은 쉽게 무너진다. 그 너머에서 스스로의 품위를 지키는 것이야말로 진정한 지혜다.

11

대부분의 권력자들 마음속에는 늘 불신이 자리하고 있다. 그들은 세상이 자신을 겨냥해 음모를 꾸미고 있다고 의심하는 경향이 있다. 그래서 자신 아래 있는 사람들이 서로 친밀하게 지내는 것도 달가워하지 않는다. 만약 당신이 권력자들과 무관하게 살아갈 수 있는 사람이라면, 이런 걱정은 접어두고 마음 가는 대로 친구를 사귀면 된다. 단, 아무리 높은 이의 후원을 받고 있더라도, 진심으로 다가오는 사람을 외면하거나, 훌륭한 친구의 손길을 거절해선 안 된다.

하지만 만약 당신이 권력자의 궁정이나 권력 주변에서 성공하고자 한다면, 누구와 자주 만나고, 누구를 신뢰할지 신중하게 선택해야 한다. 그곳은 늘 크고 작은 파벌과 음모로 가득하다. 따뜻하고 인정 많은 사람일수록 이런 싸움에 쉽게 휘말리고, 어느 한 파벌이 승리하게 되면, 그와 조금이라도 연관돼 있다는 이유만으로 아무 죄 없는 사람도 함께 희생되곤 한다.

나도 그런 상황을 겪은 적이 있다. 나는 본래 조심성이 많은 사람은 아니었지만, 궁정에서는 말 그대로 한 걸음 한 걸음 조심하며 지냈다. 그럼에도 결국 곤욕을 치른 일이 있었다. 단지, 문제에 연루된 사람들과 내가 종종 교류했다는 이유만으로, 나 역시 사전에 그 사건을 알고 있었거나, 최소한 눈치챘을 것이라 여겨졌던 것이다. 하지만 나는 정작 아무런 관련도, 책임도 없는 사람이었다. 사건이 터진 뒤에서야 상황을 알게 되었고, 내 입장에서는 아무것도 할 수 없었으며, 아무 책임도 지지 않아도 되는 위치였다. 오히려 나는 친구를 배신하지 않고 끝까지 침묵을 지킨 점에서 칭찬받아야 마땅했다.

나는 누구의 부하도 아니었고, 정부의 관리도 아니었기에, 누군가를 고발할 의무 또한 없었다. 하지만 세상은 그렇게 공정하지 않다. 그래서 나는 분명히 말한다. 권력의 주변에서 살아가야 할 사람이라면, 눈에 띄게 어느 한 편에 서지 말고, 조용히 자신의 길을 걸어가며, 자신과 무관한 일에는 가급적 개입하지 마라. 그것이 스스로를 지키는 가장 안전한 길이다.

12

권력자들과 이야기할 때는 자신의 집안 사정이나 가족 문제, 개인적인 근심거리를 굳이 꺼내지 마라. 그들은 그런 이야기에 따뜻한 관심을 갖지 않는다. 지루해할 것이고, 당신의 비밀을 중요하게 여기지도, 지켜줄 이유도 느끼지 않는다. 당신을 '뭔가 구걸하러 온 사람'처럼 여길 가능성도 크다. 권력자들은 대개, 세상 사람들이 자신의 지갑이나 은혜만을 노리고 다가온다고 믿는다.

사람들은 우리가 무언가를 청하거나, 도움이 필요한 처지에 놓였다고 느끼는 순간부터 태도가 달라진다. 평소에는 우리의 재능이나 지식, 성품을 칭찬하며 가까이 다가오던 이들도, 막상 우리가 자신의 능력을 인정받고 정당한 대가를 요구하는 순간부터 갑자기 불편해하고, 까다롭게 대하기 시작한다. 권력자나 부자에게서 가장 좋은 대우를 받을 수 있는 때는, 그들이 우리에게 아무런 관심도 없을 때가 아니라, 오히려 우리가 그들에게 꼭 필요한 존재가 되었을 때다.

그러나 그것을 겉으로 드러내지 마라. 그들은 자신감이 지나치거나, 자랑을 앞세우는 사람을 싫어한다. 겸손함과 예의를 지키되, 당신의 통찰력과 품격, 그리고 정직함이 자연스럽게 그들의 존경을 이끌어내게 하라. 그러면 그들은 당신을 조심스럽게, 진지하게 대하게 될 것이다.

13

주의하라. 권력자가 어떤 분야(지식이든, 유머든, 미덕이든, 학식이나 예술적 감식안이든)에서 자부심을 가지고 있다면, 그 앞에서 당신이 그를 능가하고 있음을 절대 직접적으로 드러내지 마라. 특히 다른 사람들이 함께 있는 자리에서는 더욱 조심해야 한다. 그가 속으로 당신보다 못하다고 느끼는 건 괜찮다. 하지만 그건 어디까지나 그가 혼자만 느껴야 할 일이다. 이 점은 특히 당신보다 능력이 부족한 상사와의 관계에서 더욱 중요하다.

그런 사람들은 당신의 뛰어난 식견을 검토하는 척하며 몰래 가져다 쓰기도 하고, 훗날 당신의 아이디어를 자기 생각인 양 포장해버릴 수도 있다. 그럴 때에도 절대 그것을 꼬집거나, 당신이 그 사실을 눈치챘다는 태도를 보이지 마라. 특히 가르치려 드는 말투나 자세를 취하는 순간, 그들은 당신에게 불쾌감을 느끼고 당신의 앞길을 막는 데 힘을 쏟을지도 모른다. 그들은 당신이 감당하기 힘든 일을 일부러 떠넘기고, 실수를 유도하며, 당신이 실패하길 은근히 기다릴 수도 있다.

14

권력자들에게는 우리가 큰 부담 없이 베풀 수 있는 소소하고 무해한 친절들도 있다. 그들로부터 요청받는 일 중에도, 비굴한 아첨이 아닌 선에서 얼마든지 들어줄 수 있는 가벼운 부탁들이 있다. 특권층은 어릴 적부터 아주 작은 일에도 주변 사람들이 자신에게 맞춰주는 환경에서 자란다. 자신의 취향에 모두가 동의하고, 자신의 기호에 맞는 방식으로 사소한 일들까지 조율되는 삶을 살아온 것이다. 심지어 그들의 비합리적인 편견이나 유치한 고집조차, 주변에서는 맞춰주는 게 당연한 일처럼 여겨졌다.

상대적으로 훌륭하고 인격적인 군주조차, 이런 사소한 기벽과 고집
에서 완전히 자유로운 경우는 드물다. 만약 우리가 그런 작은 부분에서
조금 맞춰주는 것만으로 그가 선한 결정을 내리게 만들 수 있다면, 혹
은 그 사람이 우리의 삶이나 가족에게 중요한 영향을 미치는 인물이라
면, 기꺼이 어느 정도는 배려하는 것이 현명하지 않겠는가?

예를 들어, 어떤 귀족 자제들은 말을 매우 빠르게 하고, 발음이 불분
명해서 알아듣기 어렵기도 하다. 그런데 이들은 자신이 무슨 말을 했는
지 다시 묻는 것을 매우 싫어하며, 상대가 한 번에 이해하길 기대한다.
물론 이런 습관은 어릴 때 고쳤어야 하지만 이미 그렇게 자란 이상, 우
리가 맞춰주는 수밖에 없다. 또 어떤 이들은 말에서부터 개, 병정 인형,
연극, 파이프 장식, 그림, 악사, 작곡, 건축, 조경, 박물관 설립 같은 다
양한 취미에 깊이 빠져 있기도 하다. 이런 경우엔 가볍게 맞장구쳐 주
고, 약간의 안목을 보여주는 것만으로도 긍정적인 인상을 줄 수 있다.

다만 주의할 점이 있다. 권력자들이 좋아하는 분야에서 그들을 능가
하거나 무시하는 듯한 태도를 보여서는 안 된다. 특히 군주들은 자신이
가장 애착을 갖는 분야에서조차 놀랄 만큼 무지하거나 수준 이하의 식
견을 보일 때기 있디. 이럴 때 그보다 너 잘 안다는 듯 굴거나, 조언을
하려 들면 반대로 반감을 살 수 있다. (이 문제는 무지한 후원자와 예술가
사이의 관계로도 확장할 수 있는데, 그만큼 따로 한 장을 쓸 만큼 흥미로운 주
제다.)

또한 권력자들은 복장, 말투, 손 글씨 같은 사소한 것에도 자신만의

고집스러운 취향을 가진 경우가 많으므로, 이런 부분에서 불필요한 충돌이 생기지 않도록 유의해야 한다. 물론 이러한 작고 무해한 배려도 어떤 경우에는 중단해야 한다. 그것이 그들의 인격을 망치거나, 오만과 이기심을 부추기거나, 중요한 책무로부터 멀어지게 하거나, 공정한 사람들을 부당하게 만드는 상황이라면 결코 묵과해선 안 된다.

그리고 한 가지 덧붙이자면, 군주들에게 특히 좋지 않은 습관 중 하나는 외국 유람에 빠지는 것이다. 나는 군주가 그런 습관을 갖는 것을 매우 경계한다. 그들은 종종 자신이 다스리는 나라에 대해 제대로 알기도 전에 외국의 축제와 유흥에 눈을 돌리고, 값비싼 장식품이나 낯선 질병, 사치와 방탕, 나태한 생활, 외국의 모험가들까지 끌어오곤 한다. 그렇게 되면 결국 피해는 고스란히 가난한 백성들에게 돌아가고 만다.

15

높은 지위에 있는 사람들은 때때로 스스로를 낮추는 듯한 태도로 하위 계층의 사람들에게 조언을 구하거나, 자신의 취미나 저술, 설계, 계획, 혹은 생각에 대해 평가를 요청하곤 한다. 이런 상황에서는 각별히 조심해야 한다. 이럴 때는 마치 산티야나의 『길 블라스』에 나오는 가난한 젊은이가 추기경의 집에서 겪은 일을 떠올리며 신중하게 행동해야 한다. 추기경은 길 블라스에게 자신의 설교에 대해 솔직한 의견을 말해달라고 했지만, 그 진심 어린 조언은 결국 독이 되어 돌아왔다.[*] 이처

---

[*] 추기경은 그 비판을 부당하게 여겼고, 길 블라스는 그의 측근 자리를 잃고 말았다.

럼, 권력자들도 다른 사람들과 마찬가지로 진심으로 충고를 듣기보다는 칭찬을 기대하며 의견을 묻는 경우가 많다. 그리고 실제로는 이미 속으로 결론을 내려둔 상태에서, 그저 형식적으로 조언을 구하는 경우도 흔하다. 이런 상황에서는 진실보다도, 상대가 듣고 싶어 하는 말과 당신이 지켜야 할 안전 사이에서 현명한 균형을 찾는 것이 중요하다.

16

이 모든 신중함의 원칙은, 비교적 선량하고 호의적이며 이해심 많은 권력자와의 관계에서는 위험이 그나마 덜할 수 있다. 하지만 거만하고 무지하며, 판단력이 부족하고 쉽게 휘둘리며, 의심이 많고 냉담하며 앙심을 잘 품는 졸렬한 권력자들, 즉, 교만한 바보들이나 크고 작은 폭군들과 상대하게 될 경우에는 이 원칙들이 두 배로 중요해진다. 그런 자들의 손아귀에 얽매여 살아가는 사람을 보면 누구라도 안타까운 마음으로 연민을 느끼지 않을 수 없다.

17

불행히도 허약한 권력자의 총애를 받게 되었다면, 그 기쁨이 오래가지 않을 것임을 미리 삭오해야 한다. 언젠가 더 교활한 아첨꾼이 당신의 자리를 빼앗을 것이고, 그와 동시에 당신은 스스로가 단지 권력자의 시선에 기대어 존재하는 인물이 아님을 분명히 보여줘야 한다. 이 허망한 영광이 당신의 인격과 존재의 본질이 아님을 드러내라. 그래야 당신이 몰락하더라도, 사람들은 당신을 외면하지 않을 것이며, 그 배은망덕한 지배자조차도 당신이 기대지 않는 사람임을 깨닫게 될 것이다.

애초에 권력자의 우정이나 충성, 애착을 너무 믿지 마라. 그들은 당신이 필요할 때는 존중하는 척하지만, 마음은 쉽게 변하고, 악의적인 말에 더 귀를 기울이며, 결국 마지막에 말한 사람의 말을 진실로 받아들인다. 그러나 그들의 총애를 받고 있을 때에는, 정의와 진실, 충성과 인애를 상기시킬 수 있는 말과 행동에 힘써야 한다. 그들이 지닌 권력이 민중의 동의에서 비롯되었으며, 그 권력을 오만하게 휘두른다면 민중은 언제든 그것을 거둘 수 있다는 사실을 잊지 않게 하라. 백성들이 피땀 흘려 번 세금으로 그들의 사치와 특권, 경호와 연회가 유지되고 있다는 점도 일깨워야 한다.

또한 지금 이 시대는, 한 명의 인간이 수많은 사람을 지배할 권리가 있다고 믿는 어리석음에서 서서히 벗어나고 있다는 점을 부드럽게 전달하라. 물론 이런 말은 반드시 귀족들의 귀에 맞게 조심스럽고 우아하게 포장되어야 한다.

만약 총애를 오래 유지하고 싶다면, 당신이 그 권력자의 마음을 움직이고 있다는 사실을 절대 들키지 마라. 당신은 오로지 진심으로 그를 존경하고 아끼며, 그의 곁에서 선한 영향을 주고자 한다는 인상을 심어야 한다. 그렇다고 해서 당신의 정당한 권리까지 포기하거나, 마땅히 받아야 할 보상을 사양하며 스스로를 초라하게 만들지는 마라. 당신이 맡은 모든 일은 꼼꼼하게 기록하고, 확실한 증빙을 남겨라. 그래야 훗날 있을지 모를 비방이나 고발에 맞설 근거가 된다. 맡은 직무 외의 일은 스스로 나서서 맡지 마라. 군주의 일 처리가 지루하거나 느리다고 해서, 불필요한 말로 짐을 더 무겁게 만들지도 마라.

군주의 총애를 받는 사람에겐 반드시 시기하는 자, 정보를 캐는 자들이 따라붙는다. 이럴 때는 군주와 당신 사이에 실제로 오가는 영향력의 크기와 방향이 외부에 드러나지 않도록 특히 신중해야 한다. 특히 군주와 의견이 다를 수 있는 사안에 대해서는 공개적인 자리에서 언급하지 마라. 또한 다른 사람을 군주에게 추천할 때는 반드시 신중하라. 당신의 평판과 연결된 문제이기 때문이다. 그리고 당신의 부하라고 해서 언제나 충성을 기대하지 마라. 확신 없는 부탁은 하지 말고, 설령 그가 당신과 적대적인 자의 사람이더라도, 요구가 합당하다면 정중히 받아들여야 한다. 그래야 당신의 품격과 신뢰가 무너지지 않는다.

18

당신을 보호해주었거나, 혹은 당신이 그가 권세를 누리던 시절에 필요나 예의, 정치적인 이유 또는 선의에서 그를 섬겼던 권력자가 몰락했을 때 (그가 지위와 재산, 영향력과 영광을 모두 잃고 땅에 떨어졌을 때) 그를 외면하는 비열한 무리와 한패가 되지 마라. 그가 더 이상 당신에게 아무런 도움이 되지 않는 존재일지라도, 여전히 존경받을 만한 사람이라면, 바로 그때야말로 딩신의 진심이 세상의 떠들썩한 징송이나 값싼 이익이 아닌, 깊고 변함없는 사람됨에서 비롯된 것임을 보여야 할 때다.

비록 그가 당신의 애정을 받을 자격이 없는 사람이라 해도, 지금 그가 모든 이에게 버림받은 처지라는 이유만으로 더 이상의 모욕이나 상처를 주지는 마라. 조용히 그의 고통을 지나쳐라. 그것으로도 충분하다. 그리고 만약 그가 과거에 당신을 억누르고 괴롭힌 적이 있었다 해도, 한때 그의 권력 아래에서 당신이 고통을 받았다 해도, 그가 몰락한 지금 복수를 꿈꾸지 마라. 그에게 자비와 고결함을 보여주어라. 마치 불 위에 뜨거운 숯을 올리듯, 당신의 관용으로 그를 대하라. 그렇게 해야 그도 마침내 자신의 과오를 되돌아보게 되고, 인간의 진정한 위대함은 권력이 아니라 너그러움에 있다는 사실을 깨달을 수 있을 것이다.

19

귀족이나 부유한 이들, 이른바 '상류층'에게 쉽게 빈민을 위한 모금을 요청하지 마라. 이들 대부분은 보여주기식으로만 돈을 내며, 당신을 그저 구걸하러 온 사람처럼 대할 가능성이 크다. 당신이 직접 도울 수 있는 일이라면 스스로 나서서 하라. 남에게 맡긴다는 명분으로 책임을 넘기지 마라. 그리고 어떤 부유한 이가 가난한 이를 돕지 않았다고 해서 섣불리 비난하지도 마라. 때로는 훨씬 가난한 사람이 기꺼이 손을 내밀기도 한다. 명심해야 할 것은, 부유한 이들 역시 (그것이 실제든, 혹은 그들 스스로 만들어낸 착각이든 간에) 자신들만의 크고 복잡한 '필요'를 안고 살아간다는 점이다. 세상은 그들에게 더 많은 것을 요구하며, 그로 인해 그들 역시 궁지에 몰릴 수 있다. 모든 사람에게 아낌없이 베풀 수 있다면 얼마나 좋겠는가? 하지만 그럴 수 없는 세상이라면, 부유한 이들 또한 때때로 선택을 강요받는다는 사실을 이해해야 한다.

지금까지 많은 부유하고 권세 있는 사람들의 성정을 비판해왔지만, 이 말이 모든 상류층 사람들에게 똑같이 적용된다고 생각하지는 않는다. 예전부터 나는, 일부 비루한 근대 작가들이 귀족 계층을 향해 마치 직업처럼 비난을 퍼붓는 것을 볼 때마다 불쾌함을 느껴왔다. 그들 중 다수는 귀족 세계에 발을 들여본 적조차 없으면서도, 제멋대로 그들의 인격과 사고방식을 단정하고 공격하는 뻔뻔함을 보인다.

좁은 다락방에 앉아 부유한 이들의 궁궐을 시기 어린 눈으로 올려다보며, 메마른 식탁 위의 물잔을 앞에 두고 부잣집 주방과 저장고에서 흘러나오는 향기를 견디지 못해 독을 품는다. 자신들보다 운이 좋았던 이들이 마음껏 욕망을 채우는 모습을 보며 분노하고, 화려한 마차를 탄 부유한 이들을 저주하며, 자신의 가치를 알아주지 않는 권세가들을 향해 이를 간다. 그리고 세상의 부가 공정하게 나뉘지 않았다는 이유로, 그 분노는 군주, 대신, 귀족, 부자에게 퍼붓는다. 그들을 폭군, 악당, 어리석고 냉혹한 억압자로 그리는 일이 다반사다.

하지만 나는 그런 광신적인 분노에 휘둘릴 생각이 없다. 나는 유복한 환경에서 자라며 권세 있는 사람들의 세계를 가까이서 경험했고, 이후 인생의 굴곡 속에서 궁정의 여러 인물들과 다양한 인간 군상을 두루 겪었다. 그리고 그 과정을 통해 분명히 알게 되었다. 세상과 사람을 넓고 깊게 볼 기회가 부족한 이들에게는, 조용하고 절제된 말로 진실을 전해야 한다는 것을.

분명 상류층 중에도 진심으로 선량한 이들이 많다. 비록 인격이 다소 약하더라도, 그들이 지닌 성정의 장점이 오히려 세상에 더 큰 선을 행할 수 있게 해준다. 그들은 어릴 때부터 여유롭고 풍요로운 환경 속에서 지식을 쌓고, 재능을 기르며, 인간과 세상을 배울 기회를 누려왔다. 또한 그들은 선행을 실천하고 나눔의 기쁨을 누릴 수 있는 수많은 기회를 가진다. 그들의 품격은 가난과 불행, 생존의 압박에 의해 짓눌리거나 일그러지지 않는다. 물론 아첨과 아부가 그들을 타락시킬 수도 있다. 반대로 그들이 선한 행동을 할 때마다 세상의 이목이 집중되고, 그들의 실수는 오래도록 사람들의 입에 오르내린다는 사실이 이들을 더 곧게 만드는 힘이 되기도 한다.

실제로 많은 이들이 그런 긴장 속에서 스스로를 단련하며, 사람으로서 본받을 만한 품성을 쌓아간다. 그런 이들과 함께, 훌륭한 군주의 곁에서 나라를 위한 일을 도모할 수 있다면, 그것만으로도 큰 행운이다. 나 역시 지금도 그런 인물들을 몇몇 알고 있다. 나는 그들도 자신이 빠지기 쉬운 함정을 지적해주는 충언을 기꺼이 그리고 넓은 마음으로 받아들일 수 있는 사람이라고 믿는다.

21

부유하고 권세 있는 이들끼리의 관계에 대해 한마디 덧붙이고 싶다. 그들은 대체로 서로를 망친다. 지위가 낮은 사람은 높은 사람을 따라하려 하고, 심지어 소비나 과시욕에서는 더 앞서려 하니, 그들의 어리석은 경쟁은 끝없이 반복된다. 이런 허세는 더 낮은 지위의 귀족들, 심지어 하인을 거느린 소시민들까지도 무리해서 흉내 내도록 만든다. 독일의 작은 궁정들만 봐도 알 수 있다. 서로를 감시하고, 시기하며, 경쟁하고, 어떻게든 하나라도 더 돋보이려 안달한다. 예를 들어, Y 공국의 군주가 생일에 무도회를 열고 7파운드짜리 수지초를 밝혔다는 소문이 돌면, V 공국의 군주는 자신의 축제에서 그보다 더 화려하게 보이기 위해 8파운드짜리 화약으로 불꽃놀이를 벌인다.

어떤 군주는 궁정 원수에게 300굴덴의 봉급과 말 사료를 제공하지만, 옆의 군주는 경제적 여유도 없으면서 훈장 하나를 걸어주는 것으로 더 위엄 있어 보이려 한다. 또 어떤 백작은 외국에서 값비싼 사냥개 무리를 들여오고, 다른 백작은 그에 뒤지지 않겠다는 듯 궁정 악단을 두어 요란한 음악으로 맞선다. 이조차 감당하지 못하는 이들은, 아예 자기 백성의 피땀 어린 세금을 들고 파리로 건너가, 하찮은 구경거리로 전락할지언정 자신의 공국에서 충직한 군주로 남기를 거부한다. 그리고 이런 허세와 과시는 아래로도 똑같이 퍼진다.

도시에서도 마찬가지다. 누군가 소규모 음악회를 시작하고, 모임마다 간단한 만찬을 곁들이기로 하면, 처음에는 포도주 몇 병과 차가운 음식 정도로 시작된다. 그런데 다음 사람은 여기에 펀치를 추가하고, 얼마 지나지 않아 이 모임은 값비싼 진수성찬으로 바뀌고 만다. 사실 상식 있고 교양 있는 부유한 이들이라면 이런 식이어서는 안 된다. 그들은 검소함과 절제를 몸소 보여야 하며, 음식이나 복장, 사치, 하인, 가구 등 모든 면에서 품격 있는 모범이 되어야 한다. 상류층의 우정은 오래가지 않는다는 편견을 깨뜨리고, 진실한 관계를 만들어 귀감이 되어야 한다. 그리고 무엇보다, 수많은 사람들이 그들의 삶을 지켜보고 있다는 사실을 잊지 말아야 한다.

22

작은 영지의 소박함을 비웃지 마라. 차라리 그것이 낫다. 네 평방 마일의 땅을 다스리면서 보병과 기병 근위대를 두고, 장관과 궁정 신하들을 주렁주렁 거느리며 빚만 잔뜩 지는 군주보다 훨씬 낫다. 모든 것은 상대적인 법이다. 작아도 목적이 분명하고, 한심한 허세로 가득 차 있지 않다면 훌륭한 일이다. 도시에서 번갈아가며 질서를 유지하는 병사 서른 명이, 근면한 빈민들을 억지로 끌어다 군사 오만을 부리는 데 쓰는 병사 삼만 명보다 훨씬 더 가치 있다.

제2장
사회적 약자

_ 존중하되
함부로 동정하지 마라

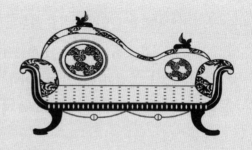

1

나는 이 책의 제2부의 제7장에서 윗사람이 아랫사람에게 가져야 할 태도에 대해 말한 바 있다. 윗자리에 선 사람은 세상이 정한 위계 속에서 남의 굽은 허리 위에 올라선 자이며, 그렇기에 남이 짊어진 삶의 무게를 조금이라도 덜어주는 것이 그의 도리다. 여기에서는 우리 곁에서 일하지 않더라도, 출신이 낮거나 형편이 어려운 사람들, 혹은 다른 이유로 우리보다 낮은 자리에 있는 이들과 마주할 때 지켜야 할 몇 가지 태도에 대해 덧붙이고자 한다.

2

사람은 그저 사람일 뿐이다. 가진 것이 적다고, 가난하다고, 낮은 자리에 있다고 해서 함부로 대할 이유는 없다. 사람의 진짜 값어치는 돈이나 지위가 아니라 그 사람의 됨됨이에서 나오는 것이다.

그런데 윗사람이라 불리는 이들 중에는 필요할 때만 아랫사람을 찾고 필요 없어지면 등을 돌리는 경우가 많다. 누구든 남들 앞에서는 모른 척하고 혼자 있을 때에만 친한 체해서는 안 된다. 높고 낮음, 부유함과 가난함으로 사람을 가르지 마라. 그렇다고 대중의 환심을 사기 위해 일부러 아랫사람들에게 친한 척할 필요도 없다.

민심을 얻겠다며, 대중과 소통하겠다며, 억지로 서민적인 흉내를 내는 일은 결국 그 속이 보이기 마련이다. 아랫사람에게 따뜻하게 대해야 할 이유는 단 하나, 사람은 사람에게 예의를 다해야 하기 때문이다. 그것이 곧 정의의 시작이다.

3

하지만 친절도 지나치면 도리어 업신여김으로 받아들여질 수 있다. 어울리지 않는 과한 예의는 상대를 민망하게 만들고, 때로는 조롱처럼 보이기도 한다.

어떤 사람은 저마다 다른 말과 태도의 차이를 알지 못한 채, 저잣거리의 말을 궁궐에 들고 가기도 하고, 궁궐에서 쓰는 말을 장터로 내려와 사람들을 어색하게 만들기도 한다. 듣는 이는 낯설어하고, 말하는 이는 우스워진다.

가장 중요한 것은, 마주한 사람이 누구인지 살피고, 그 자리에 어울리는 말과 태도를 선택하는 일이다. 그것이 사람 사이의 큰 예의요, 조화로운 관계의 시작이다.

4

너무 허물없이 굴지 마라. 배움이 부족한 사람들은 친절을 쉽게 오해하고, 점점 더 많은 것을 요구하게 될 수도 있다. 사람마다 감당할 수 있는 짐의 무게는 다르다. 처음부터 너무 많은 기대를 얹어주면, 결국 그 무게에 짓눌리거나 관계가 어그러질 수 있다.

넘치게 얹지 말고, 상대가 감당할 수 있는 만큼만 나누어야 한다. 그것이 진짜 배려다.

5

아랫사람이 세상의 흐름에 따라 한때 당신을 저버린 일이 있었다 하더라도, 당신이 다시 빛을 되찾았을 때 그 빚을 되갚으려 들지 마라. 세상살이란 때때로 허리를 굽혀야 하루를 버틸 수 있는 사람들도 있는 법이다. 결국 누구든, 저마다의 처지와 이익을 따라 살아가는 것이 현실이다. 그것이 어찌 전부 그 사람의 잘못이겠는가. 이해하고 넘기는 것이 더 품격 있는 태도다.

6

무심한 말로 아랫사람을 속이지 마라. 누군가 도움을 청해온다면, 도와줄 수 없는 상황이라면 처음부터 솔직히 말하라. 도와줄 생각도 없으면서 빈말로 희망을 주거나, 막연한 약속으로 입만 달래서는 안 된다. 그런 헛된 말에 기대어 아랫사람이 다른 기회를 놓치고, 결국 희망마저 잃게 된다면, 그것이야말로 가장 가혹한 일이다.

7

도움이 필요한 사람이 있다면 도와라. 그러나 무엇이든 다 들어주는 사람이 되지는 마라. 그렇게 하면 두 가지 해가 따른다.

첫째, 속 좁은 사람들은 당신의 너그러움을 이용해, 감당하기 힘든 짐을 계속해서 당신의 어깨 위에 얹으려 할 것이다. 심부름과 부탁이 끝도 없이 몰려들고, 당신의 시간과 마음, 심지어 주머니까지 닳아 없어질지도 모른다.

둘째, 그렇게 약속을 남발하다 보면, 결국 지키지 못할 일이 생기기 마련이다. 강단 있는 사람은 거절해야 할 때 거절할 줄 안다. 물론 그 거절이 차갑고 뻣뻣해서는 안 된다. 당신이 평소 공정하게 행동하고, 가능한 한 도우려 애쓰는 사람으로 알려져 있다면 단호한 거절 또한 존중받게 된다.

약하다고 해서 모두 다 착한 것이 아니며, 거절한다고 해서 매정한 것도 아니다. 진짜 착한 사람은, 할 수 있는 만큼 돕고, 그 이상은 정중히 선을 긋는 사람이다.

8

배움이 부족한 사람들에게 지나친 기대를 걸지 마라. 당신이 책에서 쌓은 지식으로 그들의 삶을 흔들어놓아서는 안 된다. 그들이 배우지 못했기 때문에 그 자리에 있는 것이 아니라, 그 자리에 어울리는 삶의 방식이 따로 있기 때문이다.

어떤 이는 그 자리에서 온 힘과 시간을 다해 살아간다. 그런데 억지로 책의 말이나 세상의 꿈을 심어 그 삶을 시들게 만들지 마라. 요즘 흔히 말하는 '계몽'이라는 것도 자칫하면 그저 뜬구름 같은 소리로 전락하기 쉽다.

참된 깨달음이란, 사람이 자신의 삶에 맞게 만족하며, 유익하게 살아가는 법을 아는 것이다. 그 나머지는 허황된 꿈일 뿐 도리어 삶을 해치게 된다.

아랫사람에게는 따뜻하게 대하되, 예의를 잃지 마라. 명령하는 자리에 있다 해도 무례한 사람이 되어서는 안 된다. 그러나 아랫사람이 당신을 얕잡아보게 만들어서도 안 된다. 해야 할 일을 남에게만 떠넘기는 상사는 결코 존경을 받지 못한다. 스스로 손발을 놀릴 줄도 모르면서 부하에게만 의존해 자리를 지키는 사람은, 결국 부하의 눈치를 보게 되고 만다. 그렇게 되면 부하의 게으름과 고집 앞에서도 제대로 말하지 못하는 처지에 놓이게 된다.

제3장
권력자들

_ 가까이할수록 기준을 세워라

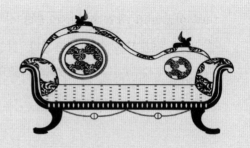

1

 나는 이곳에서, 이른바 '상류사회'라 불리는 곳에서 살아가며 그 풍조를 따르는 사람들과의 관계에 대해 이야기하고자 한다. 안타깝게도, 내가 이 책의 첫 장에서 묘사했던 일부 군주들과 귀족들이 만든 풍조는 이제 세련된 삶을 흉내 내고자 하는 모든 계층으로 퍼져나가고 있다. 이들은 점점 자연에서 멀어지고, 인간 사이의 가장 아름답고 따뜻한 유대에도 무감각해진다. 순박함과 진실한 감정은 조롱당하고, 얄팍한 유머와 개성 없는 말투만이 가득한 분위기 속에서 살아간다.

 그 속에서는 진정으로 유익한 지식은 점점 사라지고, 그 자리를 뻔뻔함과 조롱, 진부한 말장난과 끝없는 수다가 대신한다. 고귀하고 위대한 것에 대한 무관심, 쾌락과 방탕, 과장된 허영과 무절제, 그리고 그저 형식에 불과한 겉치레만 남는다. 이처럼 허영으로 포장된 속 빈 문화 안에서 사람들은 관직이나 직함을 탐하고, 권력자의 눈치를 살핀다. 목적을 이루기 위해 아첨하며, 자신에게 도움이 되는 사람에게만 머리를 조아리고, 도움이 되지 않는 이에게는 아무리 훌륭한 사람이라도 가차 없이 외면한다.

 그런 풍조가 자리 잡은 곳에서는 진정한 가치와 미덕은 철저히 무시되고 짓밟힌다. 속이 텅 빈 '세련된' 사람들이 진실하고 탁월한 이들을 몰아내고 조롱하는 일이 반복된다. 그들은 자신보다 뛰어난 사람에게 열등감을 느끼면서도, 그 사람의 약점을 들춰내어 사람들 앞에서 조롱하는 데서 쾌감을 얻는다. 겉으로는 품위 있어 보이는 여성들조차, 진심을 가진 여인을 비웃음으로써 자신의 우위를 과시하려 든다. 이런 사람들이 모인 자리에서 이런 일은 피할 수 없다. 그러니 그런 세계에서 살아가야 한다면, 스스로 흔들리지 말고, 사소한 모욕에 밤잠을 설치지 마라. 그 세계를 완전히 피할 수도 있고, 그 안에서 꿋꿋하게 자기 길을 걸을 수도 있다. 혹은, 너무 자신의 본질을 잃지 않는 선에서 그들의 풍조에 적당히 맞추는 것도 하나의 지혜일 것이다.

2

누구든 굳이 궁정이나 상류사회에서 살아야 할 운명이 아니라면, 그 화려한 불행의 무대를 멀리하는 것이 좋다. 정신과 마음을 마비시키고 서서히 망가뜨리는 그 시끄러운 세상과는 거리를 두어야 한다. 차라리 조용한 집에서 몇몇 고결하고 총명한 친구들과 함께 지내며, 본분과 의무, 그리고 학문과 순수한 즐거움을 위해 살아가는 삶이 훨씬 더 낫다. 가끔씩은 대중이 모인 자리나 공연에 참석하는 것도 괜찮다. 그저 지루함을 덜고 상상력에 작은 풍경 하나쯤 더 보태려는 정도라면 말이다. 그런 삶이야말로 현명한 사람의 삶이다.

우리는 생각보다, 소위 '큰 세상'에서 벗어날 수 있는 힘을 가지고 있다. 사람들의 눈치, 하찮은 이들에 대한 쓸데없는 비위 맞춤, 허영과 나약함, 그리고 남을 따라 하려는 마음. 이런 것들이 결국 괜찮은 사람조차 자신이 어울리지 않는 자리에 머무르게 하고, 인생에서 가장 소중한 시간들을 허비하게 만든다. 싫증과 권태가 엄습하고, 온갖 비천한 욕망이 마음을 휘젓는 곳에서 벗어나려면 경제적인 자립은 물론 마음 깊은 곳에서 우러나는 신념과 용기가 필요하다. 세상이 뭐라 하든, 스스로를 지켜낼 용기 말이다.

3

만약 어쩔 수 없이, 혹은 스스로의 선택으로 상류사회 속에서 살아야 한다면, 그리고 그들의 방식을 완전히 받아들일 자신이 없다면, 차라리 태어나고 자란 그대로의 태도와 마음가짐을 지키는 것이 낫다. 어설프게 흉내 내는 것만큼 우스운 일도 없다. 순박한 농부가, 소박한 시민이, 진솔한 사람이 갑자기 허세 가득한 정치인 흉내를 내고, 유럽 귀족처럼 말하고 행동한다면 얼마나 낯설고 어색한가. 말도 제대로 못하는 외국어를 억지로 섞어 쓰거나, 이미 유행이 지난 궁정식 격식을 따라 입은 옷차림을 자랑하는 모습은 금세 웃음거리가 되고 만다.

그보다는 자연스럽고 본연의 모습으로 살아가는 편이 훨씬 좋다. 비록 세련된 궁정풍은 아닐지라도, 담백하고 단정한 말투와 태도, 단순한 옷차림 속에서도 진중한 품격은 얼마든지 드러날 수 있다. 말을 아끼고, 모르는 일에는 조용히 입을 다물며, 외국어를 흉내 내기보다는 정직한 우리말로 진심을 전하라. 정직하고 조용하며, 당당하게 행동하라. 예의를 갖추되 비굴하지 않고, 격을 지키되 거칠지 않게 처신하라. 그러면 누구도 당신을 쉽게 무시하지 못할 것이다. 물론 그렇게 한다고 해서 세상의 중심에 설 수는 없다. 유행하는 얼굴이 될 리도 없다. 그러나 마음을 놓아라. 큰 모임에서 아무도 먼저 말을 걸지 않더라도 당황하지 말고, 그 시간에 조용히 좋은 생각을 하거나 사람들을 관찰하며 지혜를 얻으면 된다. 예상외로 사람들은 당신을 은근히 경계하면서도 미워하지 않을 것이다. 그리고 그것은 때때로 세상을 살아가는 데 꽤 괜찮은 방패가 된다.

어떤 이는 젊은 시절 궁정이나 대도시에서 요란하게 이름을 날리다가, 세월이 흘러 단출한 삶을 택한다. 하지만 그런 이들일수록 한때 자신이 누렸던 명성과 대접을 쉽게 잊지 못하고, 여전히 자신이 중심일 거라 믿는다. 그러나 세상은 이미 새로운 유행과 취향으로 흘러가 버렸다. 유행은 변하고, 사람들의 관심은 바뀌며, 낯선 얼굴들이 자리를 차지한다. 결국 그들은 자신이 뒤처졌음을 깨닫고 분노하거나 쓸쓸해진다. 겉으로는 아무렇지 않은 척하지만, 속은 쓰리고 상처받는다. 심지어 무엇인가 부탁을 하러 갔다가 그 쓸쓸한 기분 탓에 잘못된 태도로 임해 결국 원하는 것도 얻지 못하는 일이 생기기도 한다. 반대로, 환대받고 존중받는 자리에서는 누구라도 자연스럽게 여유롭고 빛날 수 있다. 오랜 세월 궁정과 상류사회를 떠돈 사람은 이 복잡한 분위기 속에서 능숙하게 처신할 줄 알게 되지만, 그렇지 못한 이들은 앞서 말한 대로, 자신의 중심을 지키는 단단한 태도로 살아가는 것이 가장 지혜로운 방법이다.

4

그렇지만 끝내 상류사회의 물결 속에서 오래도록 살아가야 할 사람이라면, 그 세계의 법칙을 익히고 그들의 외적인 형식을 받아들이는 것이 좋다. 세상의 흐름을 읽는 일은 생각만큼 어렵지 않으며, 그 겉모습을 따르는 것이 반드시 사람의 마음을 갉아먹거나 품격을 훼손하는 일도 아니다. 그러니 과거 시대의 옷차림이나 행동거지로 자신을 돋보이게 만들려 하지 마라.

중요한 것은 자신이 처한 자리를 아는 것이다. 자신의 나이와 형편, 처지를 헤아리고 그에 걸맞은 태도를 갖추는 것이 현명하다. 눈앞의 유행이나 어리석은 자들의 흉내를 무작정 따르지는 말되, 그 사회에서 통용되는 언어, 암묵적인 약속, 행동의 방식은 익혀 두어라. 그러나 그 속에서도 당신만의 품위와 마음속 곧은 뜻은 잊지 말아야 한다. 세상은 변하고 사람들은 달라지지만, 사람을 사람답게 지켜주는 중심은 어디를 가도 흔들리지 않아야 한다.

5

어디까지가 허용된 흉내이고, 어디서부터 지켜야 할 선인지에 대한 명확한 기준은 없다. 그런 법칙은 존재할 수 없다. 결국 그것은 각자의 처지와 마음가짐, 그리고 자기 양심에 따라 스스로 판단할 일이다. 다만 내가 말하고 싶은 건 이 정도다. 어리석어 보이지만 해롭지 않은 세상의 일들에 대해서는, 내키지 않는다고 해서 굳이 맞서 싸울 필요는 없다. 그런 사소한 풍습이나 습관쯤은 잠시 받아들이는 것이 때로는 더 지혜로운 태도일 수 있다. 그것이 당신의 사람됨을 해치지 않는 한, 더 큰 선을 이루기 위한 발판이 될 수도 있다.

세상에는 늘 유행이 있다. 문학에도, 예술에도, 취향에도 유행은 존재하고, 연주자나 작가, 설교자, 심령술사, 이발사 같은 이들에게도 그 유행은 붙는다. 하지만 그런 유행은 대개 실력이나 진정성과는 아무런 상관이 없다. 그리고 그런 유행을 무턱대고 거스르려는 것은 어리석은 싸움일 뿐이다. 그보다는 가만히 기다려라. 새로운 바람이 또 다른 허망한 바람을 몰아낼 때까지.

의술에도 유행이 있다. 귀족들은 언제나 이런 유행에 휘둘리며 살아간다. 하루에도 몇 번씩 관장을 하고, 같은 약초탕에 들락거리며, 거리의 약장수가 내미는 알약과 가루약으로 자기 몸을 서서히 망가뜨린다. 그럴 때는, 속으로 웃으면서도 적당히 맞장구를 쳐라. 말릴 수 없다면, 다치지 않는 선에서 흥내라도 내야 한다. 최소한 그들의 세계에서 이방인처럼 보이지 않으려면, 그들의 유행쯤은 익혀두는 것이 좋다.

만약 당신이, 온 마음으로 억눌러가며 인기 여배우를 조롱하거나, 지금 잘나가는 작가의 책을 시시하다고 평가한다면, 분명 불편한 자리에 놓이게 될 것이다. 운 나쁘게도 요즘 유행하는 '진보적인' 사상이나 '자유로운' 연애관을 자랑하는 귀부인 앞에서 신앙이나 윤리를 이야기한다면, 그 자리에서도 곧바로 한 소리 듣기 십상이다.

이곳에도 나름의 질서가 있다. 사람마다 나이에 따라 그 질서가 다르고, 유행은 그 질서를 지배한다. 스물다섯이 되면, 젊은이들은 더 이상 숨주지 않는다. 그들은 나이 든 이들의 자리로 옮겨가, 인상을 쓰며 '철학적인' 얼굴로 세상을 논하기 시작한다. 그러다 마흔이 가까워지면 다시 젊은이인 척 뛰놀며, 소녀들과 장난을 치고 웃음을 흘린다. 세상은 그렇게 반복되고, 흐름은 그렇게 돌고 돈다. 그러니 그 흐름을 잘 살피고, 그때그때 조심스럽게 몸을 움직이는 것이 현명하다.

6

사실 이런 이야기는 남몰래 조용히 꺼내야 할 말이지만, 요즘 궁정과 이른바 상류층 사회에서 젊은이들 사이에 퍼진 태도를 보면 솔직히 마음에 들지 않는다. 스무 해 전만 해도 그들 사이에는 우아함과 절제, 세련됨이 조금이나마 남아 있었지만, 요즘 젊은이들은 어딘가 거칠고 투박하다. 마치 스스로 일부러라도 무례하고 둔탁하게 굴며, 부드러움이나 친절, 배려 같은 것은 오히려 비웃는 듯한 인상을 준다. 그들은 여인이나 낯선 이에게 냉담하고, 자세는 흐트러져 있으며, 춤사위에서는 우아함을 찾아보기 어렵다. 걷는 모습조차 구부정하고 중심이 없어 보인다. 아무리 새로 나온 교육법이 뛰어나다고 한들, 아무리 선생들이 열심히 모범을 보이려 해도, 정작 그들은 제대로 된 학문 하나, 기술 하나를 배우지 않는다. 물론 예전 독일을 지배하던 지나치게 답답하고 번거로운 격식은 점점 사라지고 있다지만, 나는 분명히 말하고 싶다.

품격은 단지 뻣뻣한 형식이 아니며 다정함과 예의는 과장이 아니다. 세련됨이란 결코 불편한 틀이나 낡은 껍데기가 아니며, 진정한 재능과 솜씨는 잔소리나 구시대의 유물이 아니다. 나는 요즘 젊은이들이 벌써부터 권태에 물들어, 세상을 향해 미간을 찌푸리고, 청춘의 맑고 순수한 기쁨을 제대로 맛보지도 못한 채, 모든 것을 냉소적으로 관망하는 모습을 본다. 그럼에도 나는 여전히 희망한다. 다시 나아질 날이 올 것이라고. 그리고 자랑은 아니지만, 우리 고향만큼은 아직도 단정하고 예의 바른 젊은이들이 많다. 그래서 이 말도 조용히 덧붙여본다.

7

상류사회를 살아간다면, 세상의 허례허식을 너무 깔보지는 마라. 훈장과 훈장처럼 빛나는 무언가, 명예와 겉치레 따위를 마음속으로는 비웃더라도, 그것들이 가끔은 당신에게 작게나마 유익을 가져다줄 수도 있다. 그렇다고 그것에 영혼을 팔진 말고, 욕심내서 쫓지도 마라. 속으로는 실컷 웃어도 좋지만, 밖으로는 너무 티 내지 마라. 너무 도드라지지 마라. 그곳에서 오래 살려면 때로는 그곳의 법도와 장단에 맞춰야 한다. 그렇다고 절대, 당신의 본모습을 해치지는 마라. 이건 단순한 눈치가 아니라 살아가는 태도이며, 당신의 품격을 지키면서도 상황에 맞게 조화롭게 살아가는 법이다. 상류사회에서 당신이 진심으로 기대할 수 있는 건, 당신을 높게 평가하는 이가 드물 거라는 사실이다. 당신이 아무리 현명하고 훌륭하다 해도, 그들은 그저 이렇게 말할 것이다. "파르 디외! 쟤도 우리랑 비슷하네?"

8

그렇기에 그들 틈에서 그저 '괜찮은 사람'으로 남고 싶다면, 당신 역시 자신이 더 나은 사람이라는 인상을 주지 않아야 한다. 마음속에 어떤 고귀한 이상과 품격을 간직하고 있더라도, 겉으로는 평범하고 소박해 보일 줄 알아야 한다. 아무리 조심해도, 이 세계의 시기와 뒷말, 끝없는 비아냥과 험담에서 완전히 벗어날 수는 없다. 이곳에서 사람들에게 받아들여지려면, 결국 어느 정도는 그들처럼 보여야 하기 때문이다.

그게 싫다면, 차라리 모든 것을 가볍게 넘겨라. 화내지 말고, 억울함도 겉으로 드러내지 마라. 그러면 그들은 언젠가 스스로 흥미를 잃고 지치게 된다. 이 세계에서는 변명도 소용없다. 당신이 한 가지 억울함을 풀어내면, 그들은 이미 또 다른 험담거리를 준비해두었을 테니 말이다.

9

상류사회에서는 반드시 기억해야 할 중요한 법칙이 있다. 사람은 스스로를 어떻게 세우느냐에 따라 대접받는다는 것이다. 당당하고 자신감 있게 행동하라. 당신이 누구 앞에서든 스스로를 작게 만들면, 그들은 곧 당신을 불편한 존재로 여기고 점점 거리를 두게 된다. 누구에게도 당신이 초라한 사람이라는 인상을 주지 마라. '이 사람과 함께 있어도 편안하다'는 인상을 주는 것이 중요하다. 이곳 사람들은 당신이 다른 이들에게 어떤 대우를 받고, 어느 정도 존재감을 드러내는지를 유심히 본다.

그러니 먼저 스스로를 잘 세우는 법을 익혀야 한다. 그렇다고 해서 뻔뻔스럽거나 무례하게 굴라는 뜻은 아니다. 적절한 여유와 자연스러움을 갖추는 것이 핵심이다. 이는 연습을 통해 몸에 익힐 수 있는 태도이자 기술이다. 목소리를 높이지 않고, 조급해하지 않으며, 조용히 중심을 잡고, 욕심을 드러내지 않는 태도. 겉으로는 아무렇지 않은 듯 보이지만, 속은 단단히 잡혀 있는 그 차분함이야말로 진짜 품격이다. 만약 당신이 마음속으로 누군가의 인정만을 갈구하고, 허영이나 찬사만을 좇는다면, 이 여유에는 결코 도달할 수 없다.

10

궁정 사람들을 대할 때는, 그들이 당신에게 하는 만큼만 되돌려주는 것이 가장 좋다. 먼저 다가가지 마라. 그들은 손가락 하나 내어주면 손바닥까지 차지하려는 이들이다. 오만하게 나오면 오만하게, 차갑게 굴면 차갑게, 친절하게 대하면 친절하게, 항상 받은 만큼만 돌려주되, 넘치지도 모자라지도 않게 하라. 이 태도는 여러모로 당신에게 유익하다. 궁정 사람들은 마치 바람에 흔들리는 갈대와 같아서, 자기 내면의 품위보다는 세상이 자신을 어떻게 보는지를 더 중요하게 여긴다. 당신의 평판이 좋으면 곁에 붙고, 그렇지 않으면 금세 돌아선다. 만약 당신이 아첨으로 그들의 마음을 얻지 않는다면, 곧 누군가가 당신을 헐뜯기 시작할 것이다. 그런 소문이 퍼지면 사람들은 눈치를 보기 시작하고, 그 말이 먹혀들면 당신을 얕보고 거들먹거리게 된다.

이럴 때 당신이 초조해하며 그들의 환심을 사려고 하면, 그들은 더 대담해지고 뻔뻔해진다. 당신을 둘러싼 헛소문은 더 커지고, 결국 번거로운 일만 남게 된다. 그러나 차가운 태도로 처음부터 단호하게 응수하면, 상대는 움찔하며 물러서게 된다. 그는 당신이 평판에 휘둘리지 않는 사람이라고 생각하고 당신에 대한 험담을 쉽게 하지 못할 것이다. 당신이 누군가의 강력한 보호를 받고 있다고 착각하며, 스스로 고개를 숙이게 될지도 모른다. 그러니 받은 만큼, 아니 그보다 조금 더 강하게 되돌려주어라. 상대가 당신 앞에서 완전히 고개를 숙이기 전까지는 쉽게 마음을 풀지 마라.

나는 더 이상 이 큰 세상에서 출세할 마음이 없다. 그래서 사람을 대할 때 정해진 방식 없이 마음 가는 대로 대한다. 진심을 주고받는 일에 익숙하고, 늘 따뜻한 시선으로 사람을 바라보려 한다. 그래서 사랑받는 것보다 존경받는 것이 더 중요하다고 생각하지만, 솔직히 말해 지금도 좋은 사람에게서 차가운 대접을 받으면 마음이 상한다. 그러면서도 또 다른 순간에는, 내 이름을 들먹이며 엉뚱한 말을 퍼뜨리는 이들을 보면 우습기도 하다. 나는 이제 이 세계에서 그저 구경꾼으로 남을 작정이고, 더 높은 자리나 명예에는 아무런 욕심이 없다. 하지만 내가 이렇게 행동한다고 해서 꼭 옳은 태도라고 말할 수는 없다. 가장 좋은 길은, 이런 일들에 휘둘리지 않는 것이다. 세상의 온갖 험담에 말 한마디 보태지 않고, 누구에게도 속내를 털어놓지 않는 것. 해명하지도 마라. 그렇게만 해도, 일주일이면 소문은 사라진다. 괜히 변명하거나 다른 방식으로 대응하면 오히려 일이 더 커지고 만다.

11

당신은 외모와 태도에서 늘 공손하고 세련된 인상을 주어야 한다. 궁정이나 대도시처럼 복잡한 세상에서는 종종 존경하지 않는 사람들과 마주치게 된다. 그럴 때에도 속으로는 냉소를 품더라도, 겉으로는 친절함을 잃지 말아야 한다. 이곳에서는 진정한 친구를 찾기보다는, 그저 시간을 함께 보내는 동무를 구하는 경우가 대부분이기 때문이다. 하지만 이런 겉모습의 태도가 당신의 이익을 지키고 위신을 세우는 데 도움이 된다면, 특히 당신을 얕보려는 이들 앞에서는 반드시 위엄을 갖춰야 한다. 그들이 진짜 두려워하는 건 요란한 허세가 아니라, 신중하고 일관된 태도에서 나오는 무게감이다. 그 무게를 조용히, 그러나 분명히 느끼게 하라. 다만 그 위엄이 자칫 자만이나 거만함으로 보이지 않도록 스스로를 늘 단속해야 한다.

어떤 순간에는, 차분하면서도 무례하지 않게 진실을 말해야 할 필요가 있다. 상황이 허락한다면, 그들의 그릇된 판단이나 가벼운 발언을 조용히 바로잡고, 선량한 사람을 헐뜯는 말을 들을 때는 단호하게 제지해야 한다. 얕은 술수나 교묘한 계략에 맞설 때는 침착함과 실행력으로 응수하라.

이들과는 결코 격을 허물지 말고, 농담 하나도 신중하게 다루어야 한다. 당신의 진심에서 비롯된 말조차 그들은 쉽게 비틀어 곤경에 빠뜨릴 수 있다. 그러니 웃음 속에서도 항상 거리를 두고, 차가운 이성으로 그들을 바라보아야 한다. 그렇게 해야만, 당신은 그런 세상 속에서도 무너지지 않는다.

12

큰 세상에서는 따뜻한 속마음을 쉽게 드러내지 마라. 그런 말들은 그곳에서 낯선 언어일 뿐이다. 집 안에서나 나눌 수 있는 맑고 순한 기쁨, 소박한 행복 같은 이야기는 하지 않는 것이 좋다. 그런 감정은 그들에겐 이해할 수 없는 낯선 감정이기 때문이다. 표정도 잘 다스려야 한다. 얼굴에 감정을 드러내지 마라. 놀람이나 기쁨, 불쾌함이나 짜증 같은 감정이 얼굴에 비치지 않도록 하라. 그들은 사람의 얼굴에서 감정을 읽는 데 능하다. 말하자면, 그것이 그들이 가장 열심히 해온 공부이기도 하다. 누구에게도 당신의 속마음을 쉽게 털어놓지 마라. 말뿐 아니라, 남의 말을 듣는 데에도 신중해야 한다. 그렇지 않으면, 당신의 이름이 어느새 험한 말 속에 오르내릴 수 있다.

13

이미 말했듯이, 우리가 넓은 세상 속에서 어떻게 처신해야 하는지는 각자의 처지에 따라 달라진다. 어떤 이에게는 반드시 지켜야 할 일이, 다른 이에게는 전혀 중요하지 않을 수 있다. 그저 무난히 살아가며 인정을 받고 싶은 사람과, 영향력을 행사하고 지위를 높이며 조직을 이끌고자 하는 사람은 마땅히 그만큼 더 치밀하게 세상을 공부해야 한다. 경우에 따라선, 주도권을 쥔 세력에 붙는 것이 유리할 수도 있다. 혹은, 자신이 남들보다 조금이라도 주목받는 사람이라면, 어느 한쪽에도 속하지 않고 중립을 유지하는 편이 더 안전할 수 있다. 그래야 어느 쪽에서도 당신을 필요로 하게 되고, 기회가 왔을 때 당신만의 무리를 만들 수 있다.

정치란 그런 것이다. 확실한 이익을 보장받을 수 없는 상황에서는, 무작정 나서서 누군가를 돕는 것이 오히려 해가 될 수도 있다. 쫓기고 있는 친구가 있다 해도, 때로는 그를 스스로 싸우게 두고 공개적으로 거들지 않는 법을 배워야 한다. 때로는 스스로를 작고 하찮은 사람으로 보여야 할 때도 있다. 그래야 불필요한 주목을 피할 수 있고, 당신의 계획도 방해받지 않으며, 별것 아니라 여겨져 더 쉽게 원하는 자리에 오를 수 있다. 세상은 언제나 평범한 사람에게 더 많은 표를 주기 마련이기 때문이다.

하지만 이 모든 과정에서 가장 필요한 자질은 '냉철함'이다. 그것은 곧 자신을 잊지 않는 것이며, 결코 서두르지 않는 것이다. 감정이나 성격, 상상에 휘둘리지 않고 늘 이성을 지키는 것이다. 언제나 신중하게 말하고, 조용히 관찰하며, 깨어 있는 정신으로 즉각 상황에 대처할 수 있어야 한다. 감정의 물결을 억제하고, 마음속 변덕을 이겨내야 한다. 냉철한 사람은, 타고난 재능이 그리 뛰어나지 않더라도, 열정과 섬세한 감성을 지닌 사람을 능히 제어할 수 있다. 그러나 이런 능력은 타고나는 것이 아니라, 오랜 시간의 경험과 수련 끝에 비로소 얻어지는 귀한 기술이다.

14

이제 이 장의 끝에서, 넓은 세상 속에서 사람들과 어울리는 일이 우리에게 어떤 유익을 주는지 이야기해보고자 한다. 그 유익은 결코 사소하지 않다. 고상한 사회에서 통용되는 예절과 태도는 도덕의 절대적인 원칙이라기보다는, 사람들 사이의 암묵적인 약속에 가깝다. 하지만 그런 약속조차 결국은, 피할 수 없는 갑갑한 상황 속에서 서로의 마음을 조금이라도 편안하게 만들기 위해 생겨난 것이다. 이때 우리가 반드시 지켜야 할 것은, 내면의 가치를 결코 헐값에 내주지 않는 일이다. 이 내면의 가치는 마치 땅속에 묻힌 금과 같다. 겉으로 드러나지 않아도 여전히 금은 금이다. 때로는 그것이 굶주린 이들에게 생명을 주고, 세상을 이끄는 사람들에게도 힘이 될 수 있다. 우리가 그 보물을 꺼내어 세상의 인정을 받고, 그것을 '사회라는 약속'의 이름으로 주화처럼 찍어내 세상에 유통시킬 수 있다면, 그때야말로 그 금은 제 가치를 온전히 발휘하게 된다. 그 가치는 순금을 알아보는 사람에게도, 겉모습만을 보고 판단하는 이에게도 모두 전해질 수 있다.

진짜 세련된 태도를 너무 쉽게 비난하지 마라. 그것은 우리로 하여금 작은 친절을 잊지 않게 해준다. 그리고 바로 그런 친절들이 우리의 삶을 더 부드럽고 가볍게 만들어준다. 또한 그것은 우리가 사람의 마음이 어떻게 움직이는지를 끝없이 바라보게 하고, 관찰력을 날카롭게 벼리게 하며, 누구에게도 상처 주지 않고, 또 누구에게도 상처받지 않으면서 모두와 조화롭게 살아가는 법을 가르쳐준다. 진실하고 따뜻한 품격을 지닌, 오래된 신사의 태도는 진정 경외할 만한 것이다. 굳이 세상을 등지고 황량한 사막으로 도망치거나, 서재 속에만 틀어박혀야 철학자의 이름을 얻는 것은 아니다. 세상을 모르는 채 쌓은 책 속의 지식은 사람에 대한 이해와 삶의 지혜에서 큰 도움이 되지 않을 수도 있다.

나는 모든 젊은이들에게 이렇게 말하고 싶다. 품격 있는 야망을 품고, 세상과 사람을 깊이 이해하고자 하며, 유익하고 의미 있는 삶을 꿈꾸는 이라면, 언젠가 한 번쯤은 더 넓은 세상으로 나가보라고. 비록 그 경험이 잠시일지라도, 그곳에서 얻는 관찰과 깨달음은 훗날 성숙해진 자신을 채우는 자양분이 되고, 언젠가 자녀와 손주들이 더 큰 도시에 나가 살아갈 때 전해줄 수 있는 소중한 지혜의 밑거름이 될 것이다.

제4장
성직자들

_ 신념이 강한 사람을
대하는 태도

1

이제는 계층과 환경이 다른 사람들과의 관계에 대해 이야기하고자 한다. 그 첫 번째로, 성직자들과의 관계를 따로 한 장을 할애해 다루려 한다. 진심으로 자신의 신앙적 소명을 따르고, 예수의 사랑과 가르침을 통해 마음과 삶을 다듬은 성직자와의 만남은, 늘 많은 것을 배우게 해주며 마음 깊은 울림을 준다.

그는 진실과 선함을 뜨거운 마음으로 좇고, 삶으로 가르침을 증명한다. 신도에게는 다정한 친구이자 형제이고, 자비롭고 현명한 조언자이며, 그의 말은 언제나 따뜻하고 신뢰를 준다. 그의 삶은 겸손하고 절제되어 있으며, 이웃에겐 관대하고, 다른 종교를 믿는 이들에게도 포용적이다. 길을 잃은 이들에게는 아버지 같은 존재가 되어주며, 작은 기쁨마저 죄악시하지 않는다. 집안에서도 따뜻하고 슬기로운 가장으로 살아간다.

하지만 모든 성직자가 이와 같은 모습은 아니다. 현실에는 교양도 예의도 없이 자라나, 간신히 시험만 통과하고 성직자가 된 이들이 있다. 그들은 신앙보다 자리를 원하며, 교활하고 비열한 수단으로 높은 자리를 탐한다. 원하던 자리를 얻고 나면 그들 속에는 '탐욕의 유령'이 깃든다. 끝없는 욕심과 식탐, 쾌락을 좇고, 권력자 앞에서는 비굴하게 굴며 약자 앞에서는 거만하다. 동료를 질투하고 이간질하며, 결국 종교 자체가 이들의 모습 때문에 멸시받는다.

이들은 종교를 단순한 학문으로만 여기고, 성직을 돈벌이 수단으로 생각한다. 특히 시골에서는 더욱 게을러지고 안일해진다. 한 주일에 한 번 강론을 하면서도 지루한 논쟁으로만 채워 신도들을 지치게 만든다. 그러면서 스스로는 엄청난 수고를 한다며 과장한다. 사람들의 유산이나 선물을 노리고 접근하고, 끝없는 야망과 오만함, 권력욕에 사로잡혀 있다.

그들은 종교적인 열정을 내세워 사실은 자신의 욕망을 숨기려 한다. '정통 교리'라는 말을 자주 입에 올리고, '맹목적인 믿음'과 '하느님의 영광' 같은 말로 사람들을 몰아붙인다. 그리고 그런 말을 핑계 삼아, 조용히 자기 생각을 지키는 사람들, 아첨하지 않고 비판하는 사람들을 끝까지 괴롭히려 한다.

그들의 복수심은 무섭고 집요하다. 한번 미워하기 시작하면 절대 용서하지 않는다. 나도 그 대상이 된 적이 있었기에 이런 말을 하는 것이다. 그들은 자신의 잘못을 지적당하거나 비판받는 걸 절대 참지 못한다. 허영심도 크고, 남의 일에 참견하기 좋아하며, 집안일이나 사적인 문제에까지 끼어들고, 이간질과 음모로 문제를 키우기도 한다.

그들의 설교는 협박과 정죄로 가득하다. 믿음이 부족하거나 다른 종교를 가진 사람들조차 돈벌이 대상으로 보고, 자신도 믿지 않는 교리를 강요한다. 남의 실수를 들춰내고, 그걸 과장해 떠벌리며, 식섭 공격하지 못할 땐 남을 이용해 뒤에서 조종한다. 겉으로는 경건하고 착한 척하면서도, 실제로는 자기 이익만 챙긴다. 겉모습은 점잖지만 속마음은 이기적이고 계산적이다.

약한 사람들에겐 다정한 말투로 접근하고, 반대로 진실하고 올곧은 사람은 사람들 앞에서 의심받게 만든다. 이런 사람들은 교회 안에도 분명히 있다. 수도사나 성직자뿐 아니라, 어떤 개신교 목사들도 마찬가지다. 그들 중엔 권력만 주어진다면 옛날 교황 힐데브란트처럼 되고 싶어하는 이들도 있을 것이다. 다만 지금은 그들에게 권력이 없을 뿐이다.

2

그러나 가끔은, 악의를 품지 않은 성직자들, 심지어 선량한 이들조차도 이런 폐단의 그림자를 조금씩 지니고 있음을 보게 된다. 이를테면, 영적인 자만심, 좁은 시야, 제도에 대한 맹목적인 집착, 잘못된 동료 의식, 그리고 탐욕이나 앙심 같은 것들 말이다. 그래서 나는 성직자와의 관계에서도 몇 가지 주의할 점을 알고 있는 것이 좋다고 생각한다.

무엇보다 먼저 그들에게 이단으로 몰릴 빌미를 주어서는 안 된다. 신중한 사람이라면 어디서든 종교 이야기를 삼가는 법이지만, 특히 성직자 앞에서는 더더욱 조심해야 한다. 어떤 말도 잘못 해석되어 특정 교단이나 종교 관습을 공격하는 의도로 오해받지 않도록 해야 한다. 설령 예배가 내 마음을 크게 울리지 않더라도 남들 앞에서는 꾸준히 교회에 나가는 편이 낫다. 종교에 무관심한 사람으로 보이지 않기 위해서다.

또 한 가지, 성직자를 절대 조롱하지 마라. 실수를 했다 해도 웃음거리로 삼지 말고, 말 한마디도 신중히 하라. 성직자는 자신의 감정을 쉽게 신의 뜻으로 오해하는 경우가 있고, 그들이 맡은 자리의 존엄함을 자신보다 먼저 생각하게 해야 하기 때문이다. 성급한 조롱은 그 사람을 넘어서, 종교 전체를 경멸하는 분위기를 만들 수 있다. 특히 종교가 자주 희화화되는 요즘 같은 세상에서는 더더욱 조심해야 한다.

성직자에게는 그들이 정당하게 요구할 수 있는 모든 예우를 갖추어야 한다. 겉보기엔 사소한 실수라도, 그들에겐 모욕으로 받아들여질 수 있으니 작은 무례조차 피해야 한다. 성직자가 행사나 의식을 위해 무언가를 맡았을 경우에는 마땅한 사례를 빠짐없이 지급하라. 다만 지나치게 후한 대접은 피하는 것이 좋다. 그들은 그것을 관례로 여기고, 후임자에게까지 권리처럼 이어가려 할 수 있기 때문이다.

술과 음식을 즐기는 이들에게는 적절한 환대를 보여주되, 성직자라 해도 그 사람을 충분히 알기 전에는 집안일이나 중요한 문제를 쉽게 털어놓지 마라. 만약 그가 지나치게 개인적인 영역으로 발을 들이려 한다면, 예의를 갖춰 선을 긋는 것이 바람직하다. 그리고 무엇보다 중요한 것은, 성직자와의 지나친 친분은 늘 조심해야 한다는 것이다. 어느 순간부터, 그 관계가 당신에게 부담이 되거나 예기치 않은 문제로 이어질 수 있기 때문이다.

3

수도원이나 수도회 관할 구역에서는, 그곳의 신부님들(또는 수도원장님들)이 반길 만한 태도를 잘 익히는 것이 중요하다. 환영받고 싶다면 다음과 같은 자질이 필요하다.

우선 좋은 식욕과 그에 비례하는 적절한 음주욕, 그리고 잔을 자주, 맛있게 비울 줄 아는 재능. 유쾌한 성격과 약간은 속되지만 유머 있는 농담, 때로는 말장난이나 라틴어 수수께끼, 또는 스콜라 철학에 얽힌

기발한 암시 하나쯤은 있어야 한다. 성인전이나 교부들의 일화에 대한 약간의 지식도 유리하다. 그곳의 웃음 담당 신부(이 역할은 거의 언제나 정해져 있다)가 우스운 이야기를 하면, 배를 움켜쥘 정도로 웃어주며 반응하는 것도 중요하다.

높으신 수도원장님이나 가디언, 또는 프라이어(수도원 내 직위자)에 대한 예의는 반드시 지켜야 하고, 수도원의 보물, 성유물, 건축물이나 시설들에 대한 감탄도 필요하다. 계몽주의나 문학 같은 주제는 피하고, 대신 정치, 전쟁과 평화, 신문 기사, 가족 이야기나 잡다한 일화에 관해서는 마음껏 이야기해도 좋다. 음악이 있는 곳이라면, 음악에 문외한이 아니라는 것을 은근히 보여주면 도움이 된다.

다른 수도회, 특히 예수회에 대해 이야기할 때는 각별히 조심해야 한다. 그들 앞에서는 지위와 명성, 부와 사치, 칭호와 훈장에 이르기까지 모든 외적인 요소가 중요하게 작용한다. 필요하다면 선물까지도 아끼지 말아야 한다. 이런 것들이야말로 그곳에서 환대를 받고 존중을 얻는 가장 확실한 방법이다.

대성당 참사회 신부님들에게는 소탈하고 푸짐하게 먹고 마시는 태도, 조금은 거칠지만 유쾌한 농담, 학문 이야기를 굳이 꺼내지 않는 침묵, 이 정도면 충분히 좋은 인상을 남긴다. 수녀원이나 여성 수도회에 방문할 때는 단정하고 건강한 인상, 진심 어린 듯하지만 절제된 친근함, 그리고 유쾌한 이야기나 새 소식, 웃음을 주는 가벼운 농담 몇 가지면 무리 없이 좋은 분위기를 만들 수 있다.

수도자들끼리의 내부 교류나 대화에 대해서는 여기서 따로 말하지 않겠다. 이 주제는 이미 『수도생활에 관한 서신들』이나 『수련소에서 보낸 편지들』 같은 많은 책에서 훌륭하게 다루고 있으니, 그쪽을 참고하는 편이 나을 것이다.

제5장
학자와 예술가들

_ 철학과 표현과
공감의 향연

오늘날 '학자'라는 말은 영국에서 '신사'라는 호칭만큼이나 흔해졌다. 본래 학자란, 진정한 지식으로 자기 정신을 단련하고, 그 지혜를 품격 있는 태도로 되돌려, 학문과 예술을 통해 더 현명하고 나은 사람이 되며, 공동체를 위해 일하는 존재여야 마땅하다. 만약 그런 이들만을 학자라 부를 수 있다면, 나는 굳이 이 장에서 '학자들과의 관계'에 대해 따로 말할 필요도 없었을 것이다. 지혜롭고 고결한 사람과 함께할 때에야 무슨 특별한 조언이 필요하겠는가? 그저 그의 말에 귀 기울이고, 그의 삶을 본받고, 그가 말하는 진실을 따르며 살아가는 것으로 충분하다. 그런 이와 함께하는 일은 가르침을 넘어서, 그 자체로 이미 큰 행복이자 배움이다.

하지만 지금 세상은 다르다. 온갖 삼류 시인과 짜깁기 작가, 가십을 일삼는 저널리스트, 무단번역자, 남의 글을 베껴 자기 것처럼 내놓는 자들, 그리고 독자의 관용에 기대어 허튼소리와 진부함으로 책을 찍어내는 사람들까지, 모두 자신을 학자라고 부른다. 오늘날의 세상은 학문을 더 이상 그 깊이나 유익함으로 평가하지 않는다. 대중의 변덕스럽고 가벼운 취향에 따라 학문이 평가되고, 공허한 공상은 '지혜'라 불리며, 빈약한 상상력은 '열정'이란 이름을 얻는다. 몇 문장만 그럴싸하게 써낸 이가 시인이 되고, 엉성한 소리를 끼워 맞춘 이를 음악가라 부르며, 오선지에 점 몇 개 찍어낸 이가 작곡가가 되고, 무대 위에서 아무렇게나 뛰어다니는 사람도 무용수라는 이름을 얻는다.

이처럼 현실이 어그러진 세상에서, 우리는 이런 이들과도 마주할 수밖에 없다. 그들과 어울릴 수 있는 법을 조금쯤은 알아두어야 한다. 그렇지 않으면 도리어 우리가 취향도 없고, 분별력도 부족한 사람으로 오해받게 될 것이다.

2

학자의 도덕성을 그의 글만 보고 판단하지 마라. 글 속의 사람과 실제 삶을 사는 사람은 종종 다르며, 그것이 반드시 비난받을 일도 아니다. 누구든 책상 앞에 앉아 마음이 고요하고 욕망이나 분노가 잠잠할 때라면, 도덕적인 문장을 얼마든지 써낼 수 있다.

하지만 바깥세상은 전혀 다르다. 유혹과 충동, 불의와 모욕이 뒤섞인 그 현실에서, 글 속의 도를 실제로 실천하는 일은 결코 쉽지 않다. 그러니 어떤 이가 도덕을 설파한다고 해서, 그가 반드시 그 덕을 완전히 갖춘 사람일 것이라 기대하지 마라. 자신이 다 지키지 못하더라도 타인에게 경계를 권하려 한 노력만으로도 우리는 고마워해야 한다. 그를 위선자라고 섣불리 비난해서는 안 된다. 물론 그가 말과 전혀 다른 삶을 산다고 단정 짓는 것도 옳지 않다. 글은 글이고, 사람은 사람이다.

또한 작가가 소설 속 인물의 입을 빌려 한 말을 곧바로 그의 신념으로 받아들이는 일도 피해야 한다. 누구든 상상력에 이끌려 악인을 인상 깊게 그릴 수도 있고, 자극적인 장면을 생생히 묘사할 수도 있다. 때로는 세상의 어리석음을 신랄하게 풍자하기도 한다. 물론 그런 유혹을 절제했더라면 더 좋았을 것이다. 그러나 그렇다고 그를 속물이나 악인으로 단정해선 안 된다. 굶주린 이도 연회에 대한 글을 쓸 수 있다. 술과 사랑을 노래한 시인이 실제로는 절제되고 단정한 삶을 사는 경우도 있다. 나 역시 그런 시인을 여럿 알고 있다. 글 속에서 온갖 악행을 사실처럼 묘사하지만, 실제로는 온유하고 성실한 사람들이 있다. 날카로운 풍자를 쓰는 이들이 누구보다도 따뜻한 마음을 지닌 경우도 많다.

또 하나 흔히 저지르는 착각은, 학자나 예술가가 평소에도 늘 고상하고, 진지하고, 현명한 말만 해야 한다고 기대하는 것이다. 하지만 실상은 다르다. 어떤 사람이 학문을 가장 요란하게 떠든다고 해서, 그가 그 분야를 가장 깊이 아는 사람인 것은 아니다. 반대로 자기 전문 분야를 자주 들먹이는 사람일수록, 주변 사람들에게 피로를 주기 쉽다. 누구도 모처럼 모인 자리에서 매번 강연을 듣고 싶어 하진 않는다.

게다가 아무리 뛰어난 사람이라도 갑작스레 당황하거나 상황에 따라 말이 막히는 순간이 있을 수 있다. 세상은 언제나 조리 있게 말할 수 있는 기회를 주지 않는다. 학자도 결국 사람이다. 때로는 말수를 줄이고 싶을 수도 있고, 그날 기분에 따라 굳이 깊은 대화를 나누고 싶지 않을 수도 있다. 어떤 사람에게는 마음을 열고 싶지 않을 수도 있고, 농담 하나도 아까운 자리라고 여겨질 수도 있다.

예전에 내가 라인 강가에서 직접 겪은 일이다. 당시 명성이 자자했던 아베 레이날이 한 저명한 집에 초대받았다. 사람들은 그가 자리에서 멋진 말을 쏟아내고 모두를 기쁘게 해주길 기대했다. 하지만 그는 전혀 기대에 부응하지 않았다. 그는 말이 없고 무뚝뚝해 보였고 사람들은 크게 실망했다. "저 사람은 아베 레이날이 아니었을 거야."라며 분개할 정도였다. 글을 그렇게 잘 쓰는 사람이 어떻게 저럴 수 있냐는 것이다.

요즘 세상은 더하다. 유명한 작가나 학자가 나타나면, 칭찬보다 뒷이야기를 캐고 험담하려는 쪽이 더 많다. 특히 일부 도시들에서는 이런 풍조가 유독 심하다. 외부에서 이름을 알린 이들을 괜히 낮춰보려 하고, 고향에서 크게 인정받지 못했다는 이유만으로 외면하거나, 심지어 그 사람의 인격까지 헐뜯는 일도 서슴지 않는다.

하지만 반대 경우도 있다. 어떤 사람들은 자신의 학문과 예술에 대해 말하는 걸 즐긴다. 그 자체가 잘못된 건 아니다. 요즘처럼 얕은 지식으로 아는 체하는 사람이 넘쳐나는 세상에서 한 분야를 깊이 파고든 사람은 귀한 존재다. 나는 이곳저곳 떠돌며 백과사전처럼 아는 체하는 이들이 더 못마땅하다. 모든 분야를 다 아는 척하고, 질문에는 단호하게 대답하며, 자기 이야기에 스스로 흥에 겨운 그들의 모습은, 듣는 이로 하여금 민망함을 느끼게 한다. 그러니 한 가지를 정말 깊이 이해한 이가 자신의 분야에 대해 이야기하고 싶어 한다면, 기꺼이 귀를 기울여라. 그는 그럴 자격이 있다.

3

대부분의 작가들은 자신의 도덕성이 비판받는 것보다, 세상에서 쌓아온 명성에 흠집 나는 일을 더 불편해한다. 그래서 작가의 작품에 대해 말할 때는 신중해야 한다. 그들이 나에게 의견을 묻는다면, 그건 대부분 '칭찬해달라'는 뜻으로 받아들이는 것이 현명하다. 진심 어린 우정이 바탕이 된 사이가 아니라면, 굳이 솔직한 비판을 내세우기보다는 상대의 자존심을 자극하지 않는 부드러운 말로 응답하는 편이 낫다. 작가들은 자신이 쓴 책을 읽지 않은 이들에게 서운함을 느끼고, 읽었다 해도 그 사실을 따로 언급해주지 않으면 무심하다고 여긴다. 그들은 자신이 애써 지켜온 원칙과 다르게 들리는 말에도 속으로 상처를 받는다. 작가와 잘 지내고 싶다면, 이런 점들을 미리 염두에 두어야 한다.

하지만 모든 작가가 똑같은 반응을 보이는 건 아니다. 사람을 분별하는 눈이 필요하다. 누구든 자신을 알아주는 이를 좋아하지만, 그 방식을 받아들이는 태도는 제각기 다르다. 어떤 이는 직접 "당신은 위대한 작가입니다."라는 말을 듣고 싶어 하고, 어떤 이는 그저 상대가 조용히 고개를 끄덕이는 것만으로도 만족한다. 어떤 이는 밤새 조악한 원고를 함께 읽어주는 인내심만으로도 고마워하고, 또 어떤 이는 자신의 작품 중 단 한 문장을 콕 집어 칭찬해주는 것을 가장 큰 선물로 여긴다. 또 어떤 이는 자신의 작품을 굳이 언급하지 않더라도, 상대가 존중의 눈빛과 태도를 보여주면 그걸로 충분하다.

(감히 나 자신도 이 부류에 속한다고 말하고 싶지만) 이런 작가도 있다. 그는 단지 몇 명의 진심 있는 독자만 있으면 만족한다. 그 독자들로부터, 그가 추구한 것이 진실과 정의였다는 점, 부끄러운 글은 쓰지 않았다는 점, 그리고 비록 걸작은 아닐지라도 최소한 그의 책이 종이봉투로 쓰일 만큼 하찮지는 않다는 것만 인정받으면 족하다.

4

가장 우스운 장면은, 두 작가가 서로를 칭찬하고 높이며 살아 있는 동안 서로를 미리 미라로 만들어 영원히 빛나는 존재로 남기려 애쓸 때다. 서로의 책에 좋은 평을 써주고, 얼굴을 맞대고 덕담을 주고받으며, 둘 다 부끄러움 없이 영생을 약속하는 모습을 보고 있노라면, 차라리 조용한 구경꾼으로 남는 게 낫겠다 싶다.

이런 광경은 두 사람이 서로에게서 찬사를 기대하거나, 이미 좋은 소문을 들은 상태일 때 자주 벌어진다. 그들은 말끝을 돌리고 몸짓을 바꾸며 상대의 약점을 슬쩍 떠보려 애쓰다가, 결국 자리를 털고 일어나면서 이렇게 결론짓는다. "정말 훌륭한 사람이야." 왜냐하면 상대가 자신의 자랑을 마음껏 펼칠 기회를 허락해줬거나 둘 다 비슷한 허영을 품고 있었기 때문이다.

이보다 더 불쾌한 장면도 있다. 서로를 깎아내리며 다투는 학자들의 모습이다. 학설이 다르다는 이유로, 체계가 어긋난다는 이유로, 대중 앞에서 고함을 지르고 체면도 없이 싸우는 모습을 보면 참으로 씁쓸하다.

특히 같은 지역, 같은 분야에서 명성을 얻으려는 이들은 곧 경쟁자가 되어 서로를 의심하고 조롱하며 틈만 나면 남의 이름을 끌어내리고 비난한다. 때로는 사소한 일에도 분노를 터뜨리고 공정함은 저버린 채 대중 앞에서 상대의 평판을 깎아내리는 데 골몰한다. 나는 그런 모습을 볼 때마다 속으로 이렇게 중얼거린다.

'이 얼마나 비열한 짓인가?'

진실은 누구에게나 열려 있고, 수천 명의 갈증도 충분히 채울 수 있을 만큼 넉넉한데, 어째서 질투와 시기, 유치한 감정이 지혜를 좇는 사람들의 정신을 이토록 타락시키는 걸까? 하지만 이 문제는 이미 수많은 사람들이 말해온 주제다. 그래서 나는 이쯤에서 굳이 더 보태지 않고, 차라리 이 장면에 조용히 커튼을 내리고 싶다. 이런 학문의 추함과 저열함은, 안타깝게도 오늘날에도 여전히 너무 자주 마주치게 되니까.

5

자신을 좀 더 중요하게 보이려는 사람들 중에는 이름난 학자들과의 관계를 자랑하는 이들이 있다. 그들과 친구라는 사실, 편지를 주고받았다는 이야기를 입버릇처럼 꺼낸다. 하지만 나는 그런 허세가 어리석다고 생각한다. 아무리 훌륭한 작가와 알고 지낸다 한들, 그것이 곧 우리를 더 고결하게 만들어주는 건 아니다. 지혜로운 이들이 우리에게 친절하다고 해서, 우리가 그들과 같은 사람이 되는 것도 아니다.

남의 권위에 기대어 말하는 습관도 달갑지 않다. 자기 생각은 숨긴 채, 남의 이름을 빌려 말의 무게를 더하려는 태도다. 남의 깃털로 자기를 꾸미는 일에 불과하다. 어설프더라도 자기 생각을 믿고 꺼낸 한 마디가, 남의 지혜를 빌려 앵무새처럼 반복하는 말보다 훨씬 값지다.

6

오늘날 지식인이라 불리는 사람들 가운데, 일부 언론인이나 이야기꾼들조차 그럴듯한 영향력을 가지는 경우가 있다. 그러나 이들과 관계를 맺을 때는 특히 조심해야 한다. 이들은 정작 깊은 학문이나 전문성은 없지만, 자연주의자, 정통주의자, 이신론자, 광신자, 박애주의자, 세계시민, 신비주의자 같은 특정 이념이나 권력 집단의 편에 서 있는 경우가 많다. 그들은 온 나라를 떠돌며 이야기들을 수집하고, 필요에 따라 그것을 '기록'이라 부르거나, 혹은 모함과 중상으로 바꿔 다른 사람을 공격한다.

자기 생각과 다른 의견은 용납하지 않고, 작은 말 한마디만 걸려도 이단처럼 몰아세우며, 조롱하거나 헐뜯고, 때로는 아무 잘못 없는 사람들에게까지 해를 끼친다. 그런 사람이 당신에게 친절하게 다가온다면, 무슨 말을 하든 조심해야 한다. 그가 들은 당신의 말이 언젠가 당신의 이름과 함께 책이나 기사로 퍼질 수 있기 때문이다.

독일에는 이 일을 특히 집요하게 하는 사람이 하나 있다. 법으로도, 권력으로도 쉽게 막을 수 없는 인물이다. 그의 이름은 '익명Anonymus'이다. 그는 마치 도둑처럼 다양한 얼굴로 변장하며, 어떤 수배령이나 경고도 비껴간다. 그래서 나는 이렇게 충고한다. 낯선 사람이 다가와 '계몽', '공공성', '사상의 자유', '교육', '관용', '유일한 구원', '예수회', '가톨릭', '교권', '고등학문', '자기계발' 같은 말을 자주 반복한다면, 그는 바로 그 악명 높은 '익명'일 수 있다. 조심하라. 그는 남의 불행을 즐기고, 사람들의 약점을 잡아먹는 데 능한 위험한 자다. 마치 으르렁거리는 사자처럼, 어디서든 삼킬 대상을 찾으며 세상을 돌아다닌다.

"adversarius vester diabolus tamquam leo rugiens circuit quaerens quem devoret(너희의 대적 마귀가 우는 사자처럼 두루 다니며 삼킬 자를 찾나니)." - 베드로전서 5장 8절

음악가, 시인, 무용가, 배우, 화가, 조각가와 같은 예술가 계층은 전혀 다른 방식으로 다루어져야 한다. 물론 나는 항상 각 계층에서 뛰어난 이들을 예외로 둔다. 이들은 위험하지는 않지만, 그만큼 허영심이 강하고 종종 성가시고 신뢰하기 어려운 사람들이다.

예술은 마음과 도덕에 영향을 줄 수 있음을 부정할 수는 없지만, 결국 그 주요 목적은 즐거움에 있으며, 따라서 인류의 행복을 위해 보다 고귀하고 중대한 학문에 비해 가치가 낮다는 사실을 이들은 전혀 자각하지 못한다. 진정한 위인의 칭호를 얻기 위해서는 단지 눈을 즐겁게 하고, 귀를 간지럽히며, 상상력을 자극하고 감정을 동요시키는 것 이상을 이해하고 성취할 수 있어야 함을 깨닫지 못한 채, 그들은 예술을 이성 있는 인간이 추구해야 할 유일한 가치로 여긴다. 그래서 무용수가 국무장관보다 더 많은 보수를 받을 때, 그는 장관이 더 나은 기술을 배우지 못한 것을 진심으로 안타깝게 여긴다.

물론 철학과 예술을 함께 고민하며 절제 속에서 진지하게 창작하는 예술가도 있다. 철학자적 기질의 음악가 벤다, 겸손했던 프렌츨 부자, 조용한 성품 속에서 빛난 화가 티슈바인, 인격과 연기가 모두 존경받았던 배우 이플란트와 슈뢰더 같은 이들이 그렇다. 하지만 그런 예외는 많지 않다.

'노래에는 술 한 잔이 잘 어울린다'는 말처럼, 예술가들은 대체로 화려한 삶을 즐긴다. 그럴 법도 하다. 하지만 진짜 영감은 절제된 삶에서도 충분히 나올 수 있다. 그런 영감에서 나온 작품만이 오래 살아남는다. 순수한 마음과 진실한 노력에서 탄생한 예술이야말로 오랫동안 사람들의 가슴에 남는다. 샴페인에 취해 쓰인 열기는 오래가지 못한다. 클롭슈토크의『메시아』나 쉴러의『돈 카를로스』같은 작품을 보면 그 뜨거움이 술에서 온 것이 아니라는 걸 알 수 있다.

　하지만 그런 고귀한 불꽃을 지닌 예술가는 매우 드물다. 대부분은 불안정한 환경과 감정적인 기복 속에서 중심을 잡지 못한 채, 자극적이고 감각적인 즐거움으로 스스로를 달랜다. 그러다 보니 진지한 일상에 쉽게 싫증을 느끼고, 남은 시간은 대부분 향락과 소란으로 채운다. 시간을 계획하거나 의미 있는 만남을 추구하는 일에는 관심이 없다. 대신, 비판하고 조언하는 사람은 멀리하고, 칭찬하고 즐겁게 해주는 사람만 가까이 둔다. 요즘 같은 시대엔 이 현상이 더욱 심하다. 가벼운 취향이 유행하고, 진지한 학문은 점점 외면받는다. 감성만 예민하고 생각은 얕은 사람들이 스스로를 예술가라고 부른다. 시를 쓰고 악기를 연주하고 연극을 만들고 그림을 그린다. 그 결과 예술은 가치를 잃고, 조롱거리가 되었다.

　그래서 우리는 가끔 자신이 연주하는 곡의 조성도 모르면서 그저 외운 대로만 연주하는 사람들을 보게 된다. 철학적 깊이도, 기본 상식도, 공부한 흔적도 없이 오직 자신감과 뻔뻔함으로 무장한 사람들이다. 이들은 아마추어가 자신들보다 더 좋은 식견을 보이면 금세 질투하고 시기한다. 하지만 이런 사람들도 유행의 흐름 속에서 대중의 인기를 얻고, 자칭 전문가들의 보호를 받으면, 감히 그들을 비판할 수가 없다. 비판하는 순간, '예술을 모르는 사람'이라 낙인찍히기 십상이다.

당신이 그들과 잘 지내고 싶다면, 그들의 말에 조용히 고개를 끄덕이며 아첨해야 한다. 아니면, 그들처럼 되어야 한다. 크게 말하고, 평가하고, 아무 말이 떠오르지 않으면 그럴듯하게 침묵하고, 초보자는 무시하고, 부자나 권력 있는 후원자에겐 친절하게 굴어야 한다. 그들의 얄팍한 연주, 번쩍이는 색채, 과장된 말투와 감정, 과도한 연출을 부추겨야 한다. 그래야 이 취향의 타락이 계속된다. 그러나 당신이 용기를 가졌고 사람들의 시선에 얽매이지 않는다면, 이 타락에 맞서야 한다. 정당한 비판으로 그들의 허위를 드러내고, 진짜 권위자들처럼 행동하며 가짜 권위를 벗겨내야 한다. 겉모습에 속지 않도록, 숨겨진 진실을 밝혀야 한다. 안타깝게도, 오늘날의 훌륭한 예술가들조차 이런 가면을 써야만 생존할 수 있다. 자신을 광대로 꾸미고, 유행에 몸을 싣고, 바보 같은 흉내를 내야만 사랑받는다. 그게 그들의 생계 수단이 되어버렸다.

특히 음악가는 더욱 그렇다. 공연을 요청받으면 거절하기도 어렵다. 공연을 원하지 않는다고 말하면 괴팍하다는 평을 듣기 쉽다. 결국 그는 연주석에 앉지만, 그 자리가 '돼지 앞에서 진주를 던지는 자리'라는 것을 알게 된다. 가장 섬세한 아다지오를 연주하는 도중, 누군가가 큰 소리로 외친다. "정말 멋지네요! 최고예요!" 그 말 한마디에 모든 감동이 무너진다. 연주의 흐름은 깨지고, 아름다운 순간은 사라진다. 이제 이런 어설픈 반응은 그만두어야 한다.

8

이제 마지막으로, 젊은이들에게 꼭 전하고 싶은 경고를 덧붙이고자 한다. 특히 배우들과 같이 흔히 접할 수 있는 예술가들과 가까워질 때 더욱 조심하라는 말이다. 나는 앞서 말했다. 이들과의 친분은 지식이나 삶의 방식, 경제적인 문제에 있어서도, 머리와 마음, 그리고 지갑에 별로 이롭지 않다고. 하지만 여기서 그치지 않고, 한 가지 더 강조하고 싶은 것이 있다. 혹자는 내가 예술을 얕잡아 봐서 이런 말을 한다고 오해할지도 모르겠다. 하지만 나는 누구보다 예술을 사랑하는 사람이다. 그렇기에 더 조심하라고 말하고 싶은 것이다. 예술을 즐길 때도, 예술가들과 어울릴 때도, 반드시 절제가 필요하다.

음악, 시, 연극, 춤, 미술, 이 모든 것은 사람의 마음에 깊은 울림을 주고, 감성을 풍요롭게 만든다. 우리를 더 따뜻하게, 더 부드럽게 하고, 상상력을 자극하며, 사람 사이의 거리를 좁혀준다. 그러나 아무리 좋은 것도 지나치면 해가 된다. 감정이 지나치게 예민해지고, 사소한 자극에도 쉽게 흔들리는 마음은 결국 고통이 된다. 진심이든, 오해든, 나의 일이든 남의 일이든, 무엇에든 마음이 요동친다면, 그것은 삶을 짊어지기 어렵게 만든다. 그런 마음은 언제나 휘청이며, 남에게 쉽게 조종당하고, 인내와 끈기가 필요한 자리에서는 힘없이 무너진다.

상상력이 지나치면, 삶이 현실이 아니라 한 편의 소설처럼 느껴지게 된다. 그렇게 비현실적인 기대에 사로잡히면, 결국 일상은 실망의 연속이 되고, 자신에게조차 실용적인 사람이 되기 어렵다. 이루지 못한 환상만 남고, 그에 대한 환멸이 삶을 지배하게 된다. 웃음과 장난만으로 흘러가는 재능도 마찬가지다. 당장의 즐거움을 좇다 보면, 진정 소중한 것들을 흘려보내게 된다. 얕은 재미에 머무르며, 더 깊은 지혜와 진실을 찾는 길을 놓치게 된다. 그리하여 웃음은 어느새 방탕으로 흐르고, 부드러움은 나약함으로 바뀐다. 싫은 말 하나 못하고, 무책임한 친절만 남는다. 그렇게 하루하루를 오락과 쾌락 속에서 흘려보내다 보면, 결국 그 삶은 반드시 후회로 돌아온다.

삶의 중요한 순간, 필요한 자리에선 힘을 발휘하지 못하고, 땀 흘려 얻어야 할 기쁨도 회피하게 된다. 혼자 있는 시간을 견디지 못하고, 가족과 함께하는 소박한 삶마저 시시하게 느껴지게 된다. 결국 예술을 지나치게 사랑하고 그 속에 파묻힌 삶은 자신을 병들게 한다. 그리고 누군가의 행복에 보탬이 되는 삶도, 점점 멀어지게 만든다.

나는 이 말이 특히 연극과 배우들과의 관계에 해당한다고 생각한다. 만약 오늘날의 무대가 사람들이 말하는 것처럼 인생의 교훈을 주는 곳이라면, 나는 굳이 말리지 않을 것이다. 무대가 올바른 삶의 방식과 윤리를 재미있고 효과적으로 보여주는 곳이라면, 도리어 젊은이들에게 배우들과 어울리라고 권했을지도 모른다.

하지만 문제는, 우리가 무대를 이상적으로만 볼 것이 아니라, 현실로도 봐야 한다는 데 있다. 실제로 우리가 보는 희극 속에는 사람들의 어리석음이 너무 과장되어 있어서, 누구도 그 안에서 자신의 약점을 발견하지 못한다. 연애 이야기만 넘쳐나고, 젊은이들은 오히려 거기서 부모를 속이는 법을 배우거나, 한순간의 열정과 낭만을 가족보다 더 소중하게 여겨도 된다는 착각을 하게 된다.

연극은 종종 가벼움을 찬란하게 포장하고, 악덕을 강인함으로 위장하여 그것을 부러워하게 만든다. 비극은 끔찍한 장면을 익숙하게 만들고,

관객의 상상력은 동화 같은 기적에만 익숙해진다. 오페라에서는 말도 안 되는 줄거리에도 고개를 끄덕이고, 그저 귀를 즐겁게 하는 음악에만 마음을 빼앗긴다. 그러다 보니 배우나 가수도 능력보다는 인기만 있으면 모든 걸 누릴 수 있는 구조가 만들어진다. 이런 무대에서는 극작가들조차 관객을 즐겁게 하기 위해 자연스러움이나 구성의 정교함을 포기한다. 결국 극장은 감동을 주는 공간이 아니라, 시간을 때우며 즐거움을 소비하는 공간이 된다.

이런 현실에서 나는 젊은이들에게 분명히 말하고 싶다. 연극과 예술을 적당히 즐기되, 거기에 빠지지 마라.. 그리고 특히 배우들과의 관계에 대해선 더욱 조심하라고. 겉으로 보기엔 이 직업이 화려해 보일지 모른다. 일상의 제약에서 벗어난 자유, 괜찮은 수입, 대중의 박수, 이목을 끄는 삶. 무대 위에서 주목받는 시간은 분명 매혹적이다.

누군가는 그것을 동경할 수도 있다. 하지만 조금만 더 깊이 들여다보면, 그 화려함은 금세 바래진다. 배우들의 삶은 종종 무너진 도덕, 얕은 교양, 빈약한 교육과 원칙 없는 생활 위에 놓여 있다. 많은 이들이 밑바닥에서부터, 일종의 모험처럼 이 일을 시작하고, 그렇게 매일을 비슷한 사람들과 부대끼며 살아간다. 그렇게 살다 보면, 어느 순간 자신도 모르게 물살에 휩쓸리게 된다. 그 안에서 중심을 잡고 버티는 일은 결코 쉽지 않다. 질투와 다툼은 일상이 되고, 배우들은 자신이 속한 사회의 시선이나 기준을 그리 개의치 않는다.

어차피 이 직업은 시민 사회와 일정 부분 유리되어 있으니, 명예나 책임 같은 개념도 점점 희미해진다. 그리고 때로는 세상이 그들을 얕잡아

볼 때도 있다. 그럴수록 배우들의 마음은 더 단단히 닫히고, 더 어두워진다. 매일 바뀌는 역할 속에서 자기 자신도 흐려지고, 어떤 날은 웃기고 싶지 않아도 웃겨야 하고, 괴로워도 슬픔을 감춰야 한다. 이런 생활은 몸과 마음에 거짓을 심는다. 시간이 지나 관객들은 지치고, 배우의 연기도 식상하게 느껴진다. 10년쯤 지나면, 한때 박수를 받던 기술은 더는 감동을 주지 못하고, 쉽게 벌었던 돈은 쉽게 흩어진다. 그리고 마지막 무대엔 빈곤과 병, 외로움이 기다린다.

9

배우나 음악가들을 감독하거나 이끄는 위치에 있다면, 처음부터 분명하고 단호한 기준을 세워야 한다. 그렇지 않으면, 그들의 고집과 변덕에 쉽게 휘둘리게 된다. 가장 중요한 건, 자신이 이 일을 맡을 만큼 충분한 자질과 권위를 갖추고 있다는 점을 명확히 보여주는 것이다. 동시에, 예술가들의 재능을 제대로 평가할 줄 알고, 필요할 때는 바로잡을 수 있는 사람이라는 인식을 심어야 한다. 질서와 규율을 처음부터 익숙하게 만들어야 하며, 지각, 무례, 방종 같은 일에는 일관되고 단호하게 대응해야 한다. 물론 각자의 재능과 성품에 따라 존중과 예의를 갖춰 대해야 한다. 그러나 그것이 거리낌 없는 친밀함이나 경계 없는 관계로 이어져서는 안 된다. 감독자는 언제나 일정한 선을 지키며 품위와 무게를 유지해야 한다.

젊은 작가나 예술가가 있다면, 따뜻한 격려는 하되, 아첨은 삼가야 한다. 지나친 칭찬은 그들의 길을 망칠 수 있다. 독일에서도 수많은 이들이 그런 방식으로 무너졌다. 너무 이른 박수갈채, 과도한 찬사는 마음을 흐트러뜨리고 자만심을 키운다. 그들은 더 나아지려는 노력을 멈추고 관객을 얕보게 된다. 특히 문학과 예술의 세계는 어설프지만 않으면 쉽게 칭찬받는 분위기가 만연하다. 하지만 거기에 휩쓸려선 안 된다. 젊은 재능 있는 이여, 질투로 마음을 흐리지 마라. 남의 재능에 공정하라. 네 예술을 깊게 하고 생각을 넓혀줄 사람들과 가까이 지내라. 아첨하고 들뜬 말만 쏟아내는 이들 틈에 머물지 말고, 스스로의 중심을 지켜라.

시시한 예술가들과 어울려 얻을 수 있는 건 별로 없다. 하지만 철학적 통찰과 학식, 재치와 예술성을 함께 지닌 사람과의 만남은 진정한 배움이자 기쁨이다. 그런 이 곁에 머무는 건 행운이다. 그의 지식은 우리 마음을 일깨우고, 자연과 사람을 더 깊이 바라보는 눈을 갖게 한다. 뮤즈의 은총을 받은 사람은 마음이 따뜻하고, 사랑과 우정, 자비로 가득 찬 삶을 산다. 그의 품성은 맑고 단정하다.

힘든 날, 그는 우리의 어두운 마음을 환히 밝혀주며, 삶에 대한 실망과 피로 속에서도 세상과 다시 화해할 용기를 건넨다. 따분하고 지친 일상에서도 그와의 만남은 큰 쉼이 된다. 그는 지친 열정을 되살리고, 오래된 피로를 덜어준다. 그의 존재만으로도 소박한 식사가 신의 만찬처럼 느껴지고, 말 한마디가 작은 방을 따뜻한 성소로 바꿔놓는다. 그런 사람과 함께하는 삶은, 그 자체로 하나의 고요한 예배처럼 다가온다.

제6장
전문직군

_ 효율적인 사회생활을 위한 조언

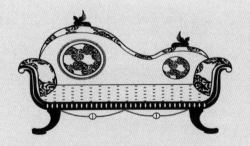

1 의사

먼저 의사들에 대해 이야기해보자. 이 직업만큼 인류에게 도움이 되는 일이 또 있을까, 단 그 소명을 제대로 수행할 때 말이다. 자연의 모든 보물을 뒤지고 그 힘을 연구하면서, 인간이라는 지상의 걸작을 괴롭히는 질병(그중에서도 눈에 보이고 육체적인 고통뿐 아니라 정신까지 짓누르고, 때로는 모든 잠재력이 발현되기도 전에 몸을 무너뜨리는 병)을 없애기 위한 방법을 찾는 사람. 고통과 절망, 아픔을 두려워하지 않고, 자신의 편안함과 휴식, 심지어 건강과 생명까지도 내놓으며 아픈 사람들을 돕는 그런 사람은 존경과 깊은 감사를 받을 자격이 있다. 그는 많은 가족에게 보호자이자 생계 책임자, 은인을 다시 돌려주고, 어린 자식들에게 아버지를, 배우자에게는 사랑하는 남편을 다시 안겨준다. 간단히 말해, 세상의 안녕, 행복, 평온, 시민들의 만족에 이토록 직접적이고 긍정적인 영향을 미치는 직업은 의사 말고는 없다.

그리고 이 직업에 필요한 지식의 양을 생각해보라. 재능 없이는 어떤 분야든 멀리 나아가기 어렵다지만, 상식만으로도 버틸 수 있는 일도 있는 반면, 훌륭한 의사는 반드시 예리하고 섬세한 머리를 가진 사람이어야 한다. 물론 타고난 재능만으로는 부족하다. 이 분야에서 성공하려면 치열한 학문적 노력이 따라야 한다. 더구나 의학이 전제로 삼는 여러 학문(자연의 모든 영역, 가능한 모든 작용과 구성요소에 대한 연구, 인간의 신체와 정신, 마음의 움직임과 감정까지 포함한 연구)이야말로 가장 근본적이고 고귀한 지식이다. 이런 공부를 바탕으로 한 사람과의 만남과 도움보다 더 배우고, 위로받고, 힘이 되는 일이 어디 있겠는가?

하지만 의사라고 해서 모두 그런 사람들만 있는 건 아니다. 아스클레피오스(그리스 로마 신화에 나오는 의술의 신. — 옮긴이 주)의 자손 중에는 전혀 딴판인 이들도 많다. 박사라는 명목으로 가난한 환자를 상대로 무지한 실험을 벌이는 사람들 말이다. 환자의 몸을 자신 소유물처럼 여기고, 온갖 액체나 고체 약제를 마구 넣어 그 화학 작용을 실험하면서도, 그로 인해 몸이 망가지더라도 별로 대수롭지 않게 여긴다. 어떤 이들은 학식은 있지만 관찰력은 부족하다. 병의 징후를 잘못 해석하고, 환자의 부정확한 설명에 휘둘리고, 충분히 깊고 냉정하게 관찰하지 않아서, 실제 병에는 맞지 않는 약을 처방한다.

또 어떤 이들은 특정 이론이나 유행, 권위에만 의존하다가, 약이 기대한 대로 작용하지 않으면 그 책임을 자신의 판단이 아니라 자연 탓으로 돌린다. 어떤 이들은 아예 돈을 벌기 위해 환자의 회복을 일부러 늦추며, 약사와 외과의사와 함께 이익을 챙기려 한다. 그런 의사들의 손에 떨어지면, 우리는 무지, 무책임, 아집 혹은 악의의 희생양이 될 위험을 감수해야 한다.

기본적인 통찰력과 약간의 인간에 대한 이해, 경험, 교양을 갖춘 평범한 사람이라면, 말투나 질문 방식, 처방 등을 통해 엉터리 돌팔이와 유능한 의사를 구별할 수 있을 것이다. 하지만 실력 있는 의사들 사이에서 내 몸을 가장 믿고 맡길 수 있는 이를 가려내는 일은 어렵다. 그래서 나는 의사와의 관계에 있어 다음과 같은 조언을 권한다.

무엇보다 모든 면에서 절제된 삶을 살아라. 그러면 의사를 친구로 곁에 둘 수는 있겠지만, 그의 도움이 자주 필요하진 않을 것이다. 자신의 체질에 해로운 것과 이로운 것, 몸에 맞는 것과 맞지 않는 것을 잘 관찰하라. 그리고 그것에 따라 엄격하게 생활을 조절하면, 약국에 돈을 들일 일이 자주 생기진 않을 것이다. 자연과학에 아주 무지하지 않고, 의학 서적을 조금이라도 읽을 줄 알며, 자신의 기질을 알고 어떤 병에 걸리기 쉬운지, 또 어떤 것들이 몸에 어떤 영향을 미치는지를 아는 사람이라면, 실제 병에 걸렸을 때에도 종종 스스로 자신의 의사가 될 수 있다. 누구나 일정한 방식으로 삶을 살다 보면 특정 질병에 더 취약해지기 마련이다. 그런 사람이라면 치료학의 이 한 갈래만이라도 진지하게 공부해보라. 그렇게 하면, 수많은 병을 두루 아는 의사 못지않게 (어쩌면 그보다 더) 깊은 통찰을 얻을 수도 있다. 하지만 어쩔 수 없이 의사의 도움을 받아야 할 상황이 생기고, 여러 사람 중에서 한 명을 선택해야 한다면, 먼저 그 사람이 건강한 이성과 분별력을 지녔는지 살펴보라. 다른 주제에 대해서도 명확하고 공정하게, 편견 없이 이야기할 수 있는지, 겸손하고, 말수가 적고, 성실하며, 자신의 직업에 애정을 갖고 있는지를 확인하라. 환자를 대할 때 너무 많은 약을 한꺼번에 퍼붓기보다는, 가능한 한 단순한 방법을 써서 자연이 스스로 회복할 수 있도록 하는 경향이 있는지도 보라.

또한 의사가 처방하는 식이요법이 자신의 입맛에 맞춰진 건 아닌지, 자신이 싫어하는 것은 금하고 좋아하는 것은 추천하는 건 아닌지도 따져보라. 말에 앞뒤가 맞지 않거나, 동료 의사들을 질투하거나, 부유하고 지위 있는 이들에겐 적극적이면서 가난하고 낮은 이들에게는 소극적인지도 살펴야 한다. 이런 점들에 대해 충분히 납득하고 안심이 된다면, 그에게 진료를 맡겨도 좋다.

의사가 당신 병의 상태와 위치를 제대로 파악할 수 있도록, 관련된 가장 사소한 정보까지도 빠짐없이 말하라. 하지만 아무 의미 없는 사소한 이야기나 어리석은 상상, 별난 생각, 허상을 섞지 마라. 그런 것들은 그를 혼란스럽게 만들 수 있다. 그의 지시를 철저하고 정확하게 따르라. 그래야 그가 나중에 당신이 느끼는 증상이 자신의 처방 때문인지 아닌지를 확실히 판단할 수 있다. 이와 관련해, 아무리 무해해 보여도 집에서 쓰는 민간요법이나 자가 치료제를 몰래 병행하거나, 다른 의사에게 은밀히 자문을 구하지 마라. 특히, 두 명의 의사를 동시에 공개적으로 진료에 참여시키는 일은 절대 금물이다. 그런 진료 협의의 결과는 곧 당신을 향한 사망 선고나 다름없을 것이다. 그들 중 누구도 진심으로 당신의 회복을 바라지 않을 수 있다. 서로의 치료 성과를 질투하며, 당신 몸을 그들의 이론 차이를 실험하는 전쟁터로 만들 수도 있다. 결국 서로가 당신을 치료하려는 공을 차지하지 못하게 되면, 차라리 당신을 저세상으로 보내고 서로 책임을 떠넘기려 들 것이다.

정말로 온 힘을 다해 당신의 건강을 회복시키려 애쓰는 의사라면, 보상에 인색하지 마라. 당신 형편이 허락하는 한 충분히 보답하라. 하지만 그가 이기적이라고 의심이 간다면, 아프든 건강하든 해마다 일정한 보수를 주는 식으로 계약을 맺는 것이 좋다. 그래야 그가 당신을 일부러 병들게 하거나 회복을 지연시킬 유인이 사라질 것이다.

2 법률가

이제 법률가들로 시선을 돌려보자. 자연적인 재화들 다음으로, 정신과 영혼, 육체의 복지 다음으로, 시민 사회에서 가장 신성하고도 소중한 것은 재산의 안정된 소유다. 그 재산을 우리에게 확실히 보장해주는 데 기여하는 사람, 우정이나 편파성, 감상적 태도, 열정, 아첨, 이기심, 사람들의 시선 같은 어떤 영향에도 흔들리지 않고 정의의 바른 길에서 단 한 걸음도 벗어나지 않는 사람, 온갖 책략과 설득의 기술, 애매하고 모호하며 복잡한 법 조문 속에서도 명확하게 진실을 꿰뚫어보고, 이성과 진리, 정직함과 공정함이 가리키는 지점을 정확히 짚어낼 줄 아는 사람, 가난하고 약하며 억눌린 자들의 보호자이며, 강하고 부유한 억압자들에 맞서는 수호자, 고아의 아버지이며, 무고한 이들의 구원자이자 옹호자인 사람, 그런 사람은 우리의 전적인 존경을 받을 만하다.

이렇게 말한 것은, 진정으로 존경받을 만한 판사나 고결한 변호사라는 칭호를 얻기 위해 얼마나 많은 자질이 필요한지를 동시에 보여준다. 그래서, '좋은 법률가가 되려면 상식은 거의 필요 없고, 기억력과 형식적인 관행, 차가운 심장만 있으면 된다'거나 '법학이란 그저 사람들을 합법적으로 돈과 재산에서 벗기기 위한 기술일 뿐이다'라고 말하는 것은 아무리 좋게 말해도 지나치게 성급한 판단이다. 물론 만약 법률가란 단지 머릿속에 로마법 조항만 가득하고, 소송에서 빠져나갈 구멍만 찾으며, 궤변론자들의 억지 논리만 연구한 사람을 뜻한다면, 그런 주장에 어느 정도는 일리가 있을 수도 있다. 하지만 그런 사람은 자신의 존엄한 직업을 더럽히는 것이다.

하지만 부정적인 면도 숨기지 않기 위해 말하자면, 많은 판사와 변호사의 행동, 그리고 대부분 국가의 사법 제도는 이런 날카로운 비난이 나올 수밖에 없는 다양한 사례들을 제공하고 있다는 점이 참으로 안타깝다. 정신적으로나 인격적으로 제대로 된 교양 없이, 고작 옛 로마법 같은 지금 시대와는 어울리지 않는 낡은 법률 조항만 머릿속에 담고 있는 이들이 법학을 공부한다고 자처하며, 그 법률 지식 하나만으로 우쭐대는 경우가 많다. 그러다 보니 고귀한 『판데크텐Pandekten』(6세기 동로마 황제 유스티니아누스 1세의 명령으로, 이천여 권의 법률 서적을 오십 권으로 요약한 학설집. ─ 옮긴이 주)을 줄줄 외우지 못하는 사람은 아예 배운 게 없다고 생각할 정도다. 이들의 사고방식은 오직 '법전 중의 법전', 즉 로마시민법 대전Corpus Juris에만 매여 있고, 이런 딱딱한 민법가는 사회생활에서는 정말 지루하고 답답한 존재다.

삶의 다른 영역, 마음을 풍요롭게 하고 지성을 넓혀주는 지식에는 무지한 채 공직에 나서고, 그들의 거칠고 복잡한 문장, 끝도 없는 문장 구조, 단순하고 명확한 내용을 괜히 어렵고 장황하게 만드는 능력은, 명확성과 품격을 중시하는 사람에게는 역겨움과 짜증을 유발할 뿐이다.

설령 당신의 사건이 탐욕스럽거나 편파적이거나 무능한 판사 손에 떨어지지 않았다고 해도, 상대방이나 당신 편 변호사가 냉정함이 없고, 이익만을 좇는 사기꾼이거나 무능하거나 악의적인 사람이라면, 누구나 단시간에 해결할 수 있는 간단한 문제도 몇 년씩 끌리고, 서류만 방 하나 가득 쌓이며, 소송 대상보다 세 배나 많은 비용을 들이게 된다. 심지어는 분명한 정당함이 무너지고, 자신의 명백한 재산을 남의 손에 넘겨주는 최악의 결과를 맞게 될 수도 있다. 더 끔찍한 건, 판사와 변호사가 능력 있고 성실한 사람이라 하더라도, 몇몇 나라에서는 사법 절차가 너무 느리고 복잡해서 메투셀라처럼 오래 살아야 겨우 소송 결과를 볼 수 있다는 점이다. 그 사이 수많은 가정이 빈곤과 절망에 빠지고, 교활한 자들과 굶주린 문서꾼들이 그 재산을 나눠 갖는다. 아주 정당한 권리 주장조차 형식상 사소한 오류 때문에 무효로 처리되며, 가난한 사람은 그저 돈이 부족하다는 이유로 부유한 이웃에게 아버지의 유산을 빼앗긴다. 억눌린 자는 비싼 소송 비용을 감당할 수 없어서 끝내 포기할 수밖에 없는 것이다.

조상들이 남긴 재산은 수 세기 동안 '빚을 갚기 위한 명분' 아래 특권층 도둑들의 손에 남게 되고, 자손도, 채권자도 그 재산을 누리지 못한다. 다만 그 도둑들이 형식상 맞는 계산서만 만들 수 있다면 말이다. 그리고 무고한 이가 단지 판사들이 무고의 언어보다 교활한 언변에 더 익숙하다는 이유로 교수대에 서야 하는 일도 벌어진다. 심지어 교수들이 피와 재산을 좌우할 판결문을 수염도 안 난 제자들에게 대신 쓰게 하고, 그 의견서를 돈 주는 사람에게 유리하게 판결하게 만드는 일도 있다. 하지만 이런 한탄이 무슨 소용이 있겠는가? 이미 누구나 이런 황폐한 실태를 알고 있다.

그래서 내가 해줄 수 있는 가장 현실적인 조언은 이것이다. 재산이나 신체 문제로 절대 사법 제도에 휘말리지 말라는 것. 소송은 어떤 수를 써서라도 피하고, 당신의 권리가 분명하다 하더라도 소송 대신 합의

하라. 차라리 상대가 주장하는 것의 절반을 포기하는 한이 있어도 서류 싸움으로 넘어가는 일은 피하라. 자기 일을 생전에 명확히 정리해서, 후손에게도 법정 다툼의 여지를 남기지 않도록 하라. 만약 불행히도 소송에 휘말렸다면, 정직하고 이타적이며 유능한 변호사를 찾아라. 하지만 그런 사람을 찾는 건 그리 쉬운 일이 아니다. 그런 변호사를 찾았다면, 그의 수고에 대해 단순한 수수료 외에 사건을 얼마나 신속하게 해결했는지를 기준으로 더 넉넉한 보상을 약속하라. 한 번 변호사나 소송 대리인의 손에 넘어간 재산은 다시 찾기 힘들다고 각오하라. 특히 업무가 굼뜨고 비효율적인 나라라면 더더욱 그렇다. 판사를 매수할 생각은 절대 하지 마라. 뇌물을 주는 자는 받는 자만큼이나 파렴치한 자다. 보통 수준의 법률가와 일할 때는 언제나 인내심을 가져야 하고, 간단하고 신속한 일에는 그런 이들을 끌어들이지 마라. 법률가 앞에서는 말 한마디, 글 한 줄, 약속 하나도 조심해야 한다. 이들은 글자 그대로 해석하려 한다. 법적인 증거는 상식적인 증거와 다르고, 법률상 진실은 때로 실제 진실보다 많기도, 적기도 하다. 법률 용어는 일상어와 달리 다른 해석이 가능하며, 법률상 '의사'는 우리가 일상에서 말하는 의사와는 전혀 다른 뜻일 수도 있다.

3 군인

이제 군인에 대해 이야기해보자. 오늘날의 전쟁이 여전히 사람과 사람이 직접 맞붙는 방식으로 치러지고, 사람을 죽이는 기술이 이처럼 체계적이고 기계적으로 발전하지 않았다면, 오직 개인의 용기가 전쟁의

승패를 좌우하고, 병사들이 단지 조국을 위해, 자신의 재산과 자유를 지키기 위해 싸운다면, 지금처럼 군인 사회에 퍼진 분위기는 생기지 않았을 것이다. 하지만 오늘날 유능한 군인이 되기 위해서는 전혀 다른 종류의 지식이 요구되며, 용감한 용기의 자리에 이제는 복종과 명예에 대한 관습적 개념이라는 새로운 요소들이 들어섰다. 이 개념들은 사람들에게 명령이 떨어진 자리에서 가만히 서서 멀리서 날아오는 총탄을 맞도록 강요한다. 군주는 자신의 욕망을 위해 병사들에게 그런 자리에 서서 목숨을 단 몇 푼에 맡기도록 하는 것이다.

그럼에도 불구하고, 18세기 전반까지만 해도 군인 계급은 상하를 막론하고 도덕과 시민사회의 규범을 무시하고, 마치 그런 법은 평화 시기에만 존재하는 것인 양 행동하는 거칠고 방탕한 모습이 일반적인 특성이었다. 그러나 오늘날은 상황이 전혀 다르다. 거의 모든 유럽 국가에서 군인 계급, 특히 병사나 장교들 사이에서 과학과 예술, 특히 자기 직무와 관련된 분야에서의 지식을 갖추고, 품위 있고 절제된 행동, 철저한 도덕성, 온화한 성품, 여가를 활용한 정신과 인격의 수양 등을 통해 사람들의 존경과 사랑을 받을 자격이 있는 이들을 쉽게 찾아볼 수 있다. 따라서 장교들과의 교류에 대해 특별한 지침을 줄 필요는 없을 것이다. 다만 다른 모든 계층처럼 여기에도 예외는 존재하며, 몇 가지는 언급 없이 넘어가서는 안 될 점들이 있어 간단히 짚고 넘어가려 한다.

자신의 지위, 나이, 신념 등을 고려할 때 누군가에게 무례하게 대하거나 결투로 모욕을 갚을 의사가 없는 사람이라면, 도박이나 술자리 같은 상황에서 거칠고 예의 없는 군인들과 어울리는 자리를 피하는 것이 좋다. 만약 어쩔 수 없이 그런 상황에 처하게 된다면, 신중하고 예의 바르며 진지하게 행동하는 것이 바람직하다. 이때 중요한 건 자신이 어떤 평판을 지니고 있는가 하는 점이다. 대체로 올곧고 정직하며 이성적인 사람은, 심지어 거칠고 무례한 이들에게도 일정한 존중을 받는 법이다.

전반적으로 장교들과 말이나 행동을 주고받을 때는 각별한 주의가 필요하다. 특히 프랑스를 비롯한 많은 군대에서는 '명예'에 대한 왜곡된 고정관념이 팽배해 있다. 이 때문에 장교는 자신에게 던져진 아주 사소한 말 한마디라도 결코 가볍게 넘기지 않고, 무기를 통한 사과를 요구해야 한다고 믿는 경우가 많다. 그래서 일상적으로는 아무렇지도 않게 쓸 수 있는 표현도 장교에게는 심각한 모욕으로 받아들여질 수 있다. 예를 들어 "그건 좀 아쉬웠어요." 같은 말은 괜찮지만, "당신이 그렇게 한 건 잘못입니다." 같은 말은 피해야 한다. 논리적으로야 좋지 않은 것이 곧 나쁜 것일 수 있지만, 군인 사회에서는 표현 하나로 갈등이 생길 수 있기 때문에, 이들과 교류하려면 그들만의 언어 규범과 분위기를 이해하는 것이 필요하다.

그리고 장교 앞에서는 군인 계급이나 직업에 대해 부정적인 말을 전혀 해서는 안 된다. 이는 말할 필요도 없이 당연한 일이다. 병사로서 자신이 속한 계급이 세상에서 가장 중요하고 고귀하다고 믿는 마음은, 그 험하고 위험한 삶을 견디게 해주는 유일한 힘이기 때문이다. 명예와 영광이라는 명분이 없다면 누가 그런 삶을 기꺼이 선택하겠는가? 마지막으로, 군인 사회에서는 격식을 차리기보다는 솔직하고 활달하며, 약간의 유쾌한 농담이 섞인 자유로운 태도가 사람들에게 좋은 인상을 주곤 한다. 따라서 이들과 잘 지내고 싶다면, 그들의 이런 소통 방식을 익히고 존중하는 자세가 필요하다.

┌─── 4 상인 ───┐

아마도 상인의 직업만큼 많은 장점을 가진 직업은 드물 것이다. 단, 그가 완전히 빈손으로 시작한 것이 아니고, 운이 지나치게 나쁘지 않으며, 어느 정도 기반을 마련하고, 사업을 적절한 지혜로 운영하며, 과도한 위험을 감수하지 않고 신중하게 접근한다는 전제가 따른다. 상인의 직업은 다른 어떤 직업보다도 큰 자유를 누릴 수 있다. 또한 상인 계층만큼 도덕성, 문화, 사치에 직접적이고 지속적인 영향을 끼쳐온 계층도 없다. 상업은 서로 멀리 떨어져 있고, 다양한 면에서 차이가 나는 민족들 사이를 연결해준다. 이를 통해 한 나라의 문화적 분위기를 바꾸고, 사람들로 하여금 이전에는 전혀 알지 못했거나 훨씬 뒤늦게야 접했을 정신적·육체적 필요, 학문, 욕망, 질병, 재화, 생활 방식 등을 알게 만든다. 따라서 한 국가의 가장 뛰어난 상인들이 확고한 원칙을 바탕으로 체계적인 영향력을 행사하기 위해 뜻을 모은다면, 그들은 자국민의 사고방식과 행동 양식에 결정적인 영향을 미칠 수 있을 것이다. 그러나 다행히도, 그러한 계획적이고 장기적인 비전을 가진 인물은 상인 계층 내에 많지 않으며, 있다 해도 각기 다른 이해관계로 인해 단결하기 어렵다. 이로 인해 상업이 사회의 도덕성과 계몽에 영향을 주는 것은 사실이지만, 그것이 조직적이고 의도된 방식으로 이루어지는 것은 아니며, 시대 흐름에 따라 자연스럽게 이루어진다고 할 수 있다.

이러한 맥락에서 내가 말하는 이상적인 상인은, 예리하고 통찰력 있으며, 멀리 내다보는 식견을 갖춘 사람이다. 만약 그가 인류의 복지를 진심으로 추구한다면, 그는 고결하고 고상한 정신을 지닌 인물일 것이다. 실제로 이런 상인들도 존재한다. 특히 내가 프랑크푸르트 암 마인과 그 주변 지역에 머무는 동안, 그러한 인물들을 직접 만날 기회가 있었으며, 만약 그들이 다른 분야에서 활동했더라면 분명 그 시대의 위대한 인물로 손꼽혔을 것이다. 그러나 현명하고 선량한 사람들과 잘 지내는 방법은 따로 배울 필요가 없기 때문에, 여기서는 일반적인 수준의 상인들과의 관계에서 유의할 점에 대해서만 말하고자 한다.

일반 상인들은 어린 시절부터 몸과 마음이 오직 돈과 재산을 추구하도록 길러진 경우가 많다. 이로 인해 그들은 사람의 가치를 거의 예외 없이 재산의 규모로 판단하며, 그들에게 있어 '좋은 사람'이란 곧 '부유한 사람'을 의미한다. 여기에, 특히 제국 도시에 거주하는 상인들 사이에서는, 같은 상인들끼리 서로 눈에 띄는 사치와 화려함으로 경쟁하려는 허영심이 더해진다. 그들은 겉으로는 경제적으로 여유롭다는 것을 보여주려 애쓴다. 그러나 동시에 이들은 절약과 탐욕을 병행하기도 한다. 남의 시선을 의식하지 않아도 되는 자신의 집 안에서는 극도로 절제하며 인색하게 생활하고, 많은 것을 스스로 참으며 지낸다. 그래서 우리는 이들 안에서 소박함과 과시, 인색함과 낭비, 비열함과 자만, 무지와 허세가 뒤섞인 모순된 모습을 목격하게 되고, 그 모습은 때때로 연민을 자아내기도 한다. 아무리 이들이 사업에서는 근면하고 성실하더라도, 소규모 모임 하나조차 품격 있고 감각적으로 준비하거나, 적은 비용으로도 우아하고 세련된 분위기를 연출하는 데는 대체로 서툴다.

상인들에게 존중받고 싶다면, 적어도 당신의 재정 상태가 건전하다는 평판은 있어야 한다. 이들에게는 '풍족한 생활'이 가장 강한 인상을 남긴다. 설령 당신이 지혜롭고 훌륭한 인격을 가졌다고 해도, 경제적으로 궁핍하면 이들은 당신을 가볍게 본다. 그것이 당신의 잘못이든 불운이든 상관없다. 이들에게 자선이나 너그러운 행동을 기대한다면, 그들의 허영심을 자극해야 한다. 예컨대 "이 집안이 얼마나 많은 자선을 베푸는가!"라는 평판을 얻게 하거나, 신의 가호로 몇 배로 돌려받을 거라는 믿음을 갖게 해야 한다. 그럴 경우 자선도 경건한 방식의 이익 추구가 된다.

큰 상인들이 도박을 할 때는 보통 큰돈이 오간다. 그들에게 도박은 하나의 투자이며, 모든 전략과 집중력을 동원해 임한다. 따라서 도박에 대해 잘 알지 못하거나 단순한 시간 때우기로 여기는 사람이라면, 그들과 함께 도박에 참여해서는 안 된다. 또한, 특히 당신이 경제적으로 여유가 없다면, 출신이나 지위를 앞세우려는 태도는 삼가라. 자칫 모욕적인 상황을 자초하게 된다. 다만 일부 상인 가문에서는 훈장이나 작위를 가진 사람에게 아첨을 하기도 한다. 그럴 때는 자신의 집에 고귀한 인사가 들렀다는 걸 과시하거나, 상류층과 연줄이 있다는 점을 내세우려는 의도에서다. 학자나 예술가 역시 이들 앞에서는 무시당하기 쉽다. 혹은 단지 상인의 허영심을 만족시키기 위한 존재로 간주된다. 그들이 당신의 진정한 가치를 알아봐주길 기대하지는 마라. 상업의 신뢰는 대금 지불의 정확성과 신의, 신뢰에 달려 있다. 상인들 사이에서 좋은 평판을 얻고 싶다면, 약속을 철저히 지키고 제때 정확히 계산하는 사람이라는 인식을 줘야 한다. 이런 평판은 당신이 재산이 많은 사람은 아닐지라도, 상인들에게 훨씬 더 높은 신뢰를 얻게 해준다. 값싸게 물건을 사고 싶다면, 현금을 지불하라. 이것은 상업의 기본 원칙이다. 현금으로 거래하면 상인과 상품을 선택할 폭도 넓어지고, 대금 지급의 불확실성을 걱정할 필요가 없기 때문에, 상대방이 가격을 부풀리거나 질 낮은 물건을 줄 가능성도 줄어든다.

거래를 해온 상인의 태도에 만족했다면, 특별한 이유 없이 거래처를 바꾸지 마라. 자주 상인을 바꾸면, 당신의 상황을 잘 아는 이들로부터 받을 수 있는 좋은 대우를 스스로 포기하는 셈이다. 기존 상인은 당신을 고객으로 유지하려 하기 때문에 더 성실하게 대하며, 경우에 따라 추가 비용 없이 외상도 허용해줄 수 있다. 작은 거래로 인해 상인에게 지나치게 많은 수고나 시간을 들이게 하지 마라. 이런 무례한 행동은 특히 일부 여성 고객들에게서 자주 나타난다. 이들은 수천 탈러 어치의 물건을 펼쳐보게 한 뒤, 몇 시간이나 살펴보고 만져본 끝에 고작 몇 푼짜리만 사고 나머지는 전부 마음에 들지 않는다고 말한다.

소규모 상점이나 잡화점들이 많은 도시에서는, 실제로 팔 의사가 있는 가격보다 훨씬 높은 값을 처음에 부르며 흥정을 유도하는 관행이 널리 퍼져 있다. 어떤 상인들은 진심 어린 태도를 가장하며, 이미 최저 가격이라며 단돈 한 푼도 깎아주지 않겠다고 주장하기도 한다. 이런 경우, 소비자는 종종 정가의 두 배를 지불하게 된다. 이런 상술은, 도시에서 영향력 있는 이들이 연합해 이런 부정직한 상인들에게서 아무것도 사지 않는 방식으로 제재한다면 충분히 개선할 수 있다. 이런 상술은 유대인 상인들에게서 비롯된 것이지만, 일부 기독교 상인들 또한 똑같이 부정직하고 어리석게 이를 따라 하고 있다. 그들은 겨우 몇몇 외지인이나 상품 가치를 잘 모르는 사람만 속일 수 있을 뿐이다. 그러나 다른 고객들로부터는 신뢰를 완전히 잃게 된다. 일단 상인의 속내를 알아버리면, 사람들은 그가 부르는 가격의 절반만 제안하게 된다.

물건을 사려는 사람은 먼저 그 상품의 실제 가치를 파악하려는 노력을 해야 한다. 상품에 대한 사전 지식 없이 중요한 거래를 성급히 결정하는 것은 매우 어리석은 일이다. 말할 필요도 없이, 말과 관련된 거래에서는 특히 조심해야 한다. 이 거래에서는 '가족끼리는 속여도 괜찮다'는 듯한 관행이 퍼져 있어서, 부모와 자식, 형제, 친구, 심지어 주인과 하인 사이에서도 서로를 속이고도 죄의식 없이 넘기는 일이 흔하다.

5 출판인(서점 주인)

출판인, 특히 서점 주인들은 따로 한 장을 쓸 만큼 특별한 사람들이다. 그중에서도 책을 단순히 돈벌이 수단으로 보지 않고, 어떤 책이 세상에 나와 유통되는지를 중요하게 여기는 사람들(이를테면 진실과 교양, 계몽의 가치를 중시했던 프리드리히 니콜라이 같은 이들)에겐 마땅한 찬사가 주어져야 한다. 이들은 단순히 이익을 좇는 조산사처럼 아무 책이나 출간하려 들지 않고, 왜곡된 취향이나 편향된 사상을 유포하는 데 자신들의 서점이 이용당하는 걸 거부한다. 세상에 알려지지 않은 재능을 발굴하고, 그들이 제대로 활동할 수 있도록 응원하고 지원한다. 학자들과 교류하며 자신도 배움을 쌓고, 정신을 가꾸려 노력하는 상인이기도 하다.

하지만 그 반대의 인물들도 있다. 평생 수많은 훌륭한 책을 손에 쥐고도 아무런 지적 성장을 이루지 못한 채, 그저 잔재주만 늘어난 이들 말이다. 이런 사람은 신간이나 원고를 평가할 때, 책의 제목이나 두께, 유행을 따라갈 만한지 여부만 보고 판단한다. 독자의 취향이 점점 가벼워지고 있다는 걸 알면서도, 그걸 교정하려 하기보단 이용하려 든다. 젊은 작가들에게 엉성한 소책자나 동화를 쓰게 하고 자기 출판사 이름으로 출간한다. 본인조차 부끄러워할 수준의 원고에 그럴듯한 제목을 붙이고, 예쁜 표지로 감싼 뒤 프랑크푸르트나 라이프치히 도서 시장에 내놓는다. 심지어 평론가들에게 돈을 주고 억지 칭찬을 사기도 한다. 그는 재능 있는 작가를 일용직처럼 취급하고, 가난한 작가의 처지를 이용해 밤을 새워 완성한 원고를 거의 헐값에 사들인다. 제안을 받은 책은 무시하며 값부터 깎으려 들고, 또 어떤 이들(예를 들어 카를스루에나 프랑켄탈 출신의 출판업자들)은 남의 작품을 무단으로 복제하는, 말 그대로 지적 재산의 도둑이 되기도 한다.

물론 이런 사람들과 거래하면서도 자기 가치를 지키는 법, 좋은 계약을 끌어내는 요령, 어떤 구성으로 책을 꾸며야 출간 기회를 잡을 수 있는지는 나도 잘 알고 있다. 그러나 그건 마치 '출판 길드의 비밀' 같은 것이라, 여기서 쉽게 풀 수는 없다. 겉으로 보기엔 출판업에 종사하는 모든 이들이 곧 부자가 될 것처럼 보일지도 모른다. 독일 인구가 약 2,400만 명이라 가정하고, 책이 평균 1,000부씩 팔린다고 하면, 이는 2

만 4,000명 중 단 한 명이 그 책을 사는 셈이다. 그렇게 생각하면 어떤 책이든 그 정도는 팔릴 법도 하고, 아무 책이라도 누군가는 사줄 것 같기 때문이다.

하지만 현실은 다르다. 출판사의 회계 장부를 직접 들여다보면 생각이 달라질 것이다. 같은 업계 사람들과는 현금이 아닌, 팔리지 않는 재고로 거래가 이루어지고, 일반 고객들도 종종 "나중에 줄게요."라는 말만 남기고는 돈을 주지 않는다. 독일 인구 중 상당수는 책 구매에 소극적인 농민 계층이고, 여기에 더해 대출 도서관과 불법 복제본 출판이 출판사 수익에 큰 타격을 입힌다.

마지막으로, 특히 규모가 작은 지방의 출판업자들과 좋은 관계를 유지하고 싶다면, 책을 과도하게 빌리거나 빌려주지 말고, 독서 모임을 조직하지 않는 것이 좋다. 열 명 중 아홉이 책을 사지 않고도 함께 읽어버리는 상황이라면, 이 가난한 출판인들이 무단 복제본 유통, 눈속임 마케팅, 혹은 낮은 원고료로 손해를 메우려 드는 것도 무리는 아니다.

6 개인교사

나는 이 책의 제1부에서 은혜를 베푼 사람들과의 관계를 이야기하며 교육자, 특히 스승에 대한 예우에 대해서도 언급한 바 있다. 하지만 그때 말한 교육자에는 흔히 '메트르Maîtres'라 불리는 개인 교사들, 그러니까 언어와 예술을 시간제로 가르치는 이들은 포함하지 않았다. 그래서 여기서 그들에 대해 조금 더 이야기하고자 한다. 사실 이 직업은 꽤 고되고 까다롭다. 하루 종일 비바람을 맞으며 이 집 저 집을 오가야 하고,

자신이 원하는 학생을 고를 수도 없으며, 같은 내용(언어나 예술의 기초)을 반복해서 가르쳐야 하기 때문이다. 그런데도 학생의 성장을 자신의 수입보다 더 중요하게 여기고, 지식을 알기 쉽게, 깊이 있게, 생생하고도 명확하게 전달하려 애쓰는 이들이 있다.

그런 사람은 충분히 존중받아 마땅하다. 우리에게 교양과 실력을 키워주는 이들이기 때문이다. 이런 스승과 함께할 땐 진지하게 임해야 한다. 수업 시간만 적당히 때우려 하지 말고, 예습과 복습을 성실히 해서, 그가 한숨 쉬며 수업을 마치게 해서는 안 된다.

하지만 안타깝게도 모든 개인 교사가 그런 이상적인 사람은 아니다. 어떤 이들은 자신이 가르치는 내용을 제대로 이해하지 못한 채 수업을 하고, 학생에게 설명하는 능력도 부족하다. 특히 어린 학생을 맡았을 때, 제대로 가르치기보다는 무작정 외우게 하며, 부모에게는 아이가 잘 배우고 있는 것처럼 꾸며 보이려 애쓰는 경우가 있다. 속으로는 수업 시간만 무사히 넘기면 된다고 생각하는 것이다. 더 심한 경우, 수업 대신 시시한 소문을 늘어놓거나, 이 집 저 집에 이야기를 옮겨 다니는 데 열중하는 교사들도 있다. 어떤 이는 소개업자나 연애편지 배달 같은 부적절한 일을 겸하기도 한다. 그래서 나는 자녀를 둔 부모나, 젊은이의 교육을 맡은 사람이라면 이런 부류의 개인 교사를 특히 조심하라고 깅하게 말하고 싶다. 잘 모르는 교사라면, 가능하다면 수업을 직접 지켜보며 그 사람의 태도와 실력을 확인하는 것이 좋다.

7 장인과 기술인

성실하고 능숙한 장인과 예술가는 사회에서 가장 실질적으로 기여하는 사람들 중 하나다. 그런데도 우리 사회는 이들을 종종 낮춰 보며 천대한다. 이는 우리 공동체의 도덕적 수준을 보여주는 부끄러운 단면이다. 놀고먹는 궁정 신하나 돈으로 작위와 지위를 얻은 부유한 한량이, 땀 흘려 정직하게 일하는 시민보다 나을 게 무엇인가?

장인과 예술가는 우리의 삶에 꼭 필요한 것들을 만들어낸다. 그들이 없다면 우리는 입고 먹는 것에서부터 일상의 수많은 편의를 스스로 해결해야 할 것이다. 게다가 이들이 단순한 기능을 넘어 창의성과 정교함으로 자기 일을 예술의 경지로 끌어올렸다면, 마땅히 더 큰 존경을 받아야 한다. 실제로 이들 중에는 단순히 손만 움직이는 것이 아니라 깊이 있는 철학을 가진 이들도 많다. 오히려 학문이나 체계에 얽매여 시야가 굳어진 이들보다 더 유연하고 현실적인 판단을 하는 경우도 자주 있다.

그러니 성실하고 정직한 장인을 만났다면 예의 있게 대하고 존중하라. 그의 솜씨나 가격, 성실함에 만족한다면 특별한 이유 없이 다른 사람에게 일을 맡기지 마라. 불필요한 경쟁과 질투를 불러일으킬 수 있다. 조건이 비슷하다면 가까이 사는 장인에게 일을 맡기는 것이 더 좋고, 대금은 정해진 날에 현금으로 정확히 지불하라. 그리고 필요 이상의 흥정은 삼가라. 많은 부유한 이들, 심지어 귀족들조차도 이런 기본적인 예의를 지키지 않는다. 생활비에는 아낌없이 돈을 쓰면서 정작 자신을 위해 일한 장인에게는 대금을 제때 주지 않는다.

어떤 이는 도박으로 수천 탈러를 잃고도 그것을 갚는 건 '명예'로 여기지만, 구두장이에게 줄 몇 탈러는 질질 끌며, 장인이 수차례 허탕치고, 하인에게 무례한 대접을 받게 한다. 이런 일이 반복되면, 원래는 정직했던 장인도 생활고에 시달리다 결국 사기를 치는 길로 빠지기도 한다.

한편 일부 장인들 사이에서도 무책임한 태도가 퍼져 있는 것이 문제다. 할 수 없거나 애초에 할 생각도 없는 일을 쉽게 약속하고, 감당하지 못할 양의 일을 덥석 맡았다가 기한을 지키지 못하는 일이 비일비재하다. 나는 과거 소매업자의 바가지 가격에 대해 말하며, 이와 비슷하게 도시의 영향력 있는 사람들이 연대해 이런 무책임한 장인들과는 거래하지 말자고 제안한 적이 있다. 내가 다소 약속과 질서를 지나치게 중시하는 사람일 수는 있다. 하지만 나는 늘 장인들과 이렇게 거래한다. "약속을 어기면 즉시 다른 사람에게 맡기겠습니다." 그리고 그 자리에서 작업 완료 날짜를 직접 적는다. 약속한 날짜가 되었는데도 오지 않으면, 나도 내 사람들도 하루 종일 쉬지 못하게 될 것이기 때문이다. 이런 딘호한 태도와 더불어 일이 끝나는 즉시 현금을 지불하다 보니, 적어도 내게 거짓말을 하는 장인은 훨씬 줄어들었다.

8 유대인 상인

앞서 상인들과의 관계를 이야기하면서 유대인에 대해 따로 언급하지 않은 것이 조금 아쉬웠다. 그래서 이 부분을 여기서 다루고자 한다. 유대인들은 전통적으로 상업에 능한 민족으로 알려져 있다. 실제로 아메리카 대륙에서는 많은 유대인들이 기독교인들과 큰 차이 없이 살아가며, 일부는 기독교 가문과 혼인하기도 한다. 독일의 베를린이나 네덜란드의 여러 도시에서도 유대인들은 타 민족과 거의 구별되지 않을 만큼 비슷한 삶을 살아간다. 이처럼 환경과 조건이 달라지면, 유대인들의 성향이나 행동도 충분히 달라질 수 있다. 하지만 일반적으로 유대인들이 오해받고 부정적인 평판을 얻게 된 데에는 오랜 세월 동안 여러 나라에서 차별과 억압을 받아온 역사적 배경이 있다. 경제적 기회가 제한되었던 상황에서, 일부 유대인들이 돈벌이에 집중한 결과가 오늘날까지도 부정적인 이미지로 이어진 것이다.

그렇다고 해서 유대인 사회 전체를 하나로 일반화할 수는 없다. 그들 가운데에도 성실하고 관대한 사람들이 많다는 사실은 잘 알려져 있다. 하지만 여기에서는 개인의 품성보다는, 당대 유대 상인들에게서 자주 보였던 전형적인 상업적 성향에 대해 이야기하고자 한다. 유대인 상인들은 돈이 될 만한 기회가 있다면 지치지 않고 움직이며, 지역과 국경을 넘나드는 네트워크를 갖추고 있다. 어떤 거절이나 푸대접에도 쉽게 포기하지 않고 끈질기게 거래를 이어가는 경우가 많다. 이런 이유로 은밀한 거래나 복잡한 계약에서 그들을 찾는 경우도 있지만, 그만큼 철저한 대가를 치러야 한다.

이들은 이익이 걸린 일에는 말이 없고, 매우 신중하고 조심스럽다. 하지만 보상이 확실하다면 위험한 일도 마다하지 않는다. 꾀가 많고 상황 판단이 빠르며, 비위를 맞추는 데도 능숙해 귀족이나 상류층 가문에서 영향력을 행사하는 경우도 있다. 다만 기본적으로 의심이 많다. 신뢰를 얻고 약속을 성실히 지키는 사람이라는 평판을 얻기 전까지는 돈을 잘 빌려주지 않는다. 그러나 일단 신뢰가 쌓이고 거래가 반복되면, 다른 대부업자가 외면한 경우에도 도움을 받을 수 있다. 반대로, 재정 상태가 불안하거나 관리가 허술하다고 판단되면 유대인은 누구보다 먼저 그것을 감지한다. 이 경우 대출은 쉽지 않으며, 설령 받는다 해도 높은 이자와 까다로운 조건이 붙을 가능성이 크다.

유대인들은 돈을 쉽게 내놓지 않는다. 낯선 이가 대출을 요청하면 결정을 미루거나, 주변을 통해 철저하게 조사한 뒤 결론을 내리기도 한다. 약속한 날짜에 찾아가도 다시 미루거나 회피하는 경우도 종종 있다. 이들의 거래 방식은 계산적이고 신중하다. 거래 중 상대방이 급하거나 간절한 기색을 보이면, 이미 진행 중이던 거래도 철회할 수 있다. 또 유대인 상인들은 대체로 거래 초기에 품질이 낮은 상품이나 가벼운 화폐부터 꺼내는 경향이 있다. 이런 점들을 잘 이해하고 조심스럽게 거래에 임해야 한다.

중고 거래나 물물교환에서도 마찬가지다. 구리를 금이라 속이거나, 수량이 부족한 물건을 정가에 팔려는 경우도 있으므로 물건의 가치를 정확히 파악한 상태에서 거래해야 한다. 유대인에게 중고 물건을 팔고 싶다면, 첫 제안자와 적당한 가격에 바로 거래하는 편이 낫다. 시간을 끌면 유대인 상인들 사이에서 소문이 퍼지고, 이후 찾아오는 사람들은 점점 더 낮은 가격을 제시할 가능성이 높다. 심지어 처음 제안했던 상인조차 다시 찾아왔을 때 더 낮은 가격을 부를 수도 있다. 결국 손해를 보고 거래를 끝내는 경우가 많다.

또한 유대인 상인들은 현금보다는 물건으로 대금을 지불하려는 경우가 많다. 신용거래를 허용했다가 몇 주 뒤 '계약이 잘못됐다'며 값을 깎으려 하거나, 아예 연락이 끊기는 경우도 생긴다. 이 밖에도 유대인의 공동체적 특성은 의복, 주거, 예배당 장식 등에서 뚜렷하게 드러난다. 그들의 회당에서 들려오는 음악, 예배 방식, 장식 스타일에서도 그들만의 문화적 정체성이 분명히 나타난다.

요약하자면, 유대인들과의 거래는 가능한 한 신중해야 하며, 정확한 정보와 판단력 없이 감정이나 급한 사정에 휘둘려서는 안 된다. 공정하고 상호 존중에 기반한 관계를 맺고자 한다면, 더욱 철저한 준비와 세심한 접근이 필요하다.

┃ 9 농민 ┃

독일 대부분의 지역에서 농민들은 사실상 노예보다 더 가혹한 억압과 착취 속에 살아가고 있다. 지나치게 무거운 세금, 고된 노동, 냉정하고 무자비한 관리들 아래에서 그들은 자유도, 안정된 재산권도 없이 오직 지배자의 이익을 위해 일하고 있다. 삶의 기쁨이란 찾아볼 수 없고, 가족을 위한 노동조차 허락되지 않는다. 이런 고통받는 계층이자, 동시에 사회에 꼭 필요한 사람들을 조금이라도 도울 수 있는 위치에 있는 이라면, 그들의 작은 집에 따뜻한 위로를 전하고, 그 자녀와 손주들에게 오랫동안 복 받은 이름으로 기억되기를 바란다. 그것이 곧 사람으로서 누릴 수 있는 깊은 기쁨이자, 하늘의 섭리에 따른 올바른 태도다.

물론 일부 농민은 고집이 세거나 예의가 없고, 작은 호의에도 감사할 줄 모르며 끝없이 불만을 토로하고, 과도한 요구를 하기도 한다. 하지만 그런 모습은 우리가 오랫동안 그들을 하찮게 여기고 교육을 제대로 하지 않은 결과가 아닌가? 너무 방종하도록 두었거나 지나치게 억누르기만 해온 결과다. 그 중간 어딘가에 바른길이 있을 것이다. 지주나 군주가 정당한 의무를 요구하지 말라는 게 아니다. 하지만 단지 사냥의 즐거움 때문에 한겨울에 농민들을 불러내어 며칠씩 추위에 떨게 하거나 동상에 걸리게 해서는 안 된다. 세금을 면제하라는 것도 아니다. 다만 그들의 사정을 살피고, 불행한 일이 있었을 때는 참작하며, 세금을 걷을 때에도 감당 가능한 시기를 정해줘야 한다. 그렇지 않으면, 그들은 유대인 고리대금업자나 불법적인 수단에 의존할 수밖에 없게 된다. 요즘은 농촌 교육과 계몽에 대한 이야기가 많지만, 정작 하층 농민에게 어떤 교육이 실질적으로 필요한지는 깊이 고민하지 않는다. 그들에게는 이론보다 실제적인 모범이 더 효과적이다. 잘못된 농법이나 비합리적인 생활 습관을 고치고, 유령이나 마녀 같은 미신을 걷어내고, 읽기·쓰기·셈하기 같은 기초 능력을 제대로 가르치는 것이 중요하다.

　하지만 모든 책을 쥐여주고, 상상의 세계에 빠지게 하며, 자신의 비참한 현실을 자각하게 만들고, 결국 삶에 불만을 품게 하고, 철학자처럼 불평만 늘어놓는 사람으로 만드는 건 바람직하지 않다. 그럴듯한 말투와 겉모습만 갖추는 것도 진정한 교양은 아니다. 굳이 그런 인위적인 도구 없이도, 시골의 순박한 사람들 중에는 맑고 총명하며 단단한 성격을 지닌 이들이 많다.

그들은 종종 학식이 높다고 하는 이들보다 더 인간답고 깊은 사람들이다. 농민을 대할 때는 무엇보다 진솔하고 솔직하며, 지나치지 않은 친절과 일관된 태도를 유지하는 것이 좋다. 말이 많을 필요는 없다. 한결같고 진심 어린 태도는 그들의 존경과 신뢰를 얻게 해주며, 더 큰 영향력을 만들어낸다. 지방의 상류층이나 귀족도 마찬가지다. 도시식의 번잡한 격식이나 인사치레는 피하고, 농민들의 일상, 농사일, 기쁨과 고단함에 진심으로 관심을 가져야 한다. 그렇다고 품위를 잃거나 선을 넘는 행동을 해서는 안 된다. 균형을 지켜야 한다. 그렇게 행동하면, 그들은 당신을 손님으로서, 이웃으로서, 친구로서, 나아가 조언자로서 따뜻하게 받아들일 것이다.

제7장
다양한 삶의 방식

_ 각자의 방식으로 사는
사람들에게 공감하는 법

1

우선 이른바 모험가Aventuriers들에 대해 이야기해보자. 여기서 말하는 모험가는 사기꾼이나 범죄자를 뜻하는 것은 아니다. 그런 사람들에 대해서는 곧 따로 다루겠다. 내가 여기서 말하려는 건 무해한 유형의 모험가들이다. 이들은 운명의 여신 마담 포르투나Madame Fortuna와 너무 자주 틀어졌던 나머지, 그녀의 변덕스러운 장난에 익숙해져, 늘 다시금 맹목적으로 행운의 항아리에 손을 넣어 뭔가를 잡아보려는 사람들이다. 운이 좋으면 큰 덩어리를 잡고, 운이 나쁘면 손등을 맞게 되는 셈이다. 이들은 내일에 대한 뚜렷한 계획 없이, 단지 희망 하나만을 가지고 살아간다. 그 순간 생계에 도움이 될 만한 어떤 기회라도 보이면 망설이지 않고 덤빈다.

부유한 과부와의 결혼, 연금 수령, 궁정에서의 직책 같은 것이 보이면 가장 먼저 달려든다. 이름을 바꾸고, 귀족 칭호를 붙이고, 필요할 때마다 자신의 신분을 자유롭게 변조한다. '귀족'이 통하지 않으면 '후작'이나 '아베(Abbé. 프랑스어로, 원래 가톨릭 성직자를 뜻하며 특히 수도회나 성직자 집단에 소속된 하급 성직자를 말한다. – 옮긴이 주)', 혹은 '장교'라는 타이틀을 들고 나온다. 하늘과 땅 사이, 어떤 분야든 그들은 자신이 그 일의 중심에 설 수 있다고 자신 있게 나서며, 어떤 학문에 대해서도 마치 박사처럼 이야기한다. 그 허세에 학자들조차 때때로 놀랄 정도다.

그들은 놀라운 재치와 능란함, 이른바 '사보아 페르Savoir-faire'를 갖추고 있어, 때로는 정직하고 이성적인 사람이 감히 꿈도 꾸지 못할 일을 성사시키기도 한다. 깊은 인간 이해는 없을지 몰라도, 세상에서 실제로 통하는 건 오히려 그런 지식보다 이른바 처세술이다. 만약 어떤 시도에서 실패하더라도 이들은 유쾌한 성정을 잃지 않는다. 그들에겐 온 세상이 고향이며, 마차의 맨 뒷자리에 앉아 떠돌아다니는 삶도, 호화로운 마차를 타고 다니는 삶도 똑같이 자연스럽다. 이들은 대체로 성격이 너그럽고, 유랑 생활 덕분에 기쁨과 고통을 담담히 받아들이는 데 익숙하다. 어디선가 그들의 역할이 끝나면, 짐을 싸서 아무렇지도 않게 '궁전'을 떠나 마치 아침 꿈처럼 사라진다.

이들을 사교의 동반자로 보면, 꼭 무시할 존재는 아니다. 그들은 다양한 경험과 이야기를 갖고 있어서, 사람 보는 눈이 있는 이들에게는 흥미로운 존재일 수 있다. 심지어 이들이 악의가 없는 경우, 상당한 공감 능력과 친절, 도움을 줄 준비도 되어 있다. 하지만 이들과 깊은 우정을 나누거나, 중요한 일에 그들의 도움을 받는 것은 추천하지 않는다. 지나치게 허물없이 굴거나 중요한 일에 그들을 끌어들이면, 우리의 평판이 손상될 수 있고, 그들의 경박함과 성격의 불안정함으로 인해 실질적인 도움을 기대하기 어렵다. 게다가 이들은 목적을 위해 수단과 방법을 크게 가리지 않는 경향이 있다.

2

모험가, 특히 그중에서도 좋지 않은 부류의 사람을 만났을 때, 그가 빌린 이름이나 거짓된 신분으로 살아가고 있다면 굳이 그 자리에서 공개적으로 망신을 줄 필요는 없다. 특별한 사정이 없다면 말이다. 괜히 그를 곤란하게 만들려다 도리어 그가 뻔뻔하게 상황을 뒤집어 당신을 난처하게 만들 수도 있다. 그러나 단둘이 있는 자리에서 조용히 알려줄 필요는 있다. 당신이 그의 진짜 정체를 알고 있으며, 마음만 먹으면 언제든 폭로할 수 있지만 지금은 참고 있다는 식으로 말이다. 그러면 그는 당신의 존재를 경계하게 되고, 섣불리 해를 끼치지 못할 것이다. 물론 세상에는 그보다 더 위험한 자들도 있다. 남을 속이고 유혹하며, 헐뜯고 도둑질을 일삼는 자들이다.

이런 이들은 애초에 문을 열어서는 안 된다. 나는 특히 독일의 작은 영주들에게 말하고 싶다. 이런 부류의 자들과는 가능한 한 거리를 두라고. 그들은 언제나 가방 속에 '국가 발전', '상업 진흥', '도시 미화' 같은 그럴싸하고 달콤한 계획을 품고 찾아온다. 하지만 그런 계획은 대개 신하들을 내쫓고, 그들의 명예를 더럽히며, 결국 국고를 축내는 방식으로 실현된다. 그들은 잠깐의 번영을 내세우지만, 결국 떠날 땐 온갖 폐해를 남긴 채 사라지고, 또 다른 허술한 지도자를 찾아 같은 짓을 반복한다. 이런 자들과 맞닥뜨렸을 땐, 반드시 공개적으로 그들의 가면을 벗겨야 한다. 단, 그 전에 반드시 충분한 증거를 확보해야 한다. 이런 자들은 상황을 어떻게든 자신에게 유리하게 돌릴 꾀를 지니고 있으니, 철저히 준비한 뒤에 행동에 나서야 한다.

3

도박꾼들 가운데서도 내가 가장 경멸하는 부류는, 생계를 걸고 도박을 업으로 삼는 이들이다. 이 이야기를 하면서, 도박 자체에 대해서도 몇 가지 덧붙여 말해두고 싶다. 세상 어떤 열정이나 욕망도, 도박만큼 빠르게 사람을 불행의 끝으로 몰아넣지는 않는다. 도박은 젊은이든, 어른이든, 때로는 한 가정 전체를 파멸로 이끈다. 그것은 사람을 온갖 범죄와 타락의 사슬에 묶어버린다. 탐욕, 질투, 증오, 분노, 타인의 불행에서 즐거움을 느끼는 마음, 위선, 거짓말, 그리고 막연한 행운에 대한 기대, 이 모든 저열한 감정은 도박에서 시작된다. 결국 도박은 사기, 다툼, 폭력, 심지어 살인과 절망에까지 이르게 할 수 있다. 또한 도박은 인생에서 가장 소중한 자원인 '시간'을 무의미하게 소모하게 만든다.

돈이 많은 사람이라면, 애초에 불확실한 운에 돈을 거는 것은 어리석은 일이다. 반대로 가진 것이 적은 사람이라면, 첫 판에서 진 순간 그만두는 게 현명하다. 그렇지 않으면, 단지 가난한 사람이 아니라 완전히 빈털터리가 되는 것은 시간문제다. 하지만 돈 많은 사람이 도박으로 모든 것을 잃는 경우야말로 가장 비참한 몰락이다.

그리고 도박으로 돈을 번 사람이 계속해서 도박을 멈추지 못한다면, 그는 두 번 잘못된 것이다. 이미 충분히 얻었음에도 끝없이 탐욕을 쫓는 것이니 말이다. 만약 당신이 돈을 아낄 줄 아는 사람이라면, 도박꾼들과는 어떤 게임도 하지 마라. 그들 중에 혹시 정직한 사람이 있다 하더라도, 그건 예외에 불과하다. 이미 그런 천한 업을 택했다면, 그에 따르는 습성과 타락도 함께 짊어진 것이라 봐야 한다.

운에만 기대는 도박은 애초에 하지 않는 것이 낫다. 적은 돈으로 하면 시시하고, 많은 돈을 걸자니 어리석기 짝이 없다. 조금만 이성적으로 계산해보면, 운에 기대는 게임은 항상 우리에게 불리하게 설계돼 있다는 걸 알 수 있다. 모든 가능성을 무시하고 운에 모든 것을 맡기겠다는 건, 결국 하늘에 운명을 떠맡기겠다는 것과 다르지 않다. 과연 누가 그런 식의 삶을 살고 싶어 하겠는가?

카드 게임 같은 사교성 게임도 마찬가지다. 그럴 거라면 제대로 배우고, 매너를 지키며 즐겨라. 돈의 크기와는 무관하게, 스스로를 조절할 줄 아는 태도가 가장 중요하다. 실수하거나 집중을 놓쳐 자신이 게임을 망쳤다고 남 탓하지 말고, 다른 사람에게 지루함이나 불쾌함을 주지도 마라. 패가 안 좋다고 화를 내지 말고, 돈을 잃었다고 얼굴을 찌푸리지 마라.

정말 돈을 잃고 싶지 않다면, 그냥 친구들과 술래잡기나 하는 게 훨씬 낫다. 터무니없이 느리게 게임을 끌며 모두의 인내심을 시험하지도 말고, 다른 사람의 실수를 물고 늘어지지도 마라. 게임에서 이겼다고 지나치게 환호하는 것도 좋지 않다. 그 태도는 패배한 이들을 더욱 불쾌하게 만든다.

또 억지로 누군가를 게임에 끌어들이지 마라. 특히 본인이 원하지 않거나, 도박에 약한 사람이라면, 그건 그에게 고통일 뿐이다. 단지 자리를 채우기 위해, 또는 자기만 재미를 보겠다고 남을 끌어들이는 태도는 무례한 짓이다. 하지만 이 주제는 이쯤에서 마무리하자. 더 길게 끌 필요는 없을 것 같다. 이제 다른 이야기로 넘어가자.

4

오늘날의 모험가들 가운데, 영매나 연금술사 같은 신비주의적 사기꾼들은 꽤 눈에 띄는 존재다. 초자연적 현상이나 신비로운 힘에 대한 열광은 쉽게 퍼지고, 많은 사람들을 빠져들게 만든다. 인간은 세상의 이치를 설명하는 이론들 속에서 빈틈을 느낄 때마다, 그 틈 너머에 무엇이 있는지 알고 싶어 한다. 설명되지 않는 현상에 대해, 논리적 근거는 부족해도 이른바 '사실'들을 끌어다 붙여가며 의미를 부여하려는 본능 같은 욕망이 있다. 그래서 사람들은 전설이나 거짓된 이야기조차 기꺼이 사실로 믿으며, 스스로의 믿음에 무게를 싣고 싶어 한다.

문제는, 시대가 발전하고 진리를 추구하는 노력은 점점 깊어지는데, 우리는 '궁극적인 진실'에 가까워졌다는 감각은 점점 사라진다는 점이다. 그럴수록 사람들은 한때 비웃었던 신비주의로 다시 눈길을 돌리게 된다. 나는 이것이 계몽의 시대에 오히려 미신이나 괴담이 더 맹신되는 이유라고 생각한다. 그리고 그 틈을 파고드는 자들이 있다. 대중의 심리를 조종해, 누군가는 지배욕을 충족시키고, 누군가는 돈을, 또 누군가는 정치적·도덕적 영향력을 얻으려 한다.

물론 나는 칼리오스트로, 생제르맹, 슈뢰퍼, 마시우스 같은 인물들이 모두 같은 목적과 사상을 가지고 있다고는 생각하지 않는다. 하지만 이들이 위험하다는 경고는 반드시 귀 기울여야 한다. 우리는 그들이 어떤 방식으로 접근하고, 어떻게 사람을 속이고, 어떤 피해를 줄 수 있는지 알고 대비해야 하기 때문이다. 이 주제는 이미 많은 논의가 있었고, 더 이야기하는 것은 반복일 수 있기에, 나는 다만 그들과 마주쳤을 때 우리가 지켜야 할 몇 가지 태도만 말하려 한다.

먼저, '정말로 영혼을 보는 능력'이나 '금을 만들어내는 기술'이 있는

지를 따지는 문제는 여기서 논외로 두자. 네가 그런 주장에 대한 명확한 반박 근거가 없다면, 괜히 앞장서서 단정하거나 공격하지 마라. 그런 불확실한 논리는 오직 믿고 싶은 사람들에게만 설득력을 가지기 때문이다.

하지만 '가능성'만으로 그것을 '사실'처럼 받아들이는 것도 위험하다. 철학적 가정 하나로 삶의 행동 원칙을 정하는 일도 마찬가지다. 설령 '보이지 않는 존재들이 실제로 우리 곁에 있을지도 모른다'는 결론에 도달하더라도, 우리는 여전히 현실 속 사람들(이웃, 친구, 동료들)과 함께 살아간다. 그러니 보이지 않는 환상을 좇기보다, 지금 실질적으로 유익한 일에 더 열정을 쏟는 게 현명하다. 그렇게 살다 보면, 신비주의자들이 먼저 당신을 멀리할 것이다.

그들이 어떤 사람들인지 더 알고 싶다면, 처음부터 의심하거나 조롱하지 마라. 그들은 당신이 믿을 수 없는 사람이라 판단하면, 금세 입을 닫고 아무것도 보여주지 않을 것이다. 그렇게 되면 당신도, 당신 주변 사람들도 진실을 알아챌 기회를 잃는다. 어떤 일이든, 충분히 들여다보기도 전에 무조건 찬성하거나 반대하는 건 어리석다. 아무리 말도 안 되는 주장처럼 보여도, 이 세상엔 가장 현명한 사람조차 끝까지 알 수 없는 일이 있다. 물론 확실히 사기라는 판단이 들었다면 그 자리에서 웃거나 조롱하지 말고, 차분하게, 냉정하게 접근하라. 감각은 속을 수 있어도, 이성은 쉽게 속지 않는다.

그들이 무언가를 보여주겠다고 할 때는, 먼저 그것이 어떤 원리나 이론에 근거한 것인지 묻는 것이 중요하다. 추상적인 상징이나 은유에 빠져들지 말고, 구체적이고 명확한 설명을 요구하라. 우리가 이해할 수 있어야 의미가 있는 것이다. 누군가 진흙 덩이를 다이아몬드라 주장한다면, 당신이 그 분야의 전문가가 아니라면 이렇게 말하라. "내 눈에는 그저 진흙 덩어리로 보입니다." 무지한 것은 부끄러운 일이 아니다. 오히려 아는 척하는 것이야말로 부끄러움을 넘어선 기만이다.

혹시 당신도 예전에 그런 유혹에 빠져, 누군가의 장난감이 된 적이 있다면 (사실 나도 그런 적이 있다) 그 일이 부끄럽더라도, 언젠가 그 사기꾼의 정체를 깨달았다면, 반드시 그것을 세상에 알려야 한다. 비록 당신이 그 일로 조금 우스워 보이게 되더라도, 그 고백은 다른 순진한 이들을 지켜주는 의미 있는 행동이 될 것이다.

제8장
비밀 조직

_ 이질적 집단에 관한
상상과 현실

이른바 철학의 시대라 불리는 오늘날에도, 사람들은 여전히 각종 비밀 결사와 조직에 빠져 있다. 요즘 세상에서, 지적 호기심이든, 사교적 욕구든, 단순한 호기심이든 간에, 한 번도 비밀 결사에 발을 들여본 적 없는 사람을 찾기란 어려울 정도다. 하지만 나는 이제 이런 모임들을 그만둘 때가 되었다고 생각한다. 어떤 결사는 터무니없이 쓸모없고 유치하며, 어떤 결사는 노골적으로 사회에 해를 끼친다. 나는 오랜 시간 그런 모임들에 몸담았던 사람으로서 (아돌프 크니게는 프리메이슨 이었으며 일루미나티의 주요 구성원이었다. - 옮긴이 주) 감히 말할 수 있다. 자신의 시간과 열정을 소중히 여기는 젊은이라면, 그 조직의 이름이 무엇이든 이런 비밀스러운 집단에 들어가지 않는 편이 낫다. 형태와 분위기에 차이는 있겠지만, 결국 이들 대부분은 무의미하거나 위험하거나, 아니면 둘 다.

이제는 더 이상 지식을 감추거나 나눌 대상을 가려야 할 시대가 아니다. 기독교 역시 이미 충분히 명확하고 충만한 종교이며, 고대 이교도들처럼 숨겨진 교리나 상징 같은 이중적 체계를 유지할 이유가 없다. 학문도 마찬가지다. 새로운 발견은 모두에게 공개되어야 하며, 그래야만 사람들의 비판과 검토를 통해 진실을 가릴 수 있다. 물론 어떤 지역은 아직도 미신이나 무지에 머물러 있을 수 있다. 그러나 그런 경우에도 차분한 시간이 필요한 것이지, 비밀 조직을 통해 몰래 계몽시키는 방식은 결코 올바르지 않다. 누군가 세상의 변화를 서두르려 해도, 그 일은 정직하고 공개적인 방식으로 이루어져야 한다. 그래야 다른 사람들도 공정하게 평가할 수 있다.

비밀 결사들이 무의미한 이유는 또 있다. 이들 대부분이 시시한 의식, 상징, 알쏭달쏭한 말장난 따위에 시간을 낭비하며, 계획도 부실하고, 회원 선정도 허술하다. 처음에는 뭔가 대단해 보일 수 있지만, 시간이 지나면 결국 세상의 병폐를 그대로 반복할 뿐이다. 정말 세상을 더 좋게 만들고 싶다면, 그것은 평범한 일상과 가정 안에서 충분히 할 수 있다. 대부분의 사람들은 이미 주어진 삶 속에서도 제대로 된 역할을 다하지 못하고 있다. 만약 일상이 아무것도 할 수 없는 공간이라면, 다른 방법을 찾을 수도 있겠지만, 그게 아니라면 굳이 국가의 인정을 받지 못한 채 숨어서 활동할 이유는 없다. 선한 행동은 숨길 필요가 없고, 우정과 인간관계도 자연스럽게 형성되어야 한다.

더 나아가 이런 비밀 결사들은 실제로 사회에 위협이 될 수도 있다. 닫힌 공간에서 일어나는 일은 의심을 살 수밖에 없다. 국가나 공동체는 어떤 모임이 왜 존재하는지, 어떤 목적을 가지고 활동하는지 알 권리가 있다. 그렇지 않으면 선의로 포장된 조직이 잘못된 사상이나 위험한 음모를 숨기는 도구가 될 수 있다. 더 무서운 건, 그런 음모를 정작 구성원 대부분은 알지도 못한 채, 이용당하고 있다는 점이다.

역량 있는 사람일수록 이런 조직에 오래 머물지 않는다. 금세 회의감을 느끼고 떠나거나, 반대로 그 조직 안에서 지배적인 위치에 오르든가 둘 중 하나다. 결국 진짜 권력을 쥔 이들은 숨어서 조직을 조종하고, 다른 이들은 그 존재조차 모른 채 그들의 명령을 따른다. 게다가 인간이라면 누구나 크든 작든 욕망을 품고 살고, 그런 욕망이 은밀한 공간에서 더 활발히 움직인다. 처음엔 순수해 보였던 결사들도 시간이 지날수록 방향을 잃고, 쓸데없는 의식과 사소한 유희에 빠지기 쉽다. 금전과 시간을 낭비하게 만들고, 진짜 중요한 일에는 관심도 갖지 못하게 하며, 때론 방탕한 무리의 은신처가 되기도 한다. 종교적·정치적 극단주의를 키우는 온상이 되기도 한다.

마침내 그 내부에서는 파벌과 분열이 시작되고, 다툼과 음해, 이견에 대한 박해가 이어진다. 자신들의 결사에 속하지 않은 이들에 대한 편견과 배척은 덤이다. 이 모든 것이 내가 비밀 결사에 대해 회의적인 이유다. 혹시 위에서 언급한 문제들을 피해 운영되는 모임이 있다면, 그것은 아주 드문 예외일 뿐이다. 적어도 나는 아직 그런 예외를 직접 본 적이 없다.

2

그래서 나는 다시 강조하고 싶다. 이런 시대의 유행처럼 번지는 허영된 모임과 활동에 휘말리지 마라. 그들이 만든 체계나 인물, 그럴듯하게 포장된 활동에 굳이 관심 가질 필요 없다. 논쟁문이나 주장들을 읽으며 괜히 시간을 낭비하지 마라. 이 문제에 대해서는 말조차 조심하는 것이 좋다. 가볍게 던진 말 한마디가 불필요한 갈등을 부를 수 있다. 이런 조직들에 대해 섣불리 좋다 나쁘다 판단하지 마라. 그 뿌리는 생각보다 훨씬 깊고, 예상보다 더 복잡한 곳에 숨겨져 있을 수도 있다.

하지만 혹시라도 호기심, 잘못된 열정, 조급함, 설득, 허영심 같은 것에 휩말려 그런 조직에 발을 들였다고 하자. 그렇다면 최소한 한 가지는 반드시 지켜야 한다. 그들의 어리석음과 광신, 집단적인 맹신에 물들지 말 것. 누구의 장난감도 되지 말고, 누군가의 은밀한 속셈을 위한 수단이 되지 마라. 더 이상 어린아이가 아니라면, 그 조직의 시스템과 구조를 명확하게 밝히라고 요구해야 한다. 모든 것을 제대로 알기 전까지는 새로운 사람을 받아들이지 마라. 모호한 약속, 인류를 위한 대의, 고결한 명분 같은 말에 쉽게 휘둘리지 말고, 구체적인 행동 계획과 정보의 투명한 공개를 요구하라.

그들이 "넌 아직 준비가 되지 않았다."거나 "지금은 말해줄 수 없는 비밀이다." 같은 말로 널 물러서게 하려 한다면, 그들이 말하는 '상위 인물들'이 요구하는 기준을 되묻고, 그 기준으로 그들 자신을 판단해보라. 얼마나 허술한 사람들이며, 허울뿐인 체계를 갖고 있는지 금방 알게 될 것이다. 무엇보다도 얼굴조차 알지 못하는 사람들을 위해 충성을 바치는 일은 절대 하지 마라. 그럴싸한 이유를 내세운다 해도 마찬가지다. 조직 안에서는 말 한마디, 글 한 줄도 조심해야 한다. 특히 서약이나 맹세는 절대 가볍게 하지 말고, 낸 돈이 어떻게 쓰이는지 끝까지 확인하라.

이렇게 조심하고 주의를 기울였음에도 불구하고 피로감만 남는다면 말없이 떠나라. 소란 피우지 말고, 논쟁하지 말고, 조용히 그 조직을 벗어나라. 다시는 그 일에 대해 입에 올리지 않는 것이 가장 안전하다. 그래야 뒷말도, 보복도 피할 수 있다. 그러나 만약 그들이 너를 가만두지 않고, 실제로 해를 끼치려 한다면, 그때는 결코 주저하지 마라. 공개적으로 나서서, 그들의 어리석음과 사악함, 사기를 세상에 알려라. 그것이 다른 사람들에게도 중요한 경고가 될 것이다.

제9장
동물

_ 함께 사는
생명에 대한 예의

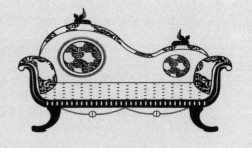

1

사람과의 관계를 다룬 책에서 동물과의 관계까지 이야기하는 것이 어울리지 않는다고 생각할 수도 있다. 하지만 내가 이 주제에서 하고 싶은 말은 짧고 단순하며, 인간 사회 전반과도 깊은 관련이 있기에 조금의 일탈쯤은 너그러이 받아들여지리라 믿는다.

2

"의로운 이는 짐승에게도 자비를 베푼다."

참 좋은 말이다. 진정으로 고귀하고 정의로운 사람이라면, 어떤 생명도 함부로 괴롭히지 않는다. 하지만 현실에는 아직도 냉혹하고 잔인한 이들이 많다. 아니, 꼭 그런 이들이 아니라 해도, 그저 무감각하거나 습관처럼 방종한 이들도 많다. 사슴이 사냥꾼에게 쫓겨 필사적으로 도망치는 모습, 도살장에서 죽음을 기다리는 짐승의 눈빛, 그 처절한 광경을 아무렇지 않게 지켜보는 사람들. 작은 생명을 손에 쥐고 장난감처럼 다루는 아이들, 벌레의 다리를 뜯고 바늘에 꽂아 얼마나 오래 버티는지만 지켜보는 이들, 말이 숨이 넘어갈 때까지 채찍질하며 경주를 즐기는 사람들. 이들은 모두 같은 무리에 속한다. 배고픔 때문도, 생존 때문도 아닌, 그저 심심함과 오락을 위해 생명을 괴롭히는 사람들이다. 그들은 고통받는 짐승의 눈빛과 신음에도 전혀 마음이 움직이지 않는다. 하지만 단 하나, 이것만은 알았으면 한다. 동물은 우리의 식량이 될 수는 있어도, 장난감이 될 수는 없다는 것. 어떤 존재도, 생명을 장난처럼 다뤄도 좋다는 권리를 가진 적 없다. 그런 행위는 모든 생명의 아버지인 신에 대한 모욕이다.

동물도 고통을 느낀다. 아니, 어쩌면 인간보다 더 민감할지도 모른다. 그들의 삶은 거의 전적으로 감각과 본능에 의존하고 있기 때문이다. 설령 그들이 진화의 사다리에서 우리보다 한 계단 아래에 있을 뿐이라면, 언젠가는 우리와 같은 자리에 이를 수도 있을 것이다. 우리가 무심히 저지른 잔인함은 언젠가 사람을 향한 무자비함으로 번진다. 그렇기에 우리는 모든 생명에게 연민을 가져야 한다. 그리고 이 모든 것을 조금이라도 이해할 수 있다면, 그 사람의 마음은 이전보다 훨씬 부드럽고 따뜻해질 것이다.

3

이 말들이 단순한 감상이나 푸념처럼 들리지 않기를 바란다. 세상에는 피 한 방울에도 질겁하면서 식탁 위의 메추라기는 아무렇지 않게 맛있게 먹는 이들이 있다. 비둘기 한 마리가 잡히는 모습을 보면 기절할 것처럼 굴면서, 뒤에서는 같은 손으로 누군가를 헐뜯고 상처를 준다. 누군가에게는 날카로운 말과 행동을 퍼부으면서도, 한편으로는 작은 파리 한 마리를 조심스럽게 창밖으로 날려 보내며 스스로 자비로운 사람이라 착각한다. 하지만 그 파리는 금세 누군가의 발에 밟히고 말 것이다. 심부름꾼을 억지로 폭우 속에 내몰면서도 길가에서 비 맞는 참새를 보고 안타까워하는 이들도 있다. 나는 그런 위선적인 사람들과는 다르다. 또 사냥꾼이라 해서 모두 잔인하다고 단정할 생각도 없다. 세상에 도살장이 없다면 우리는 채소밖에 먹을 수 없을 테니 말이다. 다만 내가 말하고 싶은 것은 단 하나다. 목적 없는 학대와 의미 없는 오락거리는 안 된다는 것. 무방비한 생명을 상대로 싸우며 우리가 괴물이 되지 않기를 바란다.

4

나는 늘 궁금했다. 왜 어떤 사람들은 동물을 새장이나 철창 속에 가두어두고 그것을 보며 즐거워할까? 갇힌 채 본래의 생명력과 자유를 잃고 살아가는 존재를 보는 것이 정말 기쁨이 될 수 있을까? 만약 누군가가 고운 깃털을 가진 새를 새장에 넣어 내게 선물한다면, 나는 아마 가장 먼저 새장의 문을 열어줄 것이다. 그리고 그 새가 자유롭게 날아가는 모습을 지켜보는 것만으로도 충분할 것이다. 맹수들이 좁은 철창 안에 갇혀 불편한 몸을 이리저리 움직이며 살아가는 모습을 구경하는 것도 나로서는 조금도 즐겁지 않다.

5

더욱 이해하기 어려운 건, 어떤 이들은 자연의 노래를 잊은 새가 폴로네즈 선율을 멍하니 반복해 부르는 모습을 보며 흐뭇해한다는 것이다. 돈을 들여 개에게 절하는 재주를 가르치고, 객석에 앉은 총각 수를 세는 묘기를 시켜놓고 우쭐해하는 모습도 마찬가지다. 이 모든 것은, 생명을 단지 오락거리로 여기는 시선에서 비롯된 것이다.

6

동물에게 지나치게 감정 이입하는 사람들도 비판하고 싶다. 남편보다 고양이를 더 애지중지하는 부인, 삼촌보다 말을 더 신경 쓰는 청년, 친구에게는 인색하면서 개에게는 온갖 인정을 퍼붓는 이들. 심지어, 개에게 벼룩이 들끓어도 개는 귀하게 여기면서도, 자신의 이가 있다는 사실은 부끄러워한다. 둘 다 똑같은 해충인데도 말이다. 심지어 사교성 하나만 보자면, 이 쪽이 더 낫다고 말할 수도 있을 정도다.

제10장
작가와 독자

_ 보이지 않지만
글로 통하는 관계

1

책을 마무리하기에 앞서, 이 글을 읽는 독자 여러분과 나 사이의 관계에 대해 짧게 이야기하고 싶다. 먼저, 한 사람이 글을 쓴다는 건 어떤 의미일까. 나는 이 책의 서문에서 이미 말했듯, 글쓰기란 일종의 조용한 대화라고 생각한다. 말하자면 세상과 편지를 주고받는 일이다. 그리고 그 편지가 친구에게 쓰는 것과 비슷하다면, 때때로 쓸모없는 말이 끼어 있어도 너그럽게 넘겨줄 수 있지 않을까?

글을 쓰는 사람은 누구나 자신의 글을 객관적으로 보기 어렵다. 단지 자존심 때문만은 아니다. 오랫동안 고민하며 다듬은 이야기일수록, 쓰는 사람에게는 특별하고 소중할 수밖에 없다. 하지만 그 이야기가 독자에게도 똑같이 중요할지는 알 수 없다. 혹은 아무런 울림 없이 지나칠 수도 있다. 게다가 글을 쓰는 내내 언어가 뜻대로 따라주지 않을 수도 있고, 그날의 기분이나 어떤 개인적인 사정이 이야기 속에 스며들어 되려 독자와의 거리를 만들어버릴 수도 있다. 때로는 마음속에 담긴 이야기들이 너무 많아, 그것을 차분히 풀어내기조차 벅찰 때도 있다.

그래서 이런 일이 벌어진다. 나는 온 힘을 다해 쓴 글인데, 누군가는 그것을 밋밋하게 느끼고, 지루하다고 말한다. 그럴 땐 나도 민망하고, 때론 부끄럽다. 하지만, 나는 한 가지 확신을 갖고 있다. 진정한 작가라면 절대 넘지 말아야 할 선이 있다는 것. 그것은 바로 이성과 도덕을 저버린 말을 세상에 흘려보내지 않는다는 것. 누군가에게 상처가 되는 이야기를 의도적으로 쓰지 않는다는 것이다.

왜냐하면 글은 말과 닮았지만, 더 많은 생각의 시간을 허락하는 말이다. 그만큼 책임도 크다. 말은 흘러가지만 글은 남는다.

내가 생각하기에, 독자가 작가에게 바랄 수 있는 최소한의 조건이 있다면, 그것은 무지, 부도덕, 편협함을 퍼뜨리지 않는 것이다. 그 하나만으로도 작가는 충분히 자기 몫을 하는 셈이다. 그 밖의 것, 무엇을 쓰든, 어떻게 쓰든, 무슨 꿈을 꾸든, 그것은 전적으로 작가 본인의 자유다. 다만 그는 그 대가로, 조용히 세상에서 잊힐 수도 있고, 혹은 까다로운 평론가들의 손가락질을 감수해야 할지도 모른다. 그건 글을 쓰는 이가 스스로 받아들여야 할 몫이다.

2

그러니 어떤 작가가 해롭지도 않고, 터무니없는 주장도 하지 않는다면, 우리는 그가 세상에 자기 생각을 펼칠 수 있도록 허락해야 한다. 만약 그가 유익한 이야기를 했다면, 그것만으로도 세상에 작은 기여를 한 것이다. 하지만 그렇다고 해서 그 책이 반드시 사랑받을까? 그건 또 다른 문제다. 누구도 좋은 사람과 나쁜 사람, 현명한 이와 어리석은 이, 높은 사람과 낮은 사람 모두에게 동시에 환영받을 수는 없다.

많은 작가들은 독자의 마음을 끌기 위해 온갖 방법을 쓴다. 유행에 맞춘 제목을 짓고, 흥미로운 일화를 섞고, 책의 외형과 인쇄 상태, 삽화까지 꼼꼼히 따진다. 하지만 시대의 편견이나 허영을 비판하거나, 정치·종교·학문·도덕 같은 권위를 조롱하거나, 출판업계에서 외면받는 출판사와 손잡거나, 영향력 있는 후원도 없이 조용히 책을 내거나, 대중이

껄끄러워하는 인물을 공정하게 다루는 작가들은 환영받기 어렵다. 때로는 아주 유익한 책조차 조용히 잊히고 만다. 작은 책이라도 그 안의 진심과 태도를 가볍게 넘기지 말기를 바란다.

3

이번엔 독자의 자세에 대해 말해보자. 독자라면 가장 먼저 기억해야 할 것이 있다. 세상에 모든 사람의 취향에 완벽히 맞는 책은 없다는 사실이다. 당신에게 딱 들어맞는 책도, 다른 누군가에게는 전혀 감흥 없이 느껴질 수 있다.

어떤 책은 저자가 글을 쓸 당시의 마음과 비슷한 상태에서만 진가가 드러난다. 또 어떤 책은 언제, 어떤 기분으로 읽어도 그 뜻과 감동이 전해진다. 하지만 이 기준이 책의 깊이나 가치를 말해주는 것은 아니다. 앞선 책이 반드시 더 위대하고 고상한 것도 아니고, 후자의 책이 반드시 단순하고 쉬운 내용만 담고 있는 것도 아니다.

그러니 사랑하는 독자여! 그저 조금 부족해 보인다고 해서 책을 너무 가혹하게 평가하지 마라. 아니면, 적어도 그 판단은 당신 마음속에만 담아 두고, 함부로 말로 꺼내지 마라.

무엇보다 책의 일부만 읽고 작가의 인격까지 판단하지 말고, 억지로 숨겨진 의도를 상상하거나, 문장 하나에 의미를 덧씌우지도 마라. 남들이 하는 칭찬이나 비난을 무턱대고 따라 하지도 마라.

지금처럼 무수한 책이 쏟아지는 시대에는, 사람을 사귈 때처럼 책과도 신중하게 만나야 한다. 나는 웬만해선 새 책을 바로 읽지 않는다. 누군가 정말로 "이 책은 꼭 읽어야 한다."고 말할 때에야 비로소 손에 든다. 나는 이미 오랫동안 곁에 두며, 읽을 때마다 새로운 이야기를 들려주는 책들을 가지고 있다. 그런 책들과 함께 있는 것만으로도, 나는 충분하다.

제11장
인간관계의
기쁨도 슬픔도
모두 나로부터 시작된다

1

존경하는 독자여! 이제 이 책을 마무리할 시간이다. 만약 이 글에서 당신이 눈여겨볼 만한 무언가를 발견했다면, 그리고 이 책이 세상으로 부터 너그러이 받아들여지고 공정하게 평가된다면, 나는 그 어떤 성대한 저작보다도 더 큰 기쁨을 느낄 것이다. 적어도 나는 이 책 안에, 정직하고 이성적인 사람이 부끄러워할 만한 원칙은 없다고 믿는다. 다른 미덕이 부족하더라도, 이 책만큼은 완성도 면에서 결코 부끄럽지 않다고 말하고 싶다. 나는 여기에서 우리가 살아가는 사회적 삶 속 거의 모든 인간관계에 대해 무언가를 이야기했다고 생각한다. 그 내용이 얼마나 훌륭했는지, 혹은 부족했는지, 좋고 나쁨이 얼마나 뒤섞였는지는 독자만이 판단할 수 있을 것이다.

2

그러나 한 가지는 분명히 말할 수 있다. 만약 이 책이 충분한 통찰력과 경험, 사람에 대한 이해를 바탕으로 쓰였다면, 이 책은 젊은이들뿐 아니라 어른들에게도 도움이 될 수 있다. 사람들은 보통 지혜롭고 통찰력 있는 이들에게서 인간관계의 능숙함을 기대하지만, 사실 그건 말처럼 쉬운 일이 아니다. 사람과 사람 사이의 기술은 조용한 마음과 사소한 부분에 주의를 기울이는 섬세함을 필요로 한다. 그리고 그런 섬세함은 열정적인 천재들보다는 차분하고 조심성 있는 사람들에게서 더 자주 나타난다. 하지만 이런 책에서 얻은 한 줄의 조언이, 누군가에게는 자신도 몰랐던 작은 실수들을 돌아보게 하고, 그동안 지나쳐온 인간관계의 허점을 자각하게 만들어줄지도 모른다. 그런 의미에서, 이 책이 누군가에게 조용한 자극이 되고, 조금이나마 도움이 되었다면, 나는 그것으로 충분히 만족할 수 있다.

3

이 책에서 내가 전하고 싶었던 것은, 사람을 자신의 이익을 위해 이용하는 법이나 세상을 마음대로 조종하는 법이 아니다. 나는 "사람은 누구나 약점을 가지고 있고, 그것을 건드리면 원하는 대로 움직일 수 있다."는 식의 말을 경멸한다. 그런 생각은 비열한 자들의 논리일 뿐이다. 그들은 목적을 위해 수단을 가리지 않지만, 정직한 사람은 그렇지 않다. 정직한 사람은 누구를 자기 뜻대로 휘두르려 하지 않으며, 스스로도 그런 방식에 휘둘리지 않는다. 확고한 원칙을 가진 사람은 타인의 간섭에 흔들리지 않고, 어떤 상황에서도 자신을 지킨다. 그리고 선량하고 지혜로운 사람이라면 최소한 주변 사람들로부터 공정한 대우를 받을 수 있고, 업신여김을 당하지 않으며, 외부의 방해 없이 평온하게 살아갈 수 있다. 다양한 계층의 사람들과도 조화롭게 어울릴 수 있고, 타인에게 이용당하거나 조롱받지 않고, 신중하면서도 꾸준히, 고귀하고 정직하게 살아간다면 마침내 세상의 존경도 얻게 될 것이다.

사람을 이해하고, 어려움을 두려워하지 않으며, 흔들림 없이 자신을 지켜나간다면 결국 좋은 결과는 반드시 따라온다. 이 책은 바로 그런 길을 향해 나아가고자 하는 사람들에게, 작은 등불 하나쯤 되어주기를 바라며 쓴 글이다.*

┌─────┐
│ 4 │
└─────┘

　이 책을 쓰며 나는 다양한 계층의 사람들에게서 보이는 약점이나 허점을 언급하지 않을 수 없었다. 하지만 그것은 특정 개인을 겨냥하거나 누군가를 부끄럽게 하려는 의도가 아니었다. 비열한 암시나 조롱 같은 방식은 처음부터 내 의도가 아니었고, 그건 지극히 당연한 원칙이었다. 만약 내가 실제 일화를 하나하나 끌어다 쓰고, 내 삶 속에서 겪은 구체적인 경험들을 가감 없이 드러냈다면, 아마도 이 책은 전혀 다른 인상을 주었을 것이다. 더 날카롭고, 더 자극적인 책이 되었을지도 모른다. 하지만 나는 그렇게 하지 않았다. 스스로 자제했고, 다른 사람들의 체면과 감정을 고려하며 절제하려 애썼다. 나는 독자 여러분이 이 점을 이해해주기를 바란

---

*　이 자리를 빌려, 내가 책을 통해 제시한 조언들의 도덕적 성격과 그 한계에 대해 짧게나마 밝히고자 한다. 최근 《일반 문학 신문》에 실린 서평에서 이 점에 대해 의문이 제기된 것을 우연히 알게 되었기 때문이다. 이 글은 그 서평에 대한 간단한 답변이며, 해당 서평을 읽지 않은 이들에게는 굳이 의미를 둘 필요가 없을지도 모른다. 나는 이렇게 생각한다. 현명함, 지혜, 그리고 덕스럽게 행동한다는 것은 본질적으로 서로 다르지 않다. 어떤 행동이 옳고 고귀하며 품위 있는가를 판단하는 기준은 결국 그것이 사람에게 유익한가에 달려 있다. 그리고 진정으로 유익한 일이라면, 그것은 결코 비열하거나 천하지 않다. 우리가 배우는 도덕은 결국 '자신과 타인을 위해 어떤 행동을 해야 하는가'를 묻는 것이고, 우리가 실천해야 할 지혜는 '무엇이 옳은가'를 깨닫게 하는 것이다. 다시 말해, 선하다는 것은 곧 지혜롭다는 뜻이며, 반대로 간계와 술수는 결국 어리석음으로 끝나기 마련이다. 이 책에서 나는 결코 어떤 개인적인 목적을 이루는 요령이나 얄팍한 처세술을 가르치려 한 적이 없다. 내가 말하고자 했던 것은 오직 하나, 자신과 타인의 삶을 조금 더 부드럽고, 덜 고단하게 만드는 방법에 관한 것이었다. 그리고 그것은 도덕 없이는 불가능하며, 지혜 없이는 실현될 수 없다. 결국 이 두 가지는 같은 목표를 향해 가는 것이다. 나는 이 책의 거의 모든 장에서 이렇게 구분 지어 말해왔다.
"이것은 지혜가 가르쳐주는 것이다. 여기까지가 친절과 관용, 융통성의 경계다. 이것은 해도 되는 일이고, 반드시 해야 할 일이다. 이것은 별 의미는 없지만, 저것은 해롭고, 또 다른 그것은 분명 유익하다. 이것이 바로 우리의 의무다."

다. 내가 선택한 이 절제와 배려가 단순한 회피가 아니라, 사람을 대하는 데 필요한 품위와 책임의 표현임을 알아주기를 바란다. 그래서 적어도 이 부분에서만큼은 공정한 평가를 받기를 조심스레 기대한다.*

---

* 참 이상한 일이다. 어떤 비평가들은 때때로 세상을 얼마나 비뚤어진 시선으로 바라보는지 모른다. 내가 책의 마지막에 쓴 몇 줄이 한 학식 있는 이의 마음을 자극했던 모양이다. 그는 책은 많이 읽었을지 모르지만 세상의 일에는 익숙하지 않은 사람일 수 있다. 그의 비판이 순수한 학문적 동기에서 비롯된 것인지, 아니면 단순한 악의에서 비롯된 것인지, 굳이 따지고 싶지는 않다. 하지만 그는 어느 서평에서 이런 말을 남겼다. "그런 자제를 했다고 해서, 정직한 사람에게 굳이 고마워할 필요는 없다." 그 박식한 분께 한 가지 말씀 드리고 싶다. 사람은 누구나 매우 정직할 수 있다. 그러나 아무리 정직하더라도, 잘못된 열정에 휩싸이면 선의로 누군가의 약점을 들추고, 하찮은 실수를 공개적으로 드러내는 어리석은 행동을 할 수도 있다. 나 역시 젊은 시절 그런 잘못을 저질렀다. 하지만 이제는 그 일을 삼간다. 내가 더 정직해졌기 때문이 아니다. 오직 경험을 통해 그런 일이 얼마나 무익하고 해로운지를 알게 되었기 때문이다. 그런 폭로는 누구도 더 나은 사람으로 만들지 않는다. 오히려 분노와 다툼만을 불러온다. 물론 어떤 일화를 세상에 알리는 것이 반드시 큰 죄는 아닐 수 있다. 하지만 그것이 누군가의 선의를 의심하게 만들고, 그의 진심과 노력을 대중 앞에 의심스럽게 내세우려는 의도로 행해졌다면, 그건 더 크고 더 추한 죄다. 나는 단지 내 삶에서 얻은 소중한 경험들을 모아, 이 시대의 사람들에게 보여주고자 했을 뿐이다. 그런데 누군가 그걸 이용해 나를 이웃들에게 의심받게 만들려 한다면, 그것이야말로 진짜 악이라고 나는 믿는다.

우리가 타인을 마주할 때

초판 1쇄 인쇄 2025년 5월 30일
초판 1쇄 발행 2025년 6월 15일

지 은 이 아돌프 크니게
옮 긴 이 박상미
발 행 인 정수동
발 행 처 저녁달

편집주간 이남경
편   집 김유진
디 자 인 Yozoh Studio Mongsangso

출판등록 2017년 1월 17일 제406-2017-000009호
주   소 경기도 파주시 문발로 142 니은빌딩 304호
전   화 02-599-0625
팩   스 02-6442-4625
이 메 일 book@mongsangso.com
인스타그램 @eveningmoon_book
유 튜 브 몽상소mongsangso

ISBN   979-11-89217-58-7   03320